Michaela Sohn-Kronthaler – Paul Zahner OFM –
Eduard Prenga OFM (Hg.)
unter Mitarbeit von Stephanie Glück
Widerstand – Martyrium – Erinnerung
Franziskanische Reaktionen auf den Nationalsozialismus

Theologie im kulturellen Dialog
herausgegeben von der Katholisch-Theologischen Fakultät
der Karl-Franzens-Universität Graz

Band 32

ganz herzliche Grüsse
sendet Dir, P. Herbert,
aus Graz

Br. Paul Zahner ofm

Br. Paul Zahner OFM
Franziskanerkloster
Franziskanerplatz 14
A-8010 Graz
Tel. (0043) 0316 82 71 72

CMM

Fotonachweis: © Pater Andreas Rohring CMM
Missionare von Mariannhill · 4210 Gallneukirchen, O.Ö.
www.schloss-riedegg.at

Michaela Sohn-Kronthaler – Paul Zahner OFM –
Eduard Prenga OFM (Hg.)

Widerstand – Martyrium – Erinnerung

Franziskanische Reaktionen auf den Nationalsozialismus

iskanerkloster Vossenack
Herbert Schneider OFM
iskusweg 1 * D-52393 Hürtgenwald
2429-308-19 * Fax: 02429-308-11
e: 0170-7 33 88 33
l: herbert.schneider.ofm@gmx.de

terreich
. Paul Zahner OFM
ziskanerplatz 14
3010 G r a z

senack, 7. Juni 2017

:arbeit von Stephanie Glück

er Paul,

:e habe ich das Buch „Wiederstand-Martyrium-Erinnerung"
lten.

e vielen Dank dafür.

werde mich damit befassen.

s Gute für Dein und Deiner Mitbrüder Wirken!

Herbert

Herbert Schneider ofm

Gedruckt mit freundlicher finanzieller Unterstützung
des Landes Steiermark, Abteilung 8: Gesundheit, Pflege und Wissenschaft,
der Karl-Franzens-Universität Graz
und der Katholisch-Theologischen Fakultät Graz (Ing.-Hornich-Fonds).

Mitglied der Verlagsgruppe „engagement"

Bibliografische Information der Deutschen Nationalbibliothek

Die Deutsche Nationalbibliothek verzeichnet diese Publikation in der Deutschen
Nationalbibliografie; detaillierte bibliografische Daten sind im Internet über
http://dnb.d-nb.de abrufbar.

Druck und Bindung: Alcione, Lavis (I)
Umschlaggestaltung: Christian Wessely
Umschlagmotiv: kathbild.at / Franz Josef Rupprecht mit freundlicher
Genehmigung der Erben Alfred Hrdlickas und
von Franz Josef Rupprecht.
www.alfred-hrdlicka.com

E-Mail: buchverlag@tyrolia.at
Internet: www.tyrolia-verlag.at

ISBN 978-3-7022-3581-9

Inhaltsverzeichnis

Faszination und Widerstand: Beiträge aus Literatur und Film

Vorwort

Während der Zeit des Nationalsozialismus kam es in der katholischen Kirche zu Schweigen angesichts der Gräuel und zu partieller Zusammenarbeit mit den Machthabern, jedoch auch zu Widerstand gegen die Diktatur, der bis zum Martyrium führen konnte. Jene dunklen Jahre bildeten für die christlichen Kirchen und die franziskanische Familie eine Zeit der größten Herausforderungen.

Der vorliegende Band nimmt zum einen jene Vorträge auf, die auf dem Symposium mit dem Titel „Widerstand – Martyrium – Erinnerung. Franziskanische Reaktionen auf den Nationalsozialismus“ im Herbst 2015 präsentiert wurden, das von der Katholisch-Theologischen Fakultät der Universität Graz, der Franziskanerprovinz Austria in Österreich und Südtirol sowie der Österreichischen Provinz der Franziskanerinnen von der Unbefleckten Empfängnis veranstaltet wurde. Den Anlass dazu bildete das Gedenken siebzig Jahre nach der Erschießung der österreichischen Franziskaner Kapistran Pieller und Angelus Steinwender durch die Nationalsozialisten sowie dem Tod des Franziskaners Zyrill Fischer im amerikanischen Exil im Jahr 1945. Zum anderen wurden international anerkannte Autor/inn/en eingeladen, zum gleichnamigen Themenfeld einen Beitrag zu verfassen.

Die Reihe der Beiträge in dem vorliegenden Band eröffnet die an der Universität Passau lehrende Politikwissenschafterin Barbara Zehnpfennig mit ihrem analytischen Kommentar zu Hitlers „Mein Kampf“.

Auf die Anfrage hin, die Situation der Kirche unter totalitärer Herrschaft zu beleuchten, hat uns der emeritierte Historiker Heinz Hürten an der Katholischen Universität Eichstätt-Ingolstadt dankenswerter Weise einen von ihm noch nicht veröffentlichten Beitrag zur Verfügung gestellt.

Der Innsbrucker Fundamentaltheologe Roman Siebenrock nähert sich dem Phänomen „Martyrium“ in drei Perspektiven: durch den Blick auf die Geschichte des christlichen Martyriums, durch den Gegenwartsbezug und mit einer systematischen Kriteriologie.

Andreas Sohn, als Universitätsprofessor für mittelalterliche Geschichte an der Universität Paris XIII – Sorbonne Paris Cité lehrend, setzt sich in seinem Beitrag mit Erinnerungsdiskursen in Kirche und Gesellschaft auseinander. Ausgehend von der Epochen und Fachdisziplinen übergreifenden Memorialforschung beleuchtet er das Christentum als religiöse Erzählgemeinschaft und die Bedeutung von Erinnerungsorten. Er stellt heraus, wie sich das kulturelle Gedächtnis der Kirche und der Gesellschaft ausprägt und das Gedenken an Nichtwillfährigkeit und Hilfeleistung, Widerstand und Martyrium Inhalt und Konturen gewinnen kann.

Im Hauptteil des Bandes nähern sich mehrere Autor/inn/en dem Widerstand und dem Martyrium von Mitgliedern der großen franziskanischen Ordensfamilie. Dabei erinnert Paul Zahner OFM in seinem Beitrag daran, dass durch die Jahrhunderte hindurch auch der Franziskanerorden immer wieder die Tötung von Brüdern aus religiösen oder politischen Gründen erlebte. Von dieser großen Zahl an Märtyrern konnten nur wenige eine kirchlich anerkannte Verehrung durch eine Selig- oder Heiligsprechung erlangen.

Die in Tilburg lehrenden Professoren Marcel Poorthuis und Theo Salemink stellen in ihrer biografischen Abhandlung einen noch zu wenig bekannten Franziskaner vor: Laetus Himmelreich (1886–1957), der zu den Mitbegründern der Initiative gehörte, die zur Gründung der Amici Israel führte. Als innerkirchliche Bewegung wirkten sie dem katholischen Antisemitismus entgegen, wollten die Liturgie reformieren und traten für den Zionismus ein.

Auch aus dem Schatten der Vergessenheit wollen die Autoren Eduard Prenga OFM und Ewald Donhoffer den belgischen Franziskaner Herman Leo Van Breda (1911–1985) holen. Dieser gilt als Retter des Nachlasses des Phänomenologen Edmund Husserl und Begründer des gleichnamigen Archivs. Bredas ungemein bemerkenswerte Tat liegt in der gelungenen Überführung des Husserl-Nachlasses von Freiburg im Breisgau nach Leuven während der abscheulichen Jahre der NS-Herrschaft.

Nachdem sich der Franziskaner Stefan Kitzmüller vor einigen Jahren mit dem publizistischen Widerstand von P. Zyrill Fischer OFM (1892–1945) in den 1930er Jahren befasst hat, zeichnet er in diesem Band die lebensgefährliche und abenteuerliche Flucht von Zyrill Fischer OFM in den Tagen des „Anschlusses“ in Österreich im März 1938 sowie dessen Zeit des Exils in den USA bis zu seinem Tod im Mai 1945 nach.

Christof Müller, Dissertant am Grazer Institut für Kirchengeschichte und Kirchliche Zeitgeschichte, widmet sich dem Schicksal von zwei Angehörigen der franziskanischen Ordensfamilie, nämlich dem Minoritenpater Ansgar Brehm (1890–1987) sowie dem Kapuziner Leopold Moosbrugger (1875–1948), die von den Nationalsozialisten wegen ihres nichtsystemkonformen Verhaltens verurteilt und in Haft gesetzt wurden. Beide sind bis vor kurzem der Öffentlichkeit kaum bekannt gewesen.

Die nachfolgenden drei Beiträge behandeln den politisch-patriotischen und religiös motivierten Widerstand von Angehörigen der franziskanischen Ordensfamilie, die aus diesem Grund von den Nationalsozialisten ermordet wurden. Maxmilian Liebmann, emeritierter Universitätsprofessor für Kirchengeschichte an der Karl-Franzens-Universität Graz, beleuchtet das komplexe Todesurteil des Franziskanerprovinzials Angelus Steinwender (1895–1945) und des Guardians Kapistran Pieller (1891–1945), den Freispruch von P. Hartmann Staudacher OFM (1901–1975) und die Rolle und das Verhalten von Frater Benno (Eduard) Pumpernig (1920–1992).

Erna Putz stellt in das Zentrum ihrer Abhandlung die während der Zeit der Nazidiktatur sich gegenseitig stärkenden Eheleute Franziska (1913–2013) und Franz Jägerstätter (1907–1943), die aus ihrem tiefverwurzelten katholischen Glauben heraus handelten. Der Oberösterreicher wurde von den Nationalsozialisten wegen seiner Kriegsdienstverweigerung 1943 zum Tod verurteilt und in Berlin hingerichtet.

Als „Provokateurin für Glauben und Österreich“ bezeichnet Sr. Edith (Ruth) Beinhauer SFCC die franziskanische Märtyrerin Restituta Kafka (1894–1943), die in ihrer Haftzeit unmittelbar vor ihrer Enthauptung zum Vorbild auch für viele Nichtchrist/inn/en wurde. Die Autorin, ehemals Vizepostulatorin für den Seligsprechungsprozess der Wiener Ordensfrau, interpretiert im zweiten Teil ihres Beitrages die Restituta-Skulptur von Alfred Hrdlicka im Wiener Stephansdom und zeigt die Bedeutung von Widerstand und Erinnerung auf.

Der Salzburger Religionspädagoge Anton A. Bucher fragt in seinem Artikel danach, was Menschen an Mut und Zivilcourage hindert, aber auch welche psychologischen Faktoren dem Mut und der Zivilcourage förderlich sind. Abschließend skizziert er, auf welche Weise Erziehung zu mehr Mut und Zivilcourage beitragen kann.

Beispiele des zivilen Ungehorsams in den vergangenen Jahrzehnten bringt der Grazer Sozialethiker Kurt Remele. In den Fokus seiner Überlegungen stellt er die in den späten 1960er und frühen 1970er Jahren in den Vereinigten Staaten von Amerika entstandene breite Protest- und Widerstandsbewegung gegen das Kriegsengagement der US-amerikanischen Regierung in Vietnam. Unter diesen Friedensaktivistinnen und -aktivisten waren auch zahlreiche Katholikinnen und Katholiken.

Willibald Hopfgartner OFM, Junioratsleiter im Franziskanerkloster Graz, setzt sich mit den literarischen Werken von Walter Kempowski, Thomas Mann und Max Picard auseinander, um darin die Gestaltwahrnehmung Hitlers unter den Menschen darzulegen.

Eine filmische Analyse zur Thematik bieten der Franziskaner Tobias Koszogovits und Christian Wessely, Fundamentaltheologe an der Universität Graz, in ihrem gemeinsamen Beitrag zu Volker Schlöndorffs „Der neunte Tag". Zum einen wird die Person des Regisseurs gewürdigt, andererseits der historische Hintergrund und das reale Vorbild des Protagonisten Henri Kremer in den Blick genommen.

Das Symposium „Widerstand – Martyrium – Erinnerung. Franziskanische Reaktionen auf den Nationalsozialismus", von dem zahlreiche der hier veröffentlichten Beiträge stammen, wurde am 16. und 17. Oktober 2015 im Franziskanerkloster Graz und im Universitätszentrum Theologie veranstaltet. Inhaltlich wurde es von Michaela Sohn-Kronthaler, Leiterin des Instituts für Kirchengeschichte der Grazer Katholisch-Theologischen Fakultät, von Privatdozent Eduard Prenga OFM und vom Lehrbeauftragten Paul Zahner OFM von der Franziskanerprovinz Austria konzipiert und organisiert. Als Mitorganisator/inn/en zu danken sind Sr. Sonja Dolesch FIC von den Grazer Schulschwestern sowie Siegfried Kager, Hans-Walter Ruckenbauer und Christian Wessely von der Katholisch-Theologischen Fakultät. Begleitende Elemente des Symposiums bildeten das Gebetsgedenken an die Opfer von Terrorismus und Diktaturen in der Franziskanerkirche, im Kreuzgang und in der Gruft des Franziskanerklosters sowie die Filmvorführung „Der neunte Tag" von Volker Schlöndorff im Schubertkino. Vier Ausstellungen konkretisierten die Thematik in Bild und Wort: die von Michaela Sohn-Kronthaler gestaltete Ausstellung im Universitätszentrum Theologie und im Grazer Franziskanerkloster, wo auch im kleinen Ausstellungsraum zusätzlich der Märtyrer Kapistran Pieller OFM und Angelus Steinwender OFM sowie Zyrill Fischer OFM gedacht wurde. Von der Künstlerin Sabine Zgraggen (Wädenswil/Schweiz; www.gedankenfotografie.ch) stammten neun Fotobilder zum Thema Widerstand. Nach Abschluss des Symposiums erfolgte die Vernissage der Ausstellung „Steine" von Peter Bär im Kunstgang der Bibliothek im Universitätszentrum Theologie.

Unser Dank gilt Franz Josef Rupprecht von kathbild.at für das Foto der Restituta-Büste im Wiener Stephansdom sowie für dessen Genehmigung des Abdrucks den Erben der Alfred-Hrdlicka-Stiftung. Basilius J. Groen und Johann Hausreither haben dankenswerter Weise den Beitrag von Marcel Poorthuis und Theo Salemink vom Niederländischen ins Deutsche übersetzt. P. Andreas Batlogg SJ, Chefredakteur der „Stimmen der Zeit", gewährte freundlicherweise den Nachdruck des Beitrages von Barbara Zehnpfennig. Ein herzlicher Dank sei besonders Stephanie Glück, wissenschaftliche Mitarbeiterin am Institut für Kirchengeschichte und Kirchliche Zeitgeschichte, für die Redaktionsarbeiten an diesem Buch sowie der Institutssekretärin Christine Schönhuber für das Layout gesagt. Zudem sei auch Stephanie Glück und Herbert Meßner für das Korrekturlesen gedankt, Christian Wessely für die Gestaltung des Buchumschlages und dem Leiter des Tyrolia-Verlags Gottfried Kompatscher für die stets gute Zusammenarbeit. Dankenswerter Weise haben folgende Sponsoren die Drucklegung dieser Publikation subventioniert: das Land Steiermark, Abteilung 8: Gesundheit, Pflege und Wissenschaft, die Karl-Franzens-Universität Graz sowie die Katholisch-Theologische Fakultät Graz (Ing.-Hornich-Fonds).

Graz, im Dezember 2016

Michaela Sohn-Kronthaler
Paul Zahner OFM
Eduard Prenga OFM

Sehnsucht nach dem Absoluten. Hitlers Erlösungsdenken in „Mein Kampf"*

Barbara Zehnpfennig

Seit Anfang 2016 ist Adolf Hitlers „Mein Kampf" gemeinfrei. Das heißt, die Urheberrechte sind ausgelaufen, und jedermann kann dieses Buch nachdrucken. Von politischer Seite sieht man das mit Sorge, denn bisher konnte die bayerische Staatsregierung, welche die Rechtsnachfolge Hitlers angetreten hatte, jeden Neudruck verhindern. Dies zu tun, das Buch auf keinen Fall auf den Markt kommen zu lassen[1], war Bayern sehr wichtig, weil man die Wirkung fürchtete, die von dem Einblick in Hitlers rassistische Weltsicht ausgehen könnte.

Ob die Gefahren tatsächlich so groß sind, ob dieses Buch tatsächlich häufiger gelesen wird als bisher, wenn es leichter erreichbar sein wird, ist allerdings sehr die Frage. Immerhin haben die meisten Menschen auch ohne Lektüre ein dezidiertes Urteil über Hitlers „Mein Kampf", und weshalb sollte man sich die Mühe des Lesens machen, wenn man ohnehin weiß, was man von dem Buch zu halten hat? Aber vielleicht sollte man nicht so schnell urteilen. Vielleicht lohnt es sich doch, sich in Hitlers Gedankenwelt hineinzubegeben und mitzudenken, nach-zu-denken, was diesen Mann bewog, sein unfassbares Vernichtungswerk in Gang zu setzen.[2] Denn es ist ja keineswegs so, dass es eine allgemein anerkannte,

---

* Bei diesem Aufsatz handelt es sich um einen im Formalen an den vorliegenden Band angepassten Nachdruck aus: Stimmen der Zeit 12 (2015) 823–832.

1 Gegen schon vorhandene, zu Lebzeiten Hitlers gedruckte und in Umlauf befindliche Exemplare hatte die Staatsregierung aber rechtlich keine Handhabe, da die Inanspruchnahme des Urheberrechts hier nicht zog: Dieses hatte der Autor bereits selbst wahrgenommen.

2 Einen Versuch in dieser Richtung stellen die beiden folgenden Textkommentare zu „Mein Kampf" dar: Zehnpfennig, Hitlers Mein Kampf, sowie die kompakte, auf die ideologische und programmatische Seite von „Mein Kampf" konzentrierte Neufassung des Kommentars: Zehnpfennig, Adolf Hitler: Mein Kampf. Vgl. auch Kellerhoff,

überzeugende Antwort auf die entscheidende Frage nach dem Grund für den Holocaust gäbe. Natürlich verantwortet Hitler den Judenmord nicht allein. Doch ob es ihn ohne diesen Mann gegeben hätte, darf bezweifelt werden. Insofern müsste eigentlich alle Anstrengung dem Versuch gelten zu verstehen, weshalb jemand glauben konnte, ein ganzes Volk ausrotten zu müssen. Und für diesen Versuch liefert „Mein Kampf" eine unschätzbare Hilfe.

Eine andere Art von Transzendenz

Dass Hitler von äußerster Radikalität war, hat nicht erst die Geschichte gezeigt. Es war auch schon seiner Bekenntnisschrift zu entnehmen, die jedoch bereits zu seinen Lebzeiten nicht die Resonanz erfahren hat, die nötig gewesen wäre, um ihn richtig einschätzen zu können. Damals hatten die meisten geglaubt, Hitler werde sich schon mäßigen.[3] Sie bauten darauf, dass der Weg der NSDAP durch das Parlament die Wirkung haben würde, welche die Einbindung in parlamentarische Verfahrensweisen gemeinhin hat: Man sieht, dass man auf Bündnispartner angewiesen ist und Kompromisse schließen muss. Man leistet sich vielleicht noch im Plenum Verbalradikalismus, kooperiert aber in den Ausschüssen. Man lernt die abgesicherte Existenz des Abgeordneten oder höheren Amtsträgers zu schätzen und versucht, nicht so anzuecken, dass eine Wiederwahl gefährdet würde.

All dies war für Hitler nur verächtlich, und das äußert er in „Mein Kampf" auch sehr deutlich. Wenn er von seinen Besuchen im Wiener Parlament berichtet[4], dann ist das erkennbar nicht nur eine Abrechnung mit einer politischen Institution, sondern mit einer Lebensform. Es ist das kleine Leben, das in seinen Augen hier herangezüchtet wird: ein Leben, das sich hinter einer Mehrheit verschanzt, um keine Verantwortung übernehmen zu müssen; ein Leben, das keinen großen Gedanken hervorzu-

---

Mein Kampf, sowie Aus Politik und Zeitgeschichte 43–45/2015 (65), Hitlers „Mein Kampf".

3 So hatte auch der Reichstagsabgeordnete und spätere Bundespräsident Theodor Heuss gedacht, als er in seinem Buch „Hitlers Weg" von 1932 eine der wenigen ausführlicheren Auseinandersetzungen mit „Mein Kampf" lieferte.

4 In dem Kapitel „Allgemeine politische Betrachtungen aus meiner Wiener Zeit" (Bd. 1, Kap. 3).

bringen vermag und sich eine neue Idee erst zu eigen macht, wenn sie sich durchzusetzen verspricht; ein Leben, das nur um die Erhaltung der eigenen kläglichen Existenz kreist und deshalb feige jedes Risiko meidet.

Diese Verachtung Hitlers hatte schon den Lebensentwurf getroffen, den sein Vater für ihn vorgesehen hatte, nämlich den des Beamten. Bürgerliches Sekuritätsdenken war Hitler verhasst, es widersprach zutiefst seiner Sehnsucht nach dem Hohen und Großen. Findet sich auch sonst viel von Nietzsches Philosophie in Hitlers Denken, so sind auch die Spuren von Nietzsches Widerwillen gegenüber dem „letzten Menschen"[5], also dem Menschentypus, den Demokratie und Sozialismus hervorbringen, bei Hitler unübersehbar. Die kleine, kalkulierende, nichts mehr wollende und nichts mehr wagende Existenz ist für Nietzsche ein Symptom der Dekadenz, des absteigenden Lebens. Ebenso sieht Hitler in ihr die Gefährdung des Fortbestands der Menschheit. Denn ein Dasein, das für nichts mehr steht außer für die Sicherung seiner eigenen, im Grunde sinnlosen Lebensform, ist unfähig, für etwas Höheres zu kämpfen. Ohne ein Ziel über sich hinaus kann die Menschheit nicht bestehen: „Im ewigen Kampfe ist die Menschheit groß geworden – im ewigen Frieden geht sie zugrunde."[6]

Es ist ganz offensichtlich, und dieser Zug hält sich durch das gesamte Buch hindurch: Das Politische ist bei Hitler zugleich existenziell. Politik ist nicht pragmatische Alltagsbewältigung, sondern sie dient der Überhöhung des Lebens. Die große Idee, das hohe Ziel – das sind die Themen der Politik und nicht die Sicherung der eigenen Pfründe oder die Versorgung der eigenen Klientel. Deshalb sind für Hitler die Entwicklungen, die er an der Moderne wahrnimmt, nämlich die Ersetzung des Persönlichkeitsprinzips durch den Mehrheitsentscheid, die Herrschaft der Ökonomie und die zunehmende Durchsetzung des Egalitätsprinzips, auch so verhängnisvoll. Daraus kann nichts Großes entstehen.

Worin besteht dieses Große? Was lässt den Menschen über sich hinauswachsen? Die Religion kommt für Hitler nicht in Frage. Ganz im Gegenteil: Das Christentum hat wesentlich dazu beigetragen, ein Huma-

---

5 Über den „letzten Menschen" spricht bekanntlich Zarathustra in Nietzsches „Also sprach Zarathustra. Ein Buch für alle und keinen", und zwar in Zarathustras Vorrede, Kap. 5.

6 Hitler, Mein Kampf, 148.

nitätsverständnis zu entwickeln, nach dem beispielsweise „auch das Schwächlichste, ja Krankhafteste um jeden Preis zu ‚retten'"[7] ist. Judentum und das aus ihm erwachsene Christentum[8] stellen für Hitler das Programm zur Denaturierung des Menschen dar. Sie konterkarieren den Willen der Natur, indem sie den von dieser gebotenen Kampf um die Höherzüchtung des Lebens torpedieren und gerade das Schwache, Niedrige, Kränkelnde zu ihrem Leitbild machen, also das, was die Natur gnadenlos aussortieren würde. Damit schaden sie der ganzen Menschheit.

Die Religion wird so für Hitler einer der wesentlichen Gegner. Den Kampf gegen die Kirchen hatte er aber für die Zeit nach dem Endsieg aufgeschoben, weil er nicht den Fehler Otto von Bismarcks und der Alldeutschen Bewegung wiederholen wollte, gegen zwei Gegner gleichzeitig loszuziehen.[9] Der Gegner, auf den er alle Kräfte konzentrieren wollte, war das Judentum.

Doch so entschieden Hitler die Religion ablehnt, so unverkennbar reproduziert er doch ihre Strukturen, wenn auch in pervertierter Form. Sein ganzes Buch ist durchdrungen von der Suche nach der einen Ursache, allerdings nicht der Ursache des Guten, sondern des Bösen. Seine Sehnsucht gilt der Erfahrung der Selbstüberschreitung, also der Transzendenz, die er aber nicht in Gott, sondern im Selbstopfer für das eigene Volk findet. Wie im religiösen Denken liegt auch Hitlers Weltanschauung das Schema ursprünglicher Heilszustand, Sündenfall, Rückkehr zur Reinheit des Ursprungs zugrunde, nur diesmal weltlich gewendet: Der Heilszustand bestand im naturgewollten Kampf der Rassen, der Sündenfall lag in der Rassenvermischung und der damit einhergehenden Pazifizierung, und der gewollte Endzustand ist die Reetablierung der natürlichen Kampfordnung.

Wenn im Dritten Reich gezielt Elemente aus der katholischen Ikonografie und Liturgie aufgenommen und für Partei-Inszenierungen missbraucht wurden (Albert Speers Lichtdom, die Fahnenweihe, die Verwen-

---

7 Ebd., 145.

8 Das Christentum ist „eine Ausgeburt des Juden". Zit. nach: Jochmann, Monologe im Führerhauptquartier, 41.

9 Bei Bismarck waren das die Sozialisten und das katholische Zentrum, bei der Alldeutschen Bewegung, die von Georg Ritter von Schönerer geführt wurde, das Haus Habsburg und die katholische Kirche; vgl. Hitler, Mein Kampf, 127–130.

dung sakralen Vokabulars usw.), dann lag das in der Natur der Sache. Hitler selbst war ganz offensichtlich auf der Suche nach einem das Leben tragenden Grund, den er schließlich in seiner Weltanschauung fand. Und er wollte dem Volk einen neuen Glauben geben, nachdem er ihm mit großer Entschlossenheit frühere Glaubenssysteme zu nehmen gewillt war: den christlichen Glauben und, vor allem anderen, den Glauben an den Marxismus.

Der Kampf der Weltanschauungen

Revolutionen, davon ist Hitler überzeugt, hatten in der Geschichte nur eine Chance, wenn sie von „einer neuen großen Idee“[10] getragen waren. Denn nur eine solche erzeugt den „fanatischen Glauben an die Notwendigkeit des Sieges einer umwälzenden neuen Ordnung dieser Erde“[11]. Die Neuordnung der Erde – dies und nicht weniger hatte sich Hitler also vorgenommen. Die Notwendigkeit für eine Neuordnung der Erde ergab sich aus der zuvor dargestellten Verfallsdiagnose. Für Hitler stand die Welt am Abgrund, weil sich mit der Durchsetzung jener lebens- und willensschwachen Daseinsweise des auf Egalität bedachten Menschen ein Fortbestand der Menschheit nicht sichern ließ. Besonders drängend wurde das Problem in Hitlers Augen, weil genau die politische Bewegung, die sich die Egalität auf die Fahnen geschrieben hatte, zum Sprung auf die Weltherrschaft ansetzte: der Marxismus.

Im Marxismus, den Hitler in Gestalt der damals noch marxistisch ausgerichteten Sozialdemokratie und im Bolschewismus wirken sah, verdichtet sich alles, was Hitler hasst: der Glaube, der Mensch sei der Natur überlegen; die Vergötzung der Ökonomie; ein deterministisches Menschenbild; ein zur Vermassung führender Kollektivismus; das Aushebeln des Persönlichkeitsprinzips; eine Gleichheitsideologie, die alle Unterschiede zwischen den Individuen, den Völkern, den Rassen und Kulturen nivelliert; der Appell an die Bedürfnisseite des Menschen; das Versprechen eines Reichs der Gleichen, in der alle Herrschaft und alle Mühsal ein Ende haben werden, kurz: die Verheißung eines Lebens ohne Kampf.

---

10 Ebd., 597.
11 Ebd.; im Original gesperrt.

Diesem für viele verführerischen Programm musste „eine Lehre von besserer Wahrhaftigkeit, aber gleicher Brutalität der Durchführung“[12] entgegengestellt werden. Zunächst musste der Kampf um die Köpfe gewonnen werden, bevor man zum physischen Kampf übergehen konnte. Hitler bekennt in „Mein Kampf“, dass er um dieselbe Klientel ringt, an die sich auch die Marxisten wenden, nämlich die (proletarischen) Massen. Das Bürgertum hat in seinen Augen abgewirtschaftet. Mit seiner Saturiertheit, seinem fehlenden sozialen Gewissen und seinem Ruhe- und Ordnungsbedürfnis ist das Bürgertum den Herausforderungen der geschichtlichen Lage nicht mehr gewachsen. Es sind die Massen, die für die neue Idee begeistert werden müssen. Ein Mittel, durch das man sie an sich binden kann, ist die Verbesserung ihrer sozialen Lage. Deshalb plant Hitler in „Mein Kampf“ für die – zur Abfassungszeit des Buches 1924 bis 1926 noch utopisch anmutende – Zeit nach der Machtergreifung eine entschiedene Sozialpolitik zur „Nationalisierung der breiten Masse“[13]. Dem sozialistischen Internationalismus muss ein fanatischer Nationalismus entgegengesetzt werden, und nur eine Nation, die sich um die ihr angehörenden Menschen kümmert, kann diese für sich einnehmen.

Hier wird auch deutlich, weshalb sich Hitlers Bewegung „nationalsozialistisch“ nannte. Natürlich wollte sie mit der Okkupation des Begriffs „sozialistisch“ die Linke provozieren. Doch noch wichtiger ist der enge Zusammenhang zwischen den Elementen des Nationalen und des Sozialen, den die Bezeichnung „nationalsozialistisch“ signalisiert. Das soziale Element ist dabei ganz eindeutig ein Instrument für die Erzeugung einer nationalistischen Gesinnung. Insofern wäre die treffendere Kennzeichnung „Sozial-Nationalismus“ gewesen.

Weil Hitler dem Marxismus den Kampf angesagt hatte, musste seine eigene Weltanschauung die marxistische in allen entscheidenden Punkten konterkarieren. Wo der Marxismus die Gleichheit propagiert, pocht der Nationalsozialismus auf die Ungleichheit. Sieht der Marxismus im Menschen primär das Bedürfniswesen, so verweist der Nationalsozialismus auf die Willensnatur des Menschen. Ist der Mensch im Marxismus das

12 Ebd., 44. Zum Zusammenhang zwischen den Ideologien vgl. Zehnpfennig, Nationalsozialismus als Antimarxismus.
13 Hitler, Mein Kampf, 370.

Produkt der gesellschaftlichen Verhältnisse, so ist er im Nationalsozialismus deren Gestalter. Findet der Mensch im Marxismus sein Heil im Frieden, so findet er es im Nationalsozialismus im Kampf.

Doch diese Entgegensetzung ergibt sich nicht einfach aus dem Willen zum Widerspruch. Sie ist vielmehr Folge eines größer angelegten gedanklichen Zusammenhangs. Auch wenn viele, wenn nicht sämtliche Bausteine von Hitlers Weltanschauung schon vor ihm existierten – im Rassismus, im Antisemitismus, in der Geopolitik, der Massenpsychologie, den Theorien über das Bevölkerungswachstum, im völkischen Denken usw. –, so ist es Hitler doch gelungen, aus all diesen Mosaiksteinen ein in sich geschlossenes und folgerichtiges Bild zu konstruieren. Dazu bedurfte es einer bemerkenswerten Willenskraft, die Hitler wohl nur aufbringen konnte, weil er die Welt am Scheidewege glaubte.

Seine wesentliche Triebkraft, das wird aus der Lektüre seines Buches unmissverständlich klar, muss aber der Hass gewesen sein – der Hass auf all das, was er am modernen Leben so verächtlich fand und für das er einen Urheber suchte. Was also war die Ursache, die letzte Ursache für die von ihm konstatierten Übel? Wer steckte hinter dem Marxismus, jener Lehre, „bestehend aus Egoismus und Haß, die nach mathematischen Gesetzen zum Siege führen kann, der Menschheit aber damit auch das Ende bringen muß“[14]? Als Hitler vermeintlich die Antwort findet, ist das für ihn wie ein Erweckungserlebnis:

> „Indem ich den Juden als Führer der Sozialdemokratie erkannte, begann es mir wie Schuppen von den Augen zu fallen. Ein langer innerer Seelenkampf fand damit seinen Abschluß.“[15]

Das absolute Böse

Es ist für ideologisches Denken bezeichnend, dass in ihm nicht das Gute, sondern das Böse das absolute Zentrum bildet; schließlich sind Ideologien reaktiv, sie reagieren auf angebliche Missstände, die sie für derart gravierend halten, dass sie nur mit radikalsten Mitteln behoben werden

---

14 Ebd., 54.
15 Ebd., 64.

können. Ganz besonders gilt das für die politischen Religionen[16], also für säkulare Heilslehren wie den Marxismus und den Nationalsozialismus. Ihr quasi-religiöses Heilsversprechen, ihre auf irdische Verwirklichung gerichtete Erlösungsphantasie lässt für einen welt-transzendenten Gott keinen Raum. Umso präsenter ist der Teufel. Was dem Guten an Realität abgesprochen wird, wird dem Bösen an Wirkmacht zugesprochen. Und da der Feind außen zu verorten ist und nicht etwa im eigenen Inneren, zum Beispiel in Gestalt der eigenen moralischen Unzulänglichkeit, kann er auch benannt und dingfest gemacht werden. Es sind immer bestimmte Volksgruppen, die das Opfer von Ideologien werden. Man braucht sie, um dem Hass einen Namen zu geben. Das ist der Preis für eine Verweltlichung religiöser Strukturen: die Verkehrung des Bösen zur eigentlichen Wirklichkeit und die Identifikation real vorhandener Menschen mit dem diabolischen Prinzip.

Im Fall von Hitler lag die Schuldzuweisung an das Judentum aufgrund eines gerade in Österreich, Hitlers Erfahrungsumfeld, sehr virulenten Antisemitismus nahe. Antijüdische Stereotype ließen sich nahtlos mit jenen modernen Entwicklungen verbinden, in denen Hitler die großen Gefahren seiner Zeit sah. Hinzu kam, dass in der Führung der sozialistischen, bolschewistischen und räterepublikanischen Bewegungen Juden tatsächlich prominent vertreten waren und sie auch in anderen Bereichen, die Hitler für die Dekadenz seiner Zeit verantwortlich machte, wie etwa in der Presse, in Kultureinrichtungen und auch im Handel und Bankenwesen zum Teil eine wichtige Rolle spielten. Das konnte mit einer starken Bildungsorientierung des Judentums zusammenhängen, die den Zugang zu gesellschaftlich relevanten Positionen eröffnete; es eignete sich aber ebenfalls zur Konstruktion von Verschwörungstheorien. Für letztere hatten judenfeindliche Pamphlete wie die „Protokolle der Weisen von Zion“[17] den Grundstein gelegt.

Hitlers antisemitisches Konstrukt setzt an den vermeintlichen Wesenseigenschaften der Juden an, die sie zu einer Gefahr für die Menschheit

---

16 Der Begriff wurde wesentlich von Raymond Aron und Eric Voegelin geprägt, die beide in den Massenbewegungen des 20. Jahrhunderts mit ihrem innerweltlichen Heilsversprechen ein historisch neues Phänomen sahen; vgl. Aron, Opium für Intellektuelle; Voegelin, Der Gottesmord.

17 Sammons, Die Protokolle der Weisen von Zion.

machen. Danach sind die Juden im Kern materialistisch und egoistisch (schon hier kündigt sich der Bezug zum Marxismus an), was sie an das Weltliche bindet, ohne dass sie aber für den von ihnen erstrebten Genuss irdischer Güter zur Erbringung irgendwelcher Opfer bereit wären. Das ist die entscheidende Grundkonstellation: ein den Juden unterstellter Anspruch auf irdischen Besitz, der jedoch nicht erkämpft wird und deshalb auf unlautere Weise errungen werden muss. Der angestrebte Besitz umfasst nicht weniger als die ganze Erde. Könnte nun, so Hitlers bange Frage, dem auserwählten Volk, „das ewig nur dieser Erde lebt, die Erde als Belohnung zugesprochen sein?“[18] Doch das widerspräche dem Wollen der Natur, wie sich im Folgenden zeigt.

Denn das Wirken des Judentums zerstört die natürliche Ordnung. Weil die Juden, so Hitler, ihr Dasein weder durch Arbeit noch durch Kampf zu erhalten bereit sind, sind sie unfähig, einen Territorialstaat zu begründen. Also schleichen sie sich in andere Völker ein und beuten diese aus. Um ihren Herrschaftsanspruch zu sichern, für den sie nicht offen zu kämpfen willens sind, verwenden sie die ihnen zu Gebote stehenden Waffen: Geist und Geld. Mit ihrer Geldmacht bringen sie die anderen in ihre Abhängigkeit, und zwar vorzugsweise die geschichtlich gerade bestimmenden Kräfte. So sicherten sie sich zum Beispiel durch die Vergabe von Krediten das Wohlwollen der Fürsten und trieben durch erkaufte Adelstitel ihre gesellschaftliche Anerkennung voran.

Sich die jeweils geschichtsmächtige Kraft ökonomisch zu unterwerfen, ist das Eine. Noch gefährlicher aber ist die andere jüdische Waffe: ihre zersetzende Intellektualität. Mit ihrer Hilfe erfinden die Juden nämlich Ideologien, die es ihnen ermöglichen, ihren Plan der Weltherrschaft systematisch zu verfolgen, ohne dafür Leib und Leben einsetzen zu müssen. Der Trick besteht darin, den Gegner so zu demoralisieren, dass er seinerseits nicht mehr kampffähig ist. Das gelingt mit Theorien wie dem Liberalismus, der an die Stelle des Kampfes die ökonomische Konkurrenz und das Wohlleben treten lässt, dem Internationalismus, der die kampfrelevanten Unterschiede zwischen den Völkern nivelliert und – als letzte und gefährlichste Waffe – dem Marxismus, der den Kampf völlig aus der Welt schaffen will.

---

18 Hitler, Mein Kampf, 69.

Hitler deutet so die ganze Geschichte als ein Geschehen, in dem der Verderber in Gestalt des Judentums die natürliche Ordnung unterminiert und planmäßig die endgültige Herrschaft über die Welt vorantreibt. Was ist nun die natürliche Ordnung? Die Natur, welcher der Mensch ebenso untersteht wie alle anderen Lebewesen, ist ein Ort des Kampfes. Die Natur will diesen Kampf, und zwar aus zwei Gründen. Im Kampf sondert sich das Stärkere vom Schwächeren – was Hitler mit dem Besseren und Schlechteren identifiziert –, und dadurch ergeben sich Herrschaftsverhältnisse, also Strukturen bzw. Ordnung. Ordnung ist aber unabdingbar für das Überleben eines Systems; ein chaotisches System zerfällt. Die erste Funktion des Kampfes ist somit die Überlebenssicherung, die zwar nicht unbedingt das Individuum betrifft, aber die Gattung. Die zweite Funktion des Kampfes ist der Fortschritt. Nur wer kämpft, wächst über sich hinaus, steigert sich. Zudem sorgt der Kampf für eine Auslese des Besseren, für eine Steigerung des Ganzen. Schöpfertum ist ein Ergebnis des Ringens mit Widrigkeiten. Insofern ist auch die Kultur eine Folge des Kampfes.

Der Kampf ist damit das Prinzip des Lebens schlechthin, wobei Hitler durchaus jede Form des Kampfes meint: den alltäglichen Lebenskampf, den Kampf mit den eigenen Schwächen, den kriegerischen Kampf. Wird der Kampf als Prinzip verteufelt, wird er moralisch geächtet, wird er durch das Vorgaukeln eines kampflos zu führenden angenehmen Daseins als historisch überholt gebrandmarkt, so gefährdet dies das Überleben aller. Denn ohne Kampf tritt Stagnation, Niedergang, am Ende Untergang ein. Der den Kampf negierende Kommunismus, hier ist Hitler immerhin ganz hellsichtig, ist selbst nicht schöpferisch und wird das Übernommene nur aufzehren. Am Ende zieht er alles in den Abgrund.

Allerdings glaubte Hitler auch, dass die vom Marxismus versprochene Gleichheit tatsächlich die eines Sklavenheeres sein würde, das unter der sterilen Herrschaft einer jüdischen Ausbeuterclique steht. Die Gleichheit sollte nur für die Nicht-Juden gelten, sie sollten mittels der marxistischen Ideologie kampfunfähig und damit problemlos beherrschbar gemacht werden. Aus dieser Konstellation leitete Hitler seinen Auftrag ab.

Die Mission

„Deutschland ist heute das nächste große Kampfziel des Bolschewismus"[19]: Hitler war davon überzeugt, dass Deutschland eine Schlüsselrolle bei der weltweiten Verbreitung des Kommunismus spielen würde. Das war insofern nicht ganz unrealistisch, als Lenins Strategie in der Tat vorsah, die russische Revolution auf Europa und dort zunächst auf Deutschland überspringen zu lassen.[20] Und da Hitler im Marxismus und Bolschewismus ein Instrument des Judentums erblickte, sah er seine und die deutsche Mission darin, jene Kraft zu sein, die „dem Juden" entgegentritt „und in gewaltigem Ringen den Himmelsstürmer wieder zum Luzifer zurückwirft".[21]

Was bedeutete das konkret? Um gegen die Juden kämpfen zu können, die sich, wie Hitler glaubte, dem offenen Kampf nicht stellten, sich per Mimikry als Volksangehörige ausgaben und so unerkannt ihre Zersetzungsarbeit innerhalb der Gastvölker betreiben konnten, bedurfte es zunächst einer klaren Unterscheidung von Freund und Feind. Dazu diente das Konzept der Rasse.

Für Hitler sind die Juden keine Religionsgemeinschaft, sondern eine völkische Gemeinschaft. Ihre Religion, die gar keine echte Transzendenz kennt, ist nur der Deckmantel, unter dem sie ihre völkischen Interessen, ihren völkischen Zusammenhalt, den sie selbst in der Diaspora bewahrten, verbergen konnten. Die Juden, so Hitlers Überzeugung, sind eine Rasse. Sie sind eine Rasse, welcher der Herrschaftswille wesenseigen ist, eine Rasse, die deshalb immer für größte innere Reinheit gesorgt hat, eine Rasse, die aufgrund dessen von einem Willen beseelt ist. Denn das ist für Hitler das entscheidende Kennzeichen der Rasse: Sie sorgt für die „Einheit der Seele"[22] eines Volkes, das heißt für die Einheit seines Willens. Nur bei rassischer Homogenität stellt sich jenes „Zusammengehörigkeitsgefühl auf Grund gleichen Wesens und gleicher Art" her, das die Bereit-

---

19 Ebd., 751.
20 Vgl. dazu Trotzki, Die permanente Revolution, 172, sowie Pohlmann, Zusammenhänge, 191.
21 Hitler, Mein Kampf, 751.
22 Ebd., 372.

willigkeit erzeugt, sich für das eigene Volk „mit allen Mitteln einzusetzen".[23]

Rassische Reinheit ist demnach die grundlegende Bedingung, um für das Eigene kämpfen zu wollen. Man stirbt nur für das Eigene, nicht für das Fremde. Hitlers Rassentheorie ist Teil seiner Kampfesideologie. Um das eigene Volk kampfeswillig zu machen, musste daher alles dafür getan werden, es rassenrein zu machen: durch Eugenik, durch ein neues Staatsbürgerrecht, durch Rassengesetze. All dies steht bereits in „Mein Kampf". Zudem lieferte die Rasse vermeintlich den Hebel, das Judentum eindeutig zu identifizieren. Die Volkszugehörigkeit kann man wechseln, die Religion ebenso. Was man nicht willkürlich verändern kann, sind die physischen Eigenschaften. In der Rasse glaubte Hitler jenes Merkmal gefunden zu haben, das sowohl die Identifikation des Feindes als auch die Formation des Freundes erlaubte.

Und so spitzte sich nun alles auf den Endkampf zu: Den Ariern, jener höchsten Rasse, der alle großen Kulturleistungen auf der Erde zu verdanken sind, war es aufgegeben, den Verderber, die kulturzerstörende Rasse der Juden, aufzuhalten. Diese Mission, die vor allem den Deutschen als edelstem Teil der Arier aufgegeben war, sollte nicht etwa dazu dienen, nach Ausschaltung des Feindes ein universelles Friedensreich zu errichten. Ganz im Gegenteil: Es waren ja, so Hitler, gerade die Juden, die den naturgewollten Kampf der Völker, der Rassen, verhindern wollten. Diesen Kampf der Rassen, welcher die Geschichte bis zur Dazwischenkunft der Juden bestimmt hatte, galt es wiederherzustellen. Nur so ließ sich die Menschheit als ganze erhalten, nur so konnte es kulturellen Fortschritt geben.

Und das, so scheint es, wenn man der Gedankenlinie aus „Mein Kampf" folgt, ist auch der wahre Grund für den Holocaust. Hitler glaubte, es sei den Juden wesenseigen, ihren Herrschaftswillen nur durch Schwächung der Starken befriedigen zu können. Er glaubte, dass sie es mit ihrem Intellekt schaffen könnten, der Menschheit das Kämpfen-Wollen auszureden, von dem doch deren Fortbestand der Menschheit abhing. Es war das den Juden unterstellte Denken, das Hitler aus der Welt schaffen wollte. „Niemals aber war ein Jude von seiner Anschauung zu

23 Ebd., 166.

befreien"[24], und deshalb genügte es nicht, allein das jüdische Denken auszurotten. Es mussten auch die Menschen umgebracht werden, deren Natur ihnen dieses Denken eingab.

Man versteht Hitler nur, dieser Eindruck entsteht bei einer ernsthaften Auseinandersetzung mit „Mein Kampf", wenn man ihn vor dem Hintergrund seines quasi-religiösen Anspruchs deutet. Es ist ein Kampf zwischen Licht und Finsternis, der auszufechten ist; in den Ariern und den Juden stehen sich Gut und Böse gegenüber. Insofern ist es eine Tat der Erlösung, die Menschheit vom Verderber zu befreien, es ist ein Opfer, das die Deutschen für alle anderen erbringen. Dass ihnen damit ihrerseits das Herrschaftsrecht zufiel, lag in der Logik des Kampfgedankens.

Dieser Logik blieb Hitler auch dann noch treu, als die Deutschen 1945 in seinen Augen schmählich versagt und den Krieg verloren hatten. Da erteilte er den Befehl, ihnen durch Zerstörung der noch verbliebenen Infrastruktur die Lebensgrundlagen zu nehmen. Ein anderes Volk hatte sich als stärker erwiesen.

Quellen und Literatur

Aron Raymond: Opium für Intellektuelle, Köln 1957.

Aus Politik und Zeitgeschichte 43–45/2015 (65): Hitlers „Mein Kampf".

Heuss Theodor: Hitlers Weg. Eine historisch-politische Studie über den Nationalsozialismus, Stuttgart 1932.

Hitler Adolf: Mein Kampf, Zwei Bände in einem Band, München ^{22}1942.

Jochmann Werner (Hg.): Monologe im Führerhauptquartier, München 2000.

Kellerhoff Sven Felix: „Mein Kampf" – Die Karriere eines deutschen Buches, Stuttgart 2015.

Pohlmann Friedrich: Zusammenhänge zwischen der kommunistischen und der nationalsozialistischen Ideologie, in: Kroll Frank-Lothar / Zehnpfennig Barbara (Hg.): Ideologie und Verbrechen. Kommunismus und Nationalsozialismus im Vergleich, München 2014, 187–210.

Sammons Jeffrey L. (Hg.): Die Protokolle der Weisen von Zion. Die Grundlage des modernen Antisemitismus – eine Fälschung. Text und Kommentar, Göttingen 1998.

---

24 Ebd., 66.

Trotzki Leo: Die permanente Revolution. Ergebnis und Perspektiven, Essen 1993.

Voegelin Eric: Der Gottesmord. Zur Genese und Gestalt der modernen politischen Gnosis. Hg. und eingel. von Peter J. Opitz, München 1999.

Zehnpfennig Barbara: Hitlers Mein Kampf. Eine Interpretation, München 2000 (^{3}2006).

Zehnpfennig Barbara: Adolf Hitler: Mein Kampf. Studienkommentar, München 2011.

Zehnpfennig Barbara: Nationalsozialismus als Antimarxismus? Hitlers programmatisches Selbstverständnis in „Mein Kampf", in: Becker Manuel / Bongartz Stephanie (Hg.): Die weltanschaulichen Grundlagen des NS-Regimes. Ursprünge, Gegenentwürfe, Nachwirkungen, Berlin 2011, 79–98.

Über die Kirche unter totalitärer Herrschaft

Heinz Hürten

Totalitäre politische Systeme sind wesensgemäß kirchenfeindlich. Die politische Wissenschaft beschreibt sie als „politische" oder „säkulare Religionen".[1] Als eine solche haben die Nationalsozialisten ihr System zweifelsfrei verstanden, wie aus der Verwendung religiöser Begriffe für Elemente ihrer Ideologie und der in damals unveröffentlichten Texten genannten Zielvorstellung hervorgeht, „Kirche" zu werden.

Der Anspruch, Instanz der Sinndeutung für den Gesamtbereich menschlicher Existenz zu sein („Der Nationalsozialismus ist eine neue, totale Auffassung des menschlichen Lebens, und weil er total ist, deshalb bezieht er alle Bezirke des menschlichen Denkens, Fühlens und Handelns in seinen Wirkungskreis mit ein."[2]), ergibt sich auch ohne den Rückgriff auf die entsprechenden Programmsätze aus der Alltagspraxis des Regimes. Eine christliche Kirche konnte in einem solchen System lediglich als eine Gemeinschaft hingenommen werden, die durch die Übereinstimmung in subjektiven, für die Lebenspraxis unverbindlichen Anschauungen hinsichtlich irrelevanter außerweltlicher Vorgänge gebildet war. („Kirchen und Konfessionen haben nichts mit den praktischen Dingen des Lebens zu tun, sondern mit denen des Glaubens. Wir überlassen es der Religion, das Wesen der Dinge zu erahnen und dogmatisch zu fassen." Reichskirchenminister Kerrl 1935).

Der Konflikt zwischen Kirche und Regime betraf somit nicht ausschließlich oder primär Einflusssphären und gesellschaftliche Kompetenzen, sondern in der Konsequenz die Existenz der Kirche als solche und den Inhalt ihrer Verkündigung. Dem schrittweisen Vorgehen des Regimes entsprach die Ausweitung dessen, was die Kirche zu verteidigen hatte. Soweit der Streit um einzelne Rechtspositionen ging, konnte eine

1 Voegelin, Die politischen Religionen; Ford, Dictatorship in the Modern World.
2 Hürten, Kulturkampf, 173; Hockerts, Die Goebbels-Tagebücher.

rechtliche, auf Reichskonkordat[3] und andere Regelungen gestützte Argumentation als sachlich angemessene Form der Abwehr nationalsozialistischer Ansprüche gelten. In dem Maße jedoch, in dem die „Gleichschaltungs"-Absichten des Regimes und die von ihm angewendeten Methoden vom positiven Recht nicht mehr umfasst oder durch neues, im Widerspruch zu überpositiven Normen geschaffenes Recht gedeckt wurden, traten Menschenrechte, Naturrecht und Dekalog zunehmend als die von der Kirche betonten Kriterien für die anzustrebende, beiden Seiten gerecht werdende Lösung der Probleme hervor. Damit wuchs die Kirche in der Wahrung ihrer eigenen Rechte in die Funktion hinein, die für die gesamte Gesellschaft grundlegende sittliche Ordnung zu verteidigen. In ihrem Hirtenwort vom 19. August 1936 sprachen die Bischöfe davon, dass ihre Bemühungen um die Wahrung der kirchlichen Rechte und Freiheiten „im Interesse des ganzen deutschen Volkes" lägen.[4] In seiner Denkschrift vom 31. Juli 1937 erinnerte Bischof Galen von Münster daran, dass die Kirche und insbesondere die letzten Päpste „Verkünder und Verteidiger nicht nur der geoffenbarten Wahrheit, sondern auch der von Gott gewollten natürlichen Rechte und Freiheiten der Menschen gewesen" seien, weshalb er sich fragte, ob die Bischöfe „nicht nur für die Wahrheit, sondern auch für Gerechtigkeit und Freiheit eintreten" sollten.[5] Eine solche Ausweitung des zu Verteidigenden ist nicht als Ausgreifen in eine der Kirche nicht unterstehende Sphäre begriffen worden, sondern als Konsequenz ihres Auftrags. Die Aufgabe, „Wahrerin und Hüterin der sittlichen Ordnung für alle Menschen und alle Völker" zu sein, ist den Bischöfen bereits sehr früh als Kriterium ihres Verhaltens von gläubigen Laien vorgehalten worden. Die deutschen Bischöfe haben schließlich in ihrer Mehrheit sich dieser Anmutung gestellt.

In ihrem Hirtenbrief vom 22. März 1942 erklärten sie, „nicht nur für die religiösen und kirchlichen Rechte [...] einzutreten, sondern auch für die allgemein-menschlichen gottverliehenen Rechte der Menschen", und sie protestierten im selben Schreiben gegen das Unrecht der Nationalso-

---

3 Zum Reichskonkordat siehe u. a. Brechenmacher, Reichskonkordat.

4 Hirtenbrief der deutschen Bischöfe vom 19.08.1936, in: Stasiewski, Akten deutscher Bischöfe III, Nr. 316, 478–483, hier 479.

5 Denkschrift Galens vom 31.07.1937, in: Volk, Akten Kardinal Faulhaber, Nr. 658, 382–386, hier 385.

zialisten „auch um des Gemeinwohles willen und als Verteidiger der von Gott gewollten Sozialordnung".[6] In ihrem Hirtenwort vom folgenden Jahr, das die Zehn Gebote behandelte, bezeichneten sie es als ihre „Amtspflicht", für deren Erfüllung sie sich vor Gott und dem deutschen Volk verpflichtet wüssten, dass sie „die Wahrung der Gottesrechte und der in ihnen wurzelnden Menschenrechte im öffentlichen Leben der Völker" einklagten.[7]

Mit der Ausweitung des Konflikts von der Wahrung bestimmter kirchlicher Rechtspositionen zur Verteidigung der von Gott gewollten sittlichen Grundordnung der Gesellschaft und der Rechte der Menschen wuchs der anfänglich strikt auf den Schutz des Eigenen konzentrierte Protest der Kirche zu politischem Widerstand, weil die Forderungen der Kirche sich auf die Gesamtordnung der Gesellschaft erstreckten und diese nicht erfüllt werden konnten, ohne dass das herrschende Regime sich selbst tiefgreifend gewandelt hätte. Auch wenn dies – wahrscheinlich – von den Bischöfen nicht beabsichtigt und vielleicht nicht einmal bemerkt worden ist, so kann es keinen Zweifel geben, dass die Kritik der Bischöfe am Regime allseits als politischer Widerstand aufgefasst worden ist.

Diese ungewollte Formveränderung der kirchlichen Haltung dürfte eine unausweichliche Konsequenz aus dem totalitären Charakter des Regimes darstellen. Dessen Anspruch auf umfassende Gestaltung und Sinndeutung menschlicher Existenz machte die Gewährung eines Freiraums für die Kirche oder jegliche andere Instanz, die mit ihm in Gestaltungswillen und Sinndeutung konkurrierte, unmöglich. Folgerichtig lief jede Bemühung um eine Freiheit innerhalb des Systems in der Konsequenz auf Freiheit vom System hinaus: Die Kirche konnte die zur Erfüllung ihres Auftrags notwendige Freiheit in einem solchen System nicht durch Gewährung eines Freiraums als Privileg des totalitären Staates erhalten, sondern nur durch die Brechung des totalitären Anspruchs. Die Strukturbedingungen eines totalitären Systems machen den Versuch zur Selbstbehauptung eines diesem System nicht „gleichgeschalteten" gesellschaftlichen Elements zu einem Phänomen politischen Widerstands.

6 Hirtenwort des deutschen Episkopats vom 22.03.1942, in: Stasiewski / Volk, Akten deutscher Bischöfe V, Nr. 751 (I), 700–704, hier 702f.

7 Hirtenwort des deutschen Episkopats (II) vom 19.08.1943, in: Dies., Akten deutscher Bischöfe VI, Nr. 872 (II), 197–205, hier 204.

Die Politisierung der kirchlichen Haltung dem Nationalsozialismus gegenüber wurde noch verstärkt durch die von diesem verübten Gräuel. Der Protest gegen solche Untaten, wie er z. B. im Hirtenbrief über den Dekalog deutlich zum Ausdruck kam, wo jeweils die sittliche Forderung zu der ungestraft geübten Praxis der Zeit in Kontrast gestellt wurde, stellte dem Hörer die Gefahr vor Augen, die dem bonum commune von diesem System drohte. Dies mochte den Prozess auslösen oder bestärken, durch den dieser oder jener zum Entschluss kam, durch sein eigenes Handeln das Ende dieser Herrschaft befördern zu helfen.

Das Ende dieser Herrschaft musste auch deshalb von der Kirche gewünscht werden, weil das Leben unter den Bedingungen totalitärer Herrschaft nicht allein Einschränkung der kirchlichen Wirkungsmöglichkeiten mit der Tendenz zu ihrer schließlichen Beseitigung und vielfältige Bedrückung und Verfolgung von Priestern und Laien bedeutete, sondern auch weil die Gefahr moralischer Auszehrung und Verwirrung mit den Jahren noch weiter wachsen musste. Der evangelische Theologe Dietrich Bonhoeffer fragte sich in seiner kleinen Schrift „Nach zehn Jahren“ besorgt, ob die „große Maskerade des Bösen“, die „alle ethischen Begriffe durcheinandergewirbelt“ habe, nicht auch die korrumpiert hätte, die dem System immer in kritischer Ablehnung gegenüberstanden.[8] Der Gefahr für Bestand und Integrität der Kirche, die bei längerem Bestand des Systems durch die Indoktrination der Gläubigen mit der nationalsozialistischen Ideologie entstand, konnte wegen der Beherrschung der Öffentlichkeit durch die Nationalsozialisten kaum wirksam begegnet werden. Die Beseitigung (oder die freilich kaum zu erwartende Milderung) der nationalsozialistischen Herrschaft war darum Bedingung der Möglichkeit künftiger christlicher Existenz in Deutschland.

Die deutschen Bischöfe haben aus diesem Sachverhalt allerdings nicht den Schluss gezogen, ihre Gläubigen zu aktivem Widerstand oder auch nur zur Verweigerung ihrer staatsbürgerlichen Pflichten aufzurufen. „Wir Christen machen keine Revolution“, sagte Galen in einer seiner großen gegen das Unrecht des Nationalsozialismus gerichteten Predigten[9], und

8 Bonhoeffer, Nach zehn Jahren, 10.

9 Predigt vom 20.07.1941, in: Löffler, Akten, Briefe und Predigten, Nr. 336, 855–863, hier 859.

wie er haben die deutschen Oberhirten keinen Zweifel aufkommen lassen, dass nach ihrer autoritativen Meinung der Katholik der bestehenden Obrigkeit den schuldigen Gehorsam zu leisten habe, sofern nicht Unerlaubtes von ihm gefordert werde. Auch nach dem Ende des Krieges haben sie die Meinung vertreten, dass ein gewaltsamer Sturz des Regimes von innen moraltheologisch kaum zu rechtfertigen gewesen wäre. Das bekannte Wort von Bischof Galen, dass die Katholiken „nicht Hammer, sondern Amboß" seien und in dieser Funktion verharren sollen[10], wies ihnen geduldige, zähe Hinnahme des über sie verhängten Geschicks in unverbrüchlicher Treue zur Kirche, nicht aber aktives Handeln zu dessen Abwehr als sittliche Aufgabe zu.

Damit steht jedoch das praktische Verhalten einer Reihe von Bischöfen während der nationalsozialistischen Herrschaft in einem gewissen Widerspruch. Einige von ihnen, insbesondere Graf Preysing in Berlin, der mit dem Hl. Vater in enger Verbindung stand, waren in regelmäßigem Kontakt mit dem Grafen Moltke und seiner stark durch die Mitarbeit der Jesuitenpatres Delp, König und Rösch bestimmten Gruppe, die Pläne für die Neugestaltung der politischen Ordnung in Deutschland entwarf und dabei den Sturz des politischen Systems als Voraussetzung betrachtete. Sie waren somit wenigstens Mitwisser und Förderer eines nach den Gesetzen des Regimes hochverräterischen Unternehmens.

Die strikte Abmahnung jeder Revolution, wie sie Galen aussprach, entsprach auch nicht der überlieferten katholischen Lehre und der 1937 an die mexikanischen Bischöfe ergangenen Enzyklika „Firmissimam constantiam".[11] Die Darlegung der kirchlichen Lehre über den „Tyrannenmord" im „Lexikon für Theologie und Kirche"[12] reichte wenigstens aus, um einem der am Attentat vom 20. Juli beteiligten Offiziere seine Gewissensbedenken zu nehmen, und die erwähnte Enzyklika stimmte der Lehre der mexikanischen Bischöfe zu, dass es keinen Grund gebe, die Bürger zu verurteilen, die im Falle einer Zerstörung von Gerechtigkeit und Wahrheit durch die Obrigkeit selbst sich zusammenschlössen, um sich und ihr Land mit geeigneten und erlaubten Mitteln gegen jene zu

10 Ebd.
11 AAS 29 (1937) 189–199.
12 Hilgenreiner, Tyrannenmord.

verteidigen, welche die ihnen anvertraute öffentliche Gewalt dazu benutzten, das Land in den Ruin zu führen. Die Lehre dieser Enzyklika ist mit Bezug auf die Verhältnisse in Deutschland lediglich in der in den Niederlanden erscheinenden Zeitschrift „Der deutsche Weg" des P. Friedrich Muckermann S. J. erörtert worden.[13] Hingegen hat sie zur Klärung des Bewusstseins der Katholiken in den Reihen der französischen Résistance beigetragen.

Die Enzyklika „Firmissimam constantiam" verdient insofern besondere Beachtung, weil darin im Unterschied zu den älteren Lehren über den „Tyrannenmord" nicht eigentlich das Handeln eines Einzelnen, eben des „Tyrannen", das entscheidende Kriterium bildet, sondern die Gesamtordnung der Gesellschaft. Von dieser wird in unserem Zusammenhang ohne den Anflug kritischer Distanzierung die Auffassung referiert und somit praktisch bestätigt, dass die Kirche als menschliche Gesellschaft wie die einzelnen Gläubigen die politische Freiheit nicht entbehren könne(n); darum könnten die Katholiken es nicht hinnehmen, dass die ursprünglichen religiösen und bürgerlichen Freiheiten beseitigt würden.

Folgt man dieser von Pius XI. ohne Kritik referierten Auffassung, ist aktiver Widerstand gegen das nationalsozialistische Regime nicht nur erlaubt gewesen (sofern jeweils die den Gewaltgebrauch einschränkenden Regeln beachtet wurden); vielmehr musste er für den, der die reale Lage erkannte, dass nämlich durch das Regime selbst die sittlichen Grundlagen von Staat und Gesellschaft zerstört wurden, und zur Abhilfe in der Lage war, die geeigneten und erlaubten Mittel zum Sturz des Regimes ergreifen. Weil die Kirche selbst zur Erfüllung ihres Auftrags auf die Wiederherstellung einer am Naturrecht orientierten Ordnung der Gesellschaft angewiesen war, verschmolzen bei dem, der aus christlicher Motivation gegen Hitler und seine Herrschaft zum aktiven Widerstand schritt, religiöse und politische Zielsetzungen ununterscheidbar. Tatsächlich ist bei einigen, die wegen ihrer Beteiligung am Attentat auf Hitler vor Gericht gestellt wurden, aus den Protokollen der Verhandlung oder aus den Akten der Geheimen Staatspolizei das religiöse Motiv ihres Handelns deutlich zu erkennen.

---

13 Siehe dazu Hürten, Der deutsche Weg. Zu Friedrich Muckermann siehe u. a. Gruber, Friedrich Muckermann S.J.

Damit stellt sich für die religiöse Qualifizierung der Männer des deutschen Widerstands und ihres unzweifelhaft patriotischen Tuns die Frage, ob nicht diejenigen unter ihnen, die aus sittlichen und religiösen Gründen handelten, nicht zugleich „Zeugen der Wahrheit" (Erik Peterson) gewesen sind.

Das nationalsozialistische Regime hat es sorgsam vermieden, „Märtyrer zu schaffen", Priester oder Laien unter dem Schuldvorwurf zu verfolgen, Christen oder treue Diener der Kirche zu sein, obwohl Hitler und die Seinen das Christentum mit gleicher Intensität als ihren Gegner definierten wie Kommunismus und Judentum. („Unsere nationalsozialistische Lehre [ist] völlig antijüdisch = antikommunistisch = antichristlich." Martin Bormann).[14] Es kam ihnen vielmehr darauf an, die von ihnen verfolgten Christen als „Volksschädlinge" darzustellen und der öffentlichen Verachtung preiszugeben. Dies scheint nicht nur raffinierte Taktik gewesen zu sein, sondern Auswirkung der Situation, in der sich die Kirche befand: Wenn sie ihrem Auftrag treu bleiben wollte, musste sie die politischen Bedingungen ihrer Existenz zu ändern suchen, durch Erinnerung an das Rechte, durch offene Kritik und letztlich auch durch aktiven Widerstand.

Den Zeitgenossen dürfte es noch nicht möglich gewesen sein, die ungemein komplexe Situation, in der sie sich mit der Kirche befanden, auf diese einfachen Linien zu bringen. Dem nachträglichen Blick werden oft erst Zusammenhänge erkennbar, die dem Handelnden noch verborgen waren. Ließe sich jedoch die Situation der Kirche unter dem Nationalsozialismus – und im Prinzip unter jeder totalitären Herrschaft – dahingehend beschreiben, dass ihr um ihres Auftrags willen die Aufgabe zufällt, die menschlichen Grundrechte und damit die sittliche Grundlage jeder Gesellschaft vor der Perversion zu bewahren, der sie durch die etablierten Regime ausgesetzt sind, dann dürfte es gerechtfertigt sein, diejenigen, die unter Einsatz ihres Lebens für die Wiederherstellung einer menschenwürdigen Ordnung eintreten, „Zeugen der Wahrheit" zu nennen und sie jenen an die Seite zu stellen, die in früheren Zeiten durch das „öffentliche Bekenntnis zum Namen Jesu" in öffentlichem Gerichtsverfahren sich Tod und Verfolgung durch die öffentliche Gewalt zuzogen.[15] Im Hinblick auf

14 Schulz, Gleichschaltung, 97.
15 Peterson, Zeuge der Wahrheit, 178.

Erich Klausener und Adalbert Probst, die der Mordaktion Hitlers vom 30. Juni 1934 zum Opfer fielen und deren Tötung mit politischen Schuldvorwürfen gerechtfertigt wurde, hat Clemens August Graf von Galen schon 1936 keine Scheu getragen, von Märtyrern zu reden:

> „Es gibt in deutschen Landen frische Gräber, in denen die Asche solcher ruht, die das katholische Volk für Märtyrer des Glaubens hält, weil ihr Leben ihnen das Zeugnis treuester Pflichterfüllung für Gott und Vaterland, Volk und Kirche ausstellt, und das Dunkel, das über ihren Tod gebreitet ist, ängstlich gehütet wird.“[16]

Weil die Kirche als Hüterin des Naturrechts Repräsentantin der gottgewollten sittlichen Ordnung von Staat und Gesellschaft ist, wird sie mit ihrer Verkündigung in totalitären Systemen, die eben diese Ordnung fundamental angreifen, zu einer politischen Gegenmacht des jeweiligen Systems. Politischer Widerstand kann unter solchen Bedingungen aus religiöser Motivation entstehen oder neue Energien gewinnen. Wer in solchem religiös bestimmten Widerstand zum Opfer des Systems wird, ist „Zeuge der Wahrheit“, für die er unter Einsatz seines Lebens eintritt und die er durch sein Handeln – im besonderen Fall sogar durch sein Wort vor Gericht – Zeugnis gibt. Es erscheint darum sachlich angemessen, die religiöse Qualifizierung solchen Tuns anhand der überlieferten Kategorie des Martyriums anzugehen.

Quellen und Literatur

Bonhoeffer Dietrich: Nach zehn Jahren, in: Bonhoeffer Dietrich: Widerstand und Ergebung. Briefe und Aufzeichnungen aus der Haft. Hg. von Eberhard Bethge, München [12]1983, 9–25.

Brechenmacher Thomas: Das Reichskonkordat 1933. Forschungsstand, Kontroversen, Dokumente, Wien [u. a.] 2007 (= Veröffentlichungen der Kommission für Zeitgeschichte, Reihe B, Forschungen 109).

Ford Guy Stanton: Dictatorship in the Modern World, Minneapolis 1935.

Hockerts Hans Günter: Die Goebbels-Tagebücher 1932–1941. Eine neue Hauptquelle zur Erforschung der nationalsozialistischen Kirchenpolitik, in: Albrecht

---

16 Predigt vom 09.02.1936, in: Löffler, Akten, Briefe und Predigten, Nr. 150, 339–344, hier 343.

Dieter [u. a.] (Hg.): Politik und Konfession. Festschrift für Konrad Repgen zum 60. Geburtstag, Berlin 1983, 359–392.

Hürten Heinz: „Der Deutsche Weg“: Katholische Exilpublizistik und Auslandsdeutschtum. Ein Hinweis auf Friedrich Muckermann, in: Koebner Thomas [u. a.] (Hg.): Das jüdische Exil und andere Themen, München 1986 (= Exilforschung 4), 115–129.

Hürten Heinz: Kulturkampf. Berichte aus dem Dritten Reich, Paris. Eine Auswahl aus den deutschsprachigen Jahrgängen 1936–1939, Regensburg 1988.

Löffler Peter (Hg.): Bischof Clemens August Graf von Galen. Akten, Briefe und Predigten 1933–1946, Bd. I: 1933–1939, Mainz 1988 (= Veröffentlichungen der Kommission für Zeitgeschichte, Reihe A, Quellen 42).

Löffler Peter (Hg.): Bischof Clemens August Graf von Galen. Akten, Briefe und Predigten 1933–1946, Bd. II: 1939–1946, Mainz 1988 (= Veröffentlichungen der Kommission für Zeitgeschichte, Reihe A, Quellen 42).

Gruber Hubert: Friedrich Muckermann S.J. 1883–1946. Ein katholischer Publizist in der Auseinandersetzung mit dem Zeitgeist, Mainz 1993.

Peterson Erik: Zeuge der Wahrheit, in: Peterson Erik: Theologische Traktate, München 1951, 167–224.

Schulz Gerhard: Permanente Gleichschaltung des öffentlichen Lebens und Entstehung des nationalsozialistischen Führerstaates in Deutschland, in: Schulz Gerhard (Hg.): Die große Krise der dreißiger Jahre. Vom Niedergang der Weltwirtschaft zum Zweiten Weltkrieg, Göttingen 1985, 72–100.

Stasiewski Bernhard (Hg.): Akten deutscher Bischöfe über die Lage der Kirche 1933–1945, Bd. I: 1933–1934, Mainz 1968 (= Veröffentlichungen der Kommission für Zeitgeschichte, Reihe A, Quellen 5).

Stasiewski Bernhard (Hg.): Akten deutscher Bischöfe über die Lage der Kirche 1933–1945, Bd. III: 1935–1936, Mainz 1979 (= Veröffentlichungen der Kommission für Zeitgeschichte, Reihe A, Quellen 25).

Stasiewski Bernhard / Volk Ludwig (Hg.): Akten deutscher Bischöfe über die Lage der Kirche 1933–1945, Bd. V: 1940–1942, Mainz 1983 (= Veröffentlichungen der Kommission für Zeitgeschichte bei der Katholischen Akademie, Reihe A, Quellen 34).

Stasiewski Bernhard / Volk Ludwig (Hg.): Akten deutscher Bischöfe über die Lage der Kirche 1933–1945, Bd. VI: 1943–1945, Mainz 1985 (= Veröffentlichungen der Kommission für Zeitgeschichte bei der Katholischen Akademie, Reihe A, Quellen 38).

Voegelin Erich: Die politischen Religionen, Stockholm 1939.

Volk Ludwig (Hg.): Akten Kardinal Michael von Faulhabers, Bd. II: 1935–1945, Mainz 1978 (= Veröffentlichungen der Kommission für Zeitgeschichte bei der Katholischen Akademie, Reihe A, Quellen 26).

Hilgenreiner Karl, Tyrannenmord, in: Lexikon für Theologie und Kirche 10 (1938) 346–348.

Wirksames Zeichen des Reiches Gottes unter uns. Eine christliche Kriteriologie des Martyriums aus katholischer Perspektive

Roman A. Siebenrock

In diesem Beitrag möchte ich mich dem Phänomen „Martyrium“ in drei Perspektiven nähern. Eine gegenwärtige Vermessung wird durch eine Geschichte des christlichen Martyriums mit ihren Höhen und Tiefen vertieft. Erst dann kann im dritten Schritt eine systematische Kriteriologie vorgelegt werden. Diese Kriteriologie möchte normativ die Frage beantworten: Wer kann und soll als Märtyrer/in verehrt werden? Und das bedeutet: Wer hat Anspruch auf ein solches Gedächtnis, weil es in berechtigter Weise allen Menschen in der Zukunft zum Vorbild werden kann, ja vielleicht sogar soll.[1] Aus dieser Perspektive wage ich es dann abschließend davon zu berichten, was mir im Lebenszeugnis von Sr. Restituta Kafka aufgegangen ist.

1. Zur gegenwärtigen Kontur eines urchristlichen Phänomens

„Martyrium“: Ein Begriff wie eine Trompete, ein scharfes Schwert und heute ein treffsicheres Medienprojektil für die öffentliche Aufmerksamkeit! Selbstmordattentäter, missbrauchte unschuldige Kinder, lange Krankheitsverläufe von Menschen – in solcher Qual, seit dem Mittelalter in der deutschen Sprache „Marter“ genannt, klingt nicht nur in unserer Sprache das griechische Lehnwort „Märtyrer“ durch, dessen ursprüngliche Bedeutung schlicht „Zeuge/Zeugin“ war. In diesem Sinne wird es

1 Ich darf generell auf zwei Veröffentlichungen von mir verweisen, in denen ich der Fragestellung ausführlicher und mit den notwendigen Quellenangaben nachgegangen bin: Siebenrock, Christliches Martyrium; weitergeschrieben in: Siebenrock, Zeichen der Erlösung. Verwiesen sei außerdem auf Scheele, Zum Zeugnis berufen, sowie Sobrino, Sterben muß, wer an Götzen rührt.

auch im Neuen Testament verwendet, wo z. B. Jesus „der treue Zeuge“ genannt wird (Offb 1,5). Doch in der Erinnerung an Jesus, den Gekreuzigten, stellt sich die Erinnerung an jene jüdischen Märtyrer ein, die für ihren Glauben gegen die hellenistische Kolonialisierung eintraten (2 Makk 6f.): der weise Eleasar und die Mutter mit ihren sieben Söhnen, die bei den frühen Christgläubigen verehrt wurden und derer heute noch in Köln gedacht wird.

In der frühen christlich-theologischen Tradition können wir feststellen, dass mit der Akte des Martyriums des heiligen Bischofs Polykarp (um 160 n. Chr.), des Schülers des Apostels Johannes, der Begriff „Märtyrer“ alsbald auf den freiwilligen, gewaltfreien Tod um des Glaubens willen eingegrenzt wurde: „Martyrium“ wird seitdem als „Blutzeugnis“ verstanden. Merkwürdigerweise sind diesem ursprünglich griechischen Sprachgebrauch bis heute die europäischen Sprachen gefolgt: lateinisch, deutsch, englisch, französisch usw. und mittels der „englischen Koine“, der globalen Gebrauchssprache, auch in fast alle religiösen Traditionen eingedrungen. Schon allein deshalb hat die christliche Theologie eine hohe Verantwortung, für den angemessenen Gebrauch des Begriffs zu sorgen. In diesem Kontext ist und bleibt Sprachkritik, Religions- und Kulturkritik eine grundlegende theologische Aufgabe.

Heute aber kontaminiert ein nicht ganz neues, aber in der medialen Erregung höchst ambivalentes Phänomen unseren Blick auf die eigene Tradition. Denn nicht erst seit dem 11. September 2001 wird mit dem Begriff „Martyrium“ der Einsatz des eigenen Lebens vor allem von Selbstmordattentätern in Verbindung gebracht. Dadurch ist „Religion“ wieder im öffentlichen Diskurs angekommen, doch scheint sie für alle Absurditäten und Gräuel zuständig zu sein. Evident scheint die Behauptung bestätigt zu werden, dass Religion Fanatismus fördere und andere Pathologien verursache. Das Thema „Gewalt und Religion“ wird dabei von der aufgeklärten Gesellschaft auf die These eingeschränkt, dass Religion Gewalt erzeuge; insbesondere der „Islam“. Doch solch gängige säkulare Kritik ist von erstaunlichen Erinnerungslücken getragen: Freiwilliger Tod, Heldentod und Martyrium gehören nicht erst seit der französischen Revolution zum Ritual des Nationalismus und der politischen Liturgie. Ja man kann fast sagen: Die Bereitschaft, für das Vaterland zu sterben, ist ein selbstverständlicher Bestandteil aller militärischen Ausbildung. Ebenso ist die Radikalisierung des Krieges, und damit der nationalen Opfer, eine Folge dieser revolutionären Geburt der Moderne.[2]

Einen dritten Aspekt in der gegenwärtigen Aufmerksamkeit für das Martyrium sehe ich in der Neubestimmung des Martyriums im Pontifikat von Johannes Paul II. Nach ihm ist das 20. Jahrhundert das Jahrhundert der Märtyrer. Er vor allem sprach in diesem Zusammenhang von einer Ökumene der Märtyrer.[3] Von großer Bedeutung aber ist, dass er das Martyrium in Bezug auf die ethischen Konsequenzen des Glaubens, das sich schon in der Selig- und Heiligsprechung von Maria Goretti (1890–1902) angedeutet hatte, in der Heiligsprechung Maximilian Kolbes (1894–1941) erweitert hat. Damit wird das formale Kriterium der Tradition erweitert und teilweise erheblich transformiert; vor allem in den sozialethischen und politischen Bereich hinein. Dabei dachte der Papst an Menschen, auch aus seinem eigenen Lebenskreis, die, ohne selbst Gewalt anzuwenden, zu Opfern geworden sind – die meisten unbekannt, irgendwo verscharrt oder in den Verbrennungsöfen in die Luft getrieben.

Damit aber werden gerade die säkularen, oftmals von antichristlichen und atheistischen Weltanschauungen geprägten politischen Systeme als die wahren Totengräber von Völkern und Nationen entlarvt. Die darin offenbar werdende ungeheure Ambivalenz unserer modernen Welt wird bis heute oftmals dadurch erfolgreich verdrängt, dass man wie selbstverständlich von der These ausgeht, dass Religion Gewalt erzeuge und die Aufklärung als Einhegung und Bewältigung dieser Fanatismen nur beteiligt wäre. Nirgends wird die Frage wirklich aufgearbeitet, was in unserer Geschichte geschah, als „die Aufklärung“ an die Macht kam. Am Beginn des 21. Jahrhunderts kann dieses Abschieben der Verantwortung an die Religionen nur als große Verdrängung betrachtet werden. Nicht dass die religiöse Tradition frei von Ambivalenzen und Gefährdungen wäre, aber der Pathologie der Religion entspricht deshalb eine Pathologie der Ver-

2 Siehe: Siebenrock, Die mimetische Matrix der Revolution. Dieser Band sammelt Aufsätze zu Renè Girards Analyse jener Kriegstheorie, die Clausewitz angesichts der französischen Revolutionskriege und den von ihr hervorgerufenen Befreiungskriegen entwickelte.

3 Siehe ausführlicher: Kasper, Ökumene der Märtyrer.

nunft[4] und der Säkularität, weil diese Pathologien im Menschen selber ihren Ursprung haben.

2. Mein eigener Standpunkt: eine notwendig hermeneutische Rechenschaft

Weil dieses Thema niemals neutral verhandelt werden kann und deshalb die eigene Erfahrung und emotionale Bindung in hohem Maß involviert wird, ist es vor allem notwendig, vom eigenen Standpunkt, soweit es möglich ist, offen Rechenschaft zu geben. Dies wird desto notwendiger, je weniger es möglich wird, alle Facetten des Phänomens angemessen in der Weise zu würdigen, wie es die Wissenschaft in den letzten Jahren akribisch aufgearbeitet hat. Deshalb seien zuerst meine „Vor-Urteile" erläutert.

Was als „Martyrium" heutzutage oftmals gehandelt wird, halte ich für Heldentum, Wahnsinn oder auch militärische Ausbildungsstrategie. Mit welcher Sinnbestimmung solche Taten auch begründet werden, insofern sie die Freiheit der Personen nicht wahren und das für mich entscheidende Kriterium der extensiven und der intensiven Gewaltfreiheit missachten, verwende ich in diesem Kontext den Begriff „Ideologie". Ich spreche vor allem deshalb von einer „Ideologie", weil hier Menschen geopfert werden – aus säkularen, militärischen und religiösen Gründen. Nation, Erfolg, Sieg oder Ehre und Gottes Wille können hier zum Einsatz kommen.

Ich spreche lieber von „wahren Märtyrern". Und dieses „wahre Martyrium" bezeugt in intensivster Weise, was eine gute Religion oder gute Weltanschauung ist. Dieser Aspekt ist für mich auf vier Ebenen von herausragender Bedeutung. Auf der ersten, der sozialen und politischen Ebene, bündeln sich im Martyrium Widerstand und Vision für eine andere, humanere und gerechtere Gesellschaft. Auf der zweiten Ebene steht es für eine gute Religion und/oder Weltanschauung, weil im Martyrium die Vision einer humanen, die Würde, Freiheit und Gerechtigkeit wahrenden Gesellschaft zum Ausdruck kommt. Theologisch, das ist die dritte Ebene,

4 Diesen Begriff verwendet Joseph Ratzinger in seinem Gespräch mit Jürgen Habermas: Ratzinger, Was die Welt zusammenhält, 57f.

gibt uns das „wahre Martyrium“ ein überaus eindringliches Zeugnis von der wirklichen Wahrheit Gottes.

Die vierte Ebene aber, die ich hier anspreche, ist die grundlegendste. Bei Märtyrer/innen denke ich an Menschen mit Biografien aus Alltag, Sehnsüchten, Glück, Nöten und Ängsten. Diese Menschen haben gelitten, wurden verfolgt, misshandelt und getötet – und die wenigsten, fast niemand, haben sich nach einem solchen Schicksal gesehnt oder dieses gar gewollt. Dabei kennen wir heute die Allermeisten nicht mehr mit ihrem Namen. An die zu vielen Gesichts- und Namenlosen sollten wir im Gedenken der Seligen immer erinnern.

„Martyrium“ ist daher für mich ein Begriff aus dem Feuer des Anfangs des christlichen Glaubens, weil er ganz aus der Gegenwart des Herrn seinen Glanz gewinnt. Und er ist, wie alle großen Worte des christlichen Glaubens, vor allem durch uns Christgläubige entstellt und nahezu zerstört worden. In diesem Zusammenhang bin ich tief davon überzeugt, dass besonders im Zeugnis der Märtyrer des 20. Jahrhunderts der ursprüngliche Glanz und die befreiende, erlösende Gestalt des christlichen Martyriums in der Nachfolge des gekreuzigten Herrn wieder aufzuleuchten beginnen. Ich meine, dass deshalb auch diese Märtyrer/innen uns die künftige Gestalt des christlichen Glaubens zeigen. Deshalb ist die folgende Kriteriologie nicht ein Maß der Vergangenheit, sondern das Profil der künftigen christlichen Glaubensgestalt.

3. Die Geschichte des christlichen Martyriums als gefährliche Erinnerung

„Martyrium“ löst also wieder Faszination und Schrecken aus. In der großen Bandbreite des Begriffs wird öffentliche Aufmerksamkeit gewonnen und Politik mit religiösen Traditionen gemacht. In diesem Kontext ist es die Aufgabe einer christlichen Theologie, das Licht der eigenen Tradition als Kriterium für die Unterscheidung der Geister heute einzubringen. Doch eine solche Unterscheidung der Geister, die das Herzstück einer „Theologie in den Zeichen der Zeit“ darstellt, muss immer, wie das Gericht des Herrn, im eigenen Haus beginnen. Denn wenn das Martyrium die Vergegenwärtigung des Kreuzestodes Jesu in der Geschichte ist, dann hängt an der Gegenwart des wahren Martyriums auch die Überzeugungskraft der Botschaft des Evangeliums. Immer ist daher die christliche Theologie des Martyriums eine kritische Unterscheidung des freiwilligen Todes für die eigene Überzeugung gewesen. Nicht immer aber ist diese Theologie selbstkritisch auf die eigene Geschichte angewendet worden.

4. Die klassische Kriteriologie

Eine christliche Theologie des Martyriums in römisch-katholischer Tradition ist am sinnvollsten in die Kriteriologie von Papst Benedikt XIV. (1740–1758) einzutragen. Auch wenn es zu einigen Verschiebungen kommt, ist die amtliche Orientierung in ihrer operationalen Bedeutung von bleibendem Wert. Denn bis heute werden nach diesen Kriterien die entsprechenden Selig- und Heiligsprechungsverfahren durchgeführt.

Unter drei Gesichtspunkten wird in diesen Verfahren die Frage nach einem möglichen Martyrium gestellt. Das Kriterium „martyrium materialiter" besagt, dass die entsprechende Person gewaltsam zu Tode gekommen sein musste. Martyrium bedeutet daher immer „Blutzeugnis". Die Frage nach den Motiven für diesen Tod („martyrium formaliter") wird differenziert in zwei Kriterien. Das zweite Kriterium untersucht die Beweggründe der Tötungsgewalt („martyrium formaliter ex parte tyranni"). Die Tötungsmacht muss aus Kirchen- bzw. Glaubenshass gehandelt haben. Damit werden Zufälle oder offensichtliche Strafdelikte ausgeschlossen. In diesem Kriterium ist die Frage nach der Gewaltlosigkeit des Märtyrers/der Märtyrerin eingeschlossen. Das dritte Kriterium („martyrium formaliter ex parte victimae") hält in den Motiven des Opfers fest, dass die Person ausdrücklich als Zeuge/Zeugin des Glaubens gehandelt haben muss. Während das erste Kriterium wenig diskutiert wird, stellt sich bei den beiden anderen Kriterien die Frage, was darunter näherhin zu verstehen ist, zumal auch Getaufte andere Menschen, aber auch Christinnen und Christen getötet haben. Damit aber müssen wir kurz die Geschichte des christlichen Martyriums kritisch in den Blick nehmen.

5. Kleine Geschichte des christlichen Martyriums: Glaubenszeugnis und erneute Kreuzigung des Herrn

Die Geschichte des christlichen Martyriums lässt sich in drei Epochen einteilen, die mit der gesellschaftspolitischen Verfasstheit des Christentums in dieser Zeit korrespondiert. Prägnant zusammengefasst kann gesagt werden: Das verfolgte Christentum wird unter Konstantin zur verfolgenden Kirche in politischer Absicht und wird, nach der Säkularität, vor allem heute wieder verletzbar.

Vor der gesellschaftlichen und politischen Duldung und Anerkennung durch Kaiser Konstantin war die Kirche eine verfolgte Kirche, die als Minderheit und in Distanz zur allgemeinen religiösen Tradition sich exklusiv an Jesus Christus hielt. Die viel gerühmte religiöse Toleranz der Römer bezog sich auf private-häusliche Religiosität und die verschiedensten Mysterienkulte. Öffentlich wurde der Staats- und Kaiserkult verlangt, weil die Überzeugung in aller religionsphilosophischen Skepsis tief verankert blieb, dass das Schicksal des Imperiums von der Gunst der Götter oder dem Schicksal abhing.[5] Deshalb forderte das sogenannte Toleranzedikt von Mailand die Christgläubigen dazu auf, für den Staat zu beten.

Unter Konstantin wird das Christentum vor allem deshalb zur verfolgenden Institution, weil das Dogma zum Reichsgesetz und Glaubensdissens oder gar Glaubensabfall als Hochverrat angesehen wird. Vor allem das Vorgehen gegen Häretiker und Apostaten nach innen und die mitunter prekären Missionsmethoden nach außen, die im hohen Mittelalter anheben, öffnen die Schranken für die systematische, wechselseitige Verfolgung in der Reformationszeit. Auch wenn das Bewusstsein für das Unrecht dieses Vorgehens vereinzelt erhalten blieb, konnte die Christenheit sich selbst aus diesem Verhängnis nicht lösen, ohne nach innen die Säkularität von Staat und gesellschaftlicher Ordnung anzuerkennen und nach außen jegliche Form von Gewalt und Manipulation im Zeugnis und Werben für den Weg des Evangeliums strikt zu verurteilen.

---

5 Exemplarisch hierfür ist die Äußerung des Pontifex Maximus Cotta, der in aller religionsphilosophischen Skepsis hoch restaurativ am überkommenen Kult nicht nur festhielt, sondern diesen als maßgeblich ansah. Cicero, De natura deorum, 5f., dt. Übersetzung: Ebd., 346–351.

6. Wie können Märtyrer/innen heute erkannt werden? Eine gegenwärtige Kriteriologie

Was in dieser Zeit Gruppen wie die Mennoniten und die Quäker schon vorgelebt hatten, wird erst im 19. und 20. Jahrhundert für die Großkonfessionen paradigmatisch. Die römisch-katholische Kirche setzte erst mit dem Zweiten Vatikanischen Konzil[6] einen neuen Anfang, der sich vor allem auch auf das Zeugnis der gewaltfreien Märtyrer/innen der jüngeren Kirchengeschichte stützen konnte. Vor allem Johannes Paul II. setzt hier auf der Grundlage dieser ZeugInnen bedeutende Akzente in der Theologie des Martyriums, dem auch eine entsprechende Ekklesiologie entspricht. Im Zeugnis dieses Martyriums werden die klassischen drei Kriterien teilweise erheblich modifiziert und von der Wurzel her radikal erneuert. Damit aber wird die uralte Frage ganz aktuell: Wer vergegenwärtigt wie als Märtyrer/Märtyrerin wahrhaft den erlösenden Kreuzestod Jesu in unserer Geschichte? Im Rückgriff auf die klassischen Kriterien soll deshalb hier versucht werden, eine aktuelle Kriteriologie vorzulegen, die vor allem in der Gegenwart dazu befähigen hilft, das wahre Martyrium von seinen Verzerrungen und Zerstörungen heute zu unterscheiden.

6.1 Der Märtyrer/die Märtyrerin ist eine Person, die gewaltsam getötet wird oder an den Folgen der Haft und der Folter stirbt.

Das materiale Kriterium bleibt seit Polykarp sinnvoll und mindert nicht die Qualität des Bekenntnisses von Menschen, die nicht getötet worden sind, sondern unter Umständen ein Leben lang unter Haft und Verfolgung gelitten haben. Es herrscht keine Rivalität der Heiligkeit, weil alle Heiligkeit geschenkte Teilhabe an der Heiligkeit Gottes ist.

6 Theologisch nach innen ist auf die grundlegende Überzeugung vom universalen Heilswillen Gottes und auf das Verständnis der Kirche als Sakrament zu verweisen. Nach außen werden maßgeblich die Anerkennung des ökumenischen Dialogs, die Wende in der Theologie des Judentums, das Bekenntnis zum interreligiösen Dialog und zur Zusammenarbeit mit allen Menschen guten Willens. Die konziliare Erklärung zur Religionsfreiheit ist für diese Wende nicht zu überschätzen. Denn ohne die Anerkennung der Religionsfreiheit wäre alles nichts.

6.2 Das Martyrium ist ein Glaubensakt, in dem Christus selbst repräsentiert wird und der daher alle kirchlichen Vermittlungen überragt.

Damit wird das christliche Martyrium in seiner Wesensmitte aus der Beziehung mit Jesus Christus verstanden und als Vollendung der Taufe interpretiert. Dieser zunächst formal eingeführte Aspekt, der in der eucharistischen Dimension des Martyriums immer die Kirche als Leib Christi auf ihrem Pilgerweg zur Vollendung impliziert, ist im Einzelnen zu entfalten. Darin werden die entscheidenden Momente des christlichen Glaubens selbst erkennbar.

- Dieser Glaubensakt ist frei. Das Martyrium ist ein Charisma, das selber nicht erzwungen, provoziert oder anderen auferlegt werden darf. Die Beziehung zu Jesus Christus als Herz des christlichen Glaubens wird auch in dieser extremen Situation immer als Freiheitsverhältnis zu leben und auszulegen sein. Die Tradition sprach hier von der Gnade des Martyriums.
- Dieser Glaubensakt steht treu in der Nachfolge des demütigen und armen Jesus Christus und repräsentiert die gewaltlose, erlösende Liebe Gottes am Kreuz. Das Martyrium ist ein, ja das Sakrament der Erlösung in einer Welt diffuser Gewalt, dem wesentlich eine Dimension innergeschichtlicher Befreiung, mindestens ein Akt der Gewaltunterbrechung eignet. Deshalb ist das Martyrium im intensiven Sinne gewaltfrei. Der Märtyrer/die Märtyrerin wendet nicht nur keine Gewalt an, sondern wird durch die Gnade Christi dazu befähigt, den Kreislauf der Gewalt durch seine an Gott gerichtete Vergebungsbitte zu unterbrechen. Im Martyrium kommt die Feindesliebe der Bergpredigt zur Geltung, wie sie Raymund Schwager im dritten Akt der von ihm entwickelten dramatischen Theologie beschrieben hat. Auch der Märtyrer/die Märtyrerin antwortet auf die Entfesselung der Gewalt mit dem doppelten Einsatz der Liebe.[7]

---

7 In Einklang mit den Worten über Brot und Wein im Abendmahlgeschehen wird deutlich, „dass die Gabe der Gottesherrschaft in der Situation der Ablehnung nur dank einer Feindesliebe möglich war, die auf die gewaltsame Ablehnung mit einer noch größeren Hingabe antwortete“. Schwager, Jesus im Heilsdrama, 148. Evangeliumsgemäß ist also jener Akt der freien Selbsthingabe des Lebens, die auf den gewalttätigen

- Dieser Glaubensakt kann sich mit der Todesangst Jesu im Garten vereinen und muss daher nicht angstfrei erlebt werden. Vielfach wird in der jüngeren Glaubensgeschichte bezeugt, wie die Personen einen Weg durchleiden, der sie mit Christus dramatisch vereint. Die darin bezeugte Dekonstruktion des Heroismus unterscheidet die Märtyrer/innen von den Held/inn/en der Filme und Propaganda. Damit wird nicht nur der implizite Dualismus von Gut und Böse als Zuschreibungskategorien für Menschengruppen überwunden, sondern vor allem die tragende Christusbeziehung der Märtyrer/innen bezeugt, die sich wie der Schächer am Kreuz dem Herrn im Bittgebet anempfehlen. Deshalb ist auch ein sakrifizieller Sühnegedanke auszuschließen, demzufolge Gott Opfer benötige. Nein, im Martyrium kommt die eschatologische Macht Gottes, wie sie uns Christus gezeigt hat, als Macht der ohnmächtigen Liebe zur Geltung. Daher ist das Martyrium immer politisch und öffentlich. Deshalb ist es für die Gemeinschaft der Glaubenden notwendig, auch wenn die Tötungsgewalt ihre Opfer anonymisiert oder aus dem allgemeinen Gedächtnis verbannen möchte, diese öffentlich in Erinnerung zu halten. In dieser Form öffentlicher Erinnerung wurzelt die kirchliche Heiligenverehrung als Orientierung christlichen Lebens.
- Dieser Glaubensakt wird – zumal im 20. Jahrhundert – oftmals als sittliche Konsequenz des Glaubens öffentlich; sei es individualethisch oder sozial-politisch. Diese Konsequenzen lassen sich mit dem Zweiten Vatikanischen Konzil als Eintreten für Freiheit, Gerechtigkeit, Frieden und Würde des Menschen beschreiben und als geschichtliche Indikatoren der Gegenwart des Reiches Gottes auslegen. Der darin wirksam werdende universale und personale Aspekt als kritische Utopie zur jeweiligen Gegenwart führt zum Konflikt mit der Tötungsgewalt, die dadurch ihr totalitäres Wesen zeigt. In der Tradition apokalyptischer Enthüllung entlarven die Märtyrer/innen die verquerte Anbetung des großen Tieres (Offb 13f.) und fordern jene, die ihrer später gedenken, zu erneuter Wachsamkeit auf.

Angriff in verdoppelter Liebe antwortet und dadurch den Heilsdialog Gottes mit den Menschen in der Geschichte zeichenhaft repräsentiert.

- Dieser Glaubensakt kann auch von Nicht-Getauften als Eintreten für Wahrheit, Gerechtigkeit und Frieden von allen Menschen vollzogen werden. Auch wenn es zu einem solchen Zeugnis von kirchlicher Seite noch keine ausdrückliche Stellungnahme auf offizieller Ebene gibt, ist in einem solchen Akt jene Beziehung zu Tod und Auferstehung Jesu Christi gegenwärtig, die allen Menschen durch die Kraft des Geistes eingestiftet ist (Gaudium et Spes 22). In unserer Geschichte könnte die Kirche solche Personen als Märtyrer/innen der Gerechtigkeit und Wahrheit dann anerkennen, wenn sie das Kriterium der armen Liebe Gottes als Gewaltfreiheit und Vergebungsbereitschaft zu erkennen vermag und andere Gemeinschaften darin keine falsche Vereinnahmung sehen müssten.[8]

6.3 Der Märtyrer/die Märtyrerin wird (oftmals nur) getötet, weil er/sie sich zum Glauben und zur Kirche bekennt; ja bisweilen nur, weil er/sie Mitglied der Glaubensgemeinschaft ist.

In diesem Akt entzieht er/sie jeglicher weltlichen Macht ihren Totalitätsanspruch auf den Menschen. Aus diesem Grund kann das Martyrium als Kampf von eschatologisch-apokalyptischen Mächten interpretiert werden. Ausgangspunkt des Konflikts war und ist – zugespitzt im 20. Jahrhundert – oftmals die bloße Zugehörigkeit zur Kirche gewesen. Öfter aber ist der Anlass das Eintreten der Personen für die sozialpolitischen Konsequenzen des Glaubens, wodurch die totalitären Tendenzen einer

8 Damit wird ein Kriterium von Thomas von Aquin christologisch auf die Reich Gottes Botschaft hin konkretisiert. In seiner Theologie des Martyriums hält der Aquinate fest: „Christ wird genannt, wer Christus angehört. Nun sagt man, es gehöre jemand Christus an, nicht nur weil er den Glauben an Christus besitzt, sondern auch weil er in Kraft des Geistes Christi zu tugendhaften Werken fortschreitet“ [...] (Verweis auf Röm 8,9) [...] „auch weil er in Nachahmung Christi den Sünden stirbt“ (Verweis auf Gal 5,24). Und darum leidet als Christ nicht nur, wer für das Bekenntnis des Glaubens leidet, das durch Worte erfolgt, sondern auch, wer immer für das Tun irgendeines guten Werkes oder für das Nichtbegehen irgendeiner Sünde um Christi willen leidet. Denn dies alles gehört zum Bekenntnis des Glaubens.“ Summa theologica II-II, 124, 5, ad 1. In seiner Antwort auf den Einwand, dass Soldaten in einem gerechten Krieg, die für das Gemeinwohl als dem höchsten Gut ihr Leben ließen, keine Märtyrer seien, entschränkt es noch deutlicher: „Weil jedoch das menschliche Gut göttliches Gut werden kann, nämlich wenn es auf Gott bezogen wird, darum kann jedes menschliche Gut, sofern es auf Gott bezogen wird, Ursache des Martyriums sein“. Ebd., ad 3; deutsche Übersetzung nach: Tapferkeit und Maßhaltung, 123–150.

Gesellschaft aufgedeckt werden. Dadurch aber entbirgt er einen Mächtekonflikt, der die Frage aufwirft, welcher Macht wir zu gehorchen gedenken.

- Der kirchenbekennende Akt des Märtyrers/der Märtyrerin stellt eine ökumenische Option für die Einheit der Kirche ebenso dar, wie dieser Akt eine gefährliche Unruhe auf jene ausüben soll, die sich mit dem zerrissenen Rock Christi abfinden wollen. Weil im 20. Jahrhundert erstmals ein Martyrium „pro Israel" anerkannt wurde (Bernhard Lichtenberg, Edith Stein, u. a. m.), erinnert das Martyrium an die ursprüngliche und – so hoffen wir – eschatologische Einheit des Volkes Gottes aus Juden und Heiden. Der Märtyrer/die Märtyrerin bekennt sich in der Herkunft aus einer geschichtlich-konkreten Glaubensgemeinschaft zu jener Kirche, die eschatologisch in der Liturgie vorweggenommen wird. Daher kann das künftige Martyrium nicht mehr gegen andere Christ/inn/en ausgespielt werden. Es verpflichtet die Kirchen selbst auf die radikale Gewaltlosigkeit Jesu Christi und zu verstärktem Einsatz für die sichtbare Einheit der Kirchen. Dadurch aber vollzieht es den entscheidenden Akt konkreter Kirchenkritik. Es ist zu hoffen, dass es bald zu einem gemeinsamen christlichen Erinnern an die Märtyrer/innen, nicht nur des 20. Jahrhunderts, kommen wird.

6.4 Das Gedenken an die Märtyrer hat daher drei Dimensionen.

Erstens wird im Eingedenken an sie ein Gedächtnis für alle Opfer öffentlich bewahrt. Das Märtyrergedenken hütet sich davor, die Opfer gegeneinander auszuspielen. Dieses Eingedenken enthält in sich implizit oder explizit die maßlose Hoffnung, dass es eine Macht geben wird, die diesen Opfern Gerechtigkeit und Leben zukommen lassen möge. Das Eingedenken erinnert auch daran, wie es zu diesen Gewaltakten hat kommen können. Das Versagen und die Tragödien werden dadurch in Erinnerung gehalten und die Gegengeschichten der Vertuscher und Verharmloser – auch in der eigenen Glaubensgemeinschaft – widerlegt. Daraus erwächst drittens der Ruf an uns, wachsam gegenüber den Versuchungen des großen Tieres, das die Offenbarung des Johannes darstellt (Offb 13), heute zu sein. Wo, so ist die Metapher des „großen Tiers" oder des Drachens zu übersetzen, steht das Bestialische, das schlechthin Inhumane in der

Gegenwart auf? Damit werden die Kirche und die Glaubenden immer wieder nach ihrem Ort und Standpunkt in der Gesellschaft befragt.

In Erweiterung der bekannten Formel des Augustinus[9] kann gesagt werden: Nicht die Strafe, nicht allein die Ursache, vor allem die Haltung aus der Beziehung zu Jesus Christus und seinem Herzensanliegen, der Gegenwart des Reiches Gottes, macht das Martyrium aus. In dieser Sicht des Martyriums kann unter den Bedingungen dieser Geschichte der soteriologische Grund des christlichen Glaubens auch für eine „säkulare" Perspektive ansichtig werden. Es zeigt nicht nur Wege aus der Gewalt, sondern auch einen Pfad möglicher Versöhnung. Damit wird dieses Glaubensgeheimnis nicht begründet oder argumentativ abgeleitet, sondern in seiner realen Möglichkeit verdeutlicht.

7. Eine resolute Heilige: Sr. Restituta Kafka

Ohne Zweifel können die oben entfalteten Kriterien in der Lebenshingabe von Sr. Restituta nicht nur wiedererkannt werden, sie werden durch ihr Zeugnis sogar noch vertieft, weil sie in ihrem grundsätzlichen Dienst als Operationsschwester allen Menschen verpflichtet war, ohne jegliches Ansehen von Person und Stand.[10] Dass sie als Frau und geistliche Schwester vom Militärdienst freigestellt war, befreit sie von der prekären Frage, ob der Militärdienst mit dem christlichen Zeugnis in dieser Zeit überhaupt vereinbar gewesen wäre.[11]

Drei Aspekte scheinen mir an ihrer Person besonders zu würdigen zu sein. „Fremd", so steht es in einem amtlichen Dokument über sie, die mit ihren Eltern als Arbeitsmigrantin nach Wien gekommen war, und das in der einen Monarchie. In ihrem Leben, wie in dem so vieler anderer, die

---

9 Siehe Augustinus: „Non poena, sed causa facit martyrium – nicht die Strafe, sondern der Grund bewirkt das Martyrium." Sermo/Predigt 53a; Epistola 108,9.

10 In diesem Abschnitt beziehe ich mich immer auf den Beitrag von Edith Ruth Beinhauer SFCC in diesem Band.

11 Der selige Franz Jägerstätter hat für sich entschieden die Unvereinbarkeit festgehalten, wie vor ihm P. Franz Reinisch (1903–1942). Mit diesen beiden Zeugen teilte Sr. Restituta den österreichischen Patriotismus, der das Unrecht nicht „deutschtümelnd" überspielen wollte und konnte. Es sei aber auch an den Südtiroler Josef Mayr-Nusser erinnert, der gegen Ende des Krieges am 4. Oktober 1944 in Ostpreußen den SS-Eid verweigerte. Er starb an den Folgen der Haft in einem Viehwaggon am 24. Februar 1945 bei Erlangen. Er wird am 18. März 2017 selig gesprochen werden. Zu Jägerstätter siehe den Beitrag von Erna Putz in diesem Band.

sich dem System verweigerten, ist eine Differenz zu erkennen. Sie hat, wie Papst Franziskus heute sagen würde, einen Blick aus der Peripherie auf die Selbstverständlichkeiten, auch der Glaubensvollzüge im eigenen Orden und der jeweiligen Ortskirche. Diese Differenz führt auch in ihrem Ordensleben zu einem gewissen Nonkonformismus, der nicht damit verwechselt werden darf, dass sie nicht mit der ganzen Person ihre Berufung lebte. Sie mutete sich und ihre Meinung offen und resolut zu und war deshalb von vornherein für das Regime eine Gefahr. Diese Haltung aber hat andere zu einem bis heute bewegenden Zeugnis veranlasst. Das Bekenntnis der Kommunistin Anna Haider sagt mehr, als hier reflexiv eingeholt werden kann: „Sie war ein wunderbarer Kerl!" Hier ist auch eine Spur gezeigt, in der das christliche Zeugnis in einer „nachkonstantinischen Zeit" wieder Glaubwürdigkeit gewinnen kann. Sr. Restituta kann uns daran erinnern, dass wir ohne Voreingenommenheit mit allen Menschen guten Willens im Blick auf die Gegenwart des Reiches Gottes zusammenarbeiten können. Da sie die einzige Ordensperson unter so vielen kommunistischen Opfern an ihrem Hinrichtungstag war, erinnert uns daran, dass die „Ökumene der Märtyrer" nicht vor Konfessionen und Überzeugungen Halt machen darf.

Sr. Restituta möchte ich als Person als ebenso fromm wie professionell bezeichnen. Höchste professionelle Arbeit lebte sie vor und forderte sie an ihrem Platz ein, vor allem im Operationssaal. Auch hier kannte sie kein Ansehen der hierarchischen Ordnung, weil es um die bestmögliche Arbeit im Dienst an den PatientInnen ging. Insofern ist dieses Martyrium nicht der letzte Augenblick eines nicht zu würdigenden Lebens, sondern die Konsequenz einer grundsätzlichen Lebenshaltung. Durch ihr Schicksal aber kann sie uns auch heute verdeutlichen, was die apokalyptische Dimension des Martyriums bedeuten kann. Das Martyrium ist ja nicht nur ein Zeugnis für die letzte und höchste Macht in dieser Wirklichkeit, sondern deckt auch die Mächte und Gewalten dieser Zeit auf. In ihrem vor allem in den Monaten der Haft und vor der Hinrichtung zum Ausdruck kommenden Gottvertrauen gibt sie ein Zeugnis für Gottes lebensermöglichende Liebe als der letzten Wirklichkeit. Nicht Mord und Tod, nicht die Tötungsmacht also, sondern der Gott des Lebens ist die letzte, alles bestimmende Wirklichkeit. Dieser Glaube aber führt sie in einen bewundernswerten Freimut. Zunächst ist der Streit um die Kreuze im Spital zu nennen. An diesem symbolischen Streit wird der allumfassende Anspruch des Regimes deshalb erkennbar, weil es nicht um Säkularität und Religionsfreiheit ging, sondern um die Verehrung des „Führers" und den nationalsozialistischen Gesamtanspruch auf den Menschen. Sein Bild und sein Gruß wurden ja vorgeschrieben. Und jeder Widerspruch, ja sogar jeder Witz oder jede Zurückhaltung konnte das Leben kosten.

Eine Banalität, so könnte man heute meinen, wurde ihr dann zum Verhängnis. Die Abschrift oder Weitergabe eines kritischen Soldatenliedes zeigt unmissverständlich, wie das Regime durch ein Netz von Spitzeln und Intriganten jegliches zwischenmenschliche Vertrauen zu zerstören wusste. Daran erweist sich dieses Regime als totalitär: Es will nicht nur den Menschen ganz in Anspruch nehmen, es will die Menschen bis in die banalsten Einzelaktionen des Alltags, ja sogar bis in die Familien hinein für sich nützen und auf sich hin ausrichten. Das nannte die klassische Tradition Götzendienst; und sie zeigte sich damals im Kult des „Führers", der Rasse und der Überlegenheit der deutschen Nation. So entlarvte die Provokateurin des Glaubens die Logik des Totalitarismus. Gleichzeitig warnt sie auch uns heute, nie mit der Kontrolle von Menschen zu liebäugeln. Der christliche Glaube lebt nicht nur aus einer uneinholbaren Freiheit, er muss vielmehr um die Haltung ringen, dass ihm diese Freiheit in einer täglichen Metanoia/Gewissens-Umkehr immer neu eröffnet werde.

Ein letzter, tief prekärer Aspekt darf heute nicht überspielt werden: das späte Erwachen der Ortskirche. Die Tagung hat erneut verdeutlicht, wie spät und wie halbherzig die Ortskirche auf ihre Bekenner/innen und ihre Märtyrer/innen reagiert hat. Erst spät wurde ihnen Anerkennung zuteil. Dieses Versäumnis sollte uns heute dazu ermahnen, die Märtyrer/innen der Gegenwart nicht zu vergessen oder diese sogar zu verdrängen. Denn die Gegenwart ist die Zeit eines immensen christlichen Martyriums.[12]

Quellen und Literatur

Augustinus Aurelius: Sermo 327, in: Patrologia Latina 38, 1450f.

Augustinus Aurelius: Epistola 108 (Ad Macrobium), Corpus Scriptorum Ecclesiasticorum Latinorum 34, hg. von A. Goldbacher 1898, 612–634 (Deutsche

12 Siehe die verdienstvolle Arbeit von „Open Doors": www.opendoors.de.

Übersetzung: Des heiligen Kirchenvaters Aurelius Augustinus ausgewählte Briefe. Übers. von Alfred Hoffmann, hg. von BKV I, 29f. München 1917), 422–448.

Cicero Marcus Tullius: De natura deorum. Drei Bücher. Lateinisch-deutsch, hg., übers. u. erl. von Wolfgang Gerlach u. Karl Bayer, München 1978.

Kasper Walter: Ökumene der Märtyrer. Theologie und Spiritualität des Martyriums, Norderstedt 2014.

Ratzinger Joseph: Was die Welt zusammenhält. Vorpolitische moralische Grundlagen eines freiheitlichen Staates, in: Habermas Jürgen / Ratzinger Joseph (Hg.): Dialektik der Säkularisierung. Über Vernunft und Religion, Freiburg [u. a.] 2005, 39–60.

Scheele Paul-Werner: Zum Zeugnis berufen. Theologie des Martyriums, Würzburg 2008.

Schwager Raymund: Jesus im Heilsdrama. Entwurf einer biblischen Erlösungslehre, Innsbruck-Wien 1996.

Siebenrock Roman: Christliches Martyrium. Worum es geht, Kevelaer 2009 (= topos Taschenbücher 662).

Siebenrock Roman: Zeichen der Erlösung in einer Welt der Gewalt. Eine systematisch-theologische Kriteriologie des christlichen Martyriums, in: Niewiadomski Jozef / Siebenrock Roman (Hg.), in Zusammenarbeit mit Moosbrugger Mathias / Cicek Hüseyin: Opfer – Helden – Märtyrer. Das Martyrium als religionspolitologische Herausforderung. Innsbruck-Wien 2011 (= Innsbrucker theologische Studien 83), 153–172.

Siebenrock Roman: Die mimetische Matrix der Revolution. Eine Girardsche Perspektive auf ausgewählte Reden von Louis Antoine des Saint-Just und Maximilien de Robespierre, in: Guggenberger Wilhelm / Palaver Wolfgang (Hg.): Eskalation zum Äußersten? Girards Clausewitz interdisziplinär kommentiert, Baden-Baden 2015, 35–58.

Sobrino Jon: Sterben muß, wer an Götzen rührt. Das Zeugnis der ermordeten Jesuiten in San Salvador: Fakten und Überlegungen, Fribourg [u. a.] 1990 (= Theologie aktuell 10).

Thomas von Aquin / Christmann Heinrich (Hg.): Summa theologica. Die deutsche Thomas-Ausgabe. Band 21. Tapferkeit und Maßhaltung (1. Teil). Kommentiert von Josef Fulko Groner, Salzburg [u. a.] 1964.

Vergangenes und Vergegenwärtigung. Zu Memorialdiskursen in Kirche und Gesellschaft*

Andreas Sohn

1. Hinführung

Seit einigen Jahren wird die Weltöffentlichkeit durch Zerstörungen und Plünderungen von Monumenten, die Jahrhunderte und Jahrtausende alt sind und zum tradierten Kulturerbe im Nahen und Mittleren Osten gehören, aufgerüttelt. Kämpfer des sogenannten „Islamischen Staates", die einen Kalifat, einen Gottesstaat radikalsunnitischer Prägung mit der unbedingten Geltung der Scharia, aufrichten wollen, tun sich dabei besonders hervor.[1] Der kulturelle und religiöse Verlust infolge der abscheulichen Taten ist enorm und unwiederbringlich, nicht nur die UNESCO in Paris kann dies allenfalls bilanzierend feststellen. Computersimulationen und gegebenenfalls geplante originalgetreue Wiederaufbauten, deren Realisierung noch in den Sternen steht, können kaum adäquaten Ersatz bieten.

Frühchristliche Kirchen, archäologische Grabungsstätten und islamische Schreine sowie wertvolle Manuskripte, die in spektakulärer Weise verbrannt wurden, sind vernichtet worden. Besonders zynisch und menschenverachtend ist es, wenn Terrormilizen Kulturgüter über dunkle Kanäle verkaufen, um ihren verbrecherischen Kampf zu finanzieren, und sich um Kulturstätten sorgende und über sie arbeitende Wissenschaftler auf brutale Weise hingerichtet werden. Ein Beispiel: Am 18. August 2015 wurde der 82jährige Chefarchäologe Khaled Asaad, der sich ein rundes

---

* Es handelt sich um die erweiterte und auf die Thematik des vorliegenden Sammelbandes zentrierte Fassung des Vortrages, welchen der Verfasser auf Einladung des Instituts für Kirchengeschichte und Kirchliche Zeitgeschichte am 27. Oktober 2016 an der Katholisch-Theologischen Fakultät der Universität Graz gehalten hat. Der Vortragsstil ist weitgehend beibehalten worden.

1 Eine kleine Auswahl der rasch anschwellenden Literatur zum „Islamischen Staat": Buchta, Terror vor Europas Toren; Covarrubias [u. a.], The New Islamic State; Lohlker, Theologie der Gewalt; Reuter, Die schwarze Macht.

halbes Jahrhundert um die Erforschung der antiken Stätten in der syrischen Wüstenstadt Palmyra verdient gemacht hatte, enthauptet (mit dem Vorwurf der Apostasie belegt) und sein Leichnam öffentlich ausgestellt.[2] In filmischen Propagandasequenzen werden solche barbarischen Akte der entsetzten Weltöffentlichkeit vorgeführt. Dass damit auch das Versiegen von Pilger- und Touristenströmen einhergeht, braucht eigentlich nicht erwähnt zu werden.

Es gab zwar schon vereinzelte Terrorakte dieser Art – erinnert sei an die Zerstörung muslimischer Mausoleen in der malischen Wüstenstadt Timbuktu 2012 und an die Vernichtung der beiden Buddha-Statuen in Bamiyan westlich von Kabul in Afghanistan 2001 –, doch handelt es sich im Blick auf Ausmaß und Systematik wohl um ein neues Kultur- und Religionsphänomen, das mit dem „Islamischen Staat" auf schreckliche Weise verbunden ist. Wenn die Handlungen der islamistischen Terroristen in die Reihe von schon konstatierten Ausbrüchen des Vandalismus seit Jahrzehnten und Jahrhunderten gestellt werden, handelt es sich um eine Fehlinterpretation.[3]

2. Memoria, kommunikatives und kulturelles Gedächtnis

Wie die schrecklichen Vorgänge im Machtgebiet des „Islamischen Staates" und darüber hinaus zeigen, geht es dabei um ein gewaltsames, terroristisches Auslöschen von manifestiertem menschlichem Handeln und Erinnerung daran, ja um die Negation von Memoria – hier einer bestimmten, vorislamisch und nicht radikalsunnitisch zu qualifizierenden, die sogar in einen Zusammenhang mit Apostasie gebracht wird. Letztlich geht es um die systematische, monopolartige Deutungshoheit über Geschichte

---

2 Rainer Hermann, Ein bestialischer Mord, in: Frankfurter Allgemeine Zeitung, 19. August 2015; Claus-Peter Haase, Er blieb in Palmyra, in: Frankfurter Allgemeine Zeitung, 20. August 2015. Siehe jetzt Veyne, Palmyra.

3 Vgl. Réau, Histoire du vandalisme; Assmann, Formen des Vergessens, siehe besonders 106–133. Die Verfasserin rückt die unfaßbare Zerstörung der gotischen Peterskirche und der Universitätsbibliothek Löwens sowie weiter Teile dieser belgischen Stadt während des Ersten Weltkrieges im August 1914, wofür deutsche Truppeneinheiten verantwortlich waren, in einen Zusammenhang mit den Taten des „Islamischen Staates" in Palmyra, ja stellt beides in Tenor und Ausrichtung der Ausführungen auf eine Ebene. Siehe ebd., 111–116. Doch sieht die Verfasserin im Blick auf die Vorgänge in Palmyra (und anderenorts seitens des „Islamischen Staates") resümierend „eine ganz neue Dimension des alten Vandalismus-Problems". Ebd., 131.

und die diktatorische Anmaßung, darüber allein zu bestimmen, was es wert ist, tradiert zu werden, und was nicht. Und wir müssen hinzufügen: um die Verdrängung und Auslöschung von Identitäten, individueller wie kollektiver, religiöser wie kultureller, städtischer wie staatlicher. Jeder, der sich dem entgegenstellt, hat mit der Hinrichtung beziehungsweise dem Tod zu rechnen.

Angesichts all dessen sind, so denke ich, auch die Wissenschaften herausgefordert, Memorialdiskurse in neuer Weise zu bedenken und die jüngsten Geschehnisse in entsprechender Weise einzubeziehen. Diese sind über die schrecklichen Terroranschläge, von denen Frankreich besonders betroffen war, in ihren Auswirkungen sogar bis in urbane Zentren Kerneuropas leidvoll ansichtig geworden. Genannt seien hier nur die terroristischen Attentate vom 13. November 2015 in Paris (und Saint-Denis), vom 22. März 2016 in Brüssel und vom 19. Dezember 2016 in Berlin.

Vor diesem aktuellen Hintergrund sind einige zentrale Begriffe, die in den Erinnerungskulturen vergangener Jahrzehnte und der Gegenwart bedeutsam sind, aufzurufen und inhaltlich zu konturieren.

Auszugehen ist von dem Begriff „Memoria“, der nach dem vor kurzem verstorbenen Historiker Otto Gerhard Oexle (1939–2016), dem langjährigen Direktor des Max-Planck-Instituts für Geschichte in Göttingen, „fundamentale Bereiche des Denkens und Handelns von Individuen und Gruppen [umfaßt] und [...] auf eine Fülle von Gegebenheiten in Religion und Liturgie, Weltdeutungen und Wissen“ verweist.[4] Ein individuelles oder kollektives Gedächtnis, über dessen Konstituierung und Funktionsweisen wir aus den einzelnen Fachdisziplinen manches Aufschlussreiche erfahren haben, speist sich aus einem komplexen Prozess von Wissen und Erfahrung und umfasst inhaltlich gefüllte Implementate, die über das Gedenken, commemoratio, aktiviert und kommuniziert werden können.[5] Somit kann der Mensch auf diese Weise Räume und Zeiten überschreiten, um zu Orientierung, Identitätsfindung und Sinnstiftung zu gelangen und

4 Oexle, Memoria, Memorialüberlieferung, 510–513, Zitat 510.

5 Folgendes nach Sohn, Grundzüge der mittelalterlichen Gedenkkultur, 39–55, siehe hier 42–45 (mit den entsprechenden Literaturhinweisen).

sein Leben zu gestalten. Je dauerhafter und objektivierbarer Memoria wird, desto eher kann sie zum monumentum, zum Denk-mal werden.

Es würde zu weit führen, hier den Versuch unternehmen zu wollen, die seit dem frühen 20. Jahrhundert allmählich einsetzende Epochen und Fachdisziplinen übergreifende Memorialforschung in ihren vielen Verästelungen darzulegen. Anders gewendet, eine alphabetische Formulierung wählend: grundlegende und wegweisende Beiträge gewissermaßen von Aleida und Jan Assmann bis zu Joachim Wollasch (1931–2015), meinem akademischen Lehrer, zu resümieren.[6] Die wissenschaftlichen Disziplinen, die sich mit der Memoria in ihren vielfältigen Dimensionen beschäftigen, sind nicht wenige. Sie reichen von der Geschichte und Kunstgeschichte, der Theologie und Philosophie über die Soziologie und Ethnologie, die Geographie und die Philologien bis hin zur Psychologie und Neurobiologie. Politik und Politikwissenschaft partizipieren an den Memorialdiskursen in unterschiedlicher Weise, jedoch in wachsendem Maße.

Das Verhältnis zwischen Geschichte und Gedächtnis konnte immer weiter ausgeleuchtet und mit zunehmender Präzision beschrieben werden.[7] Das kulturelle Gedächtnis – zu einem Schlüsselbegriff der Memorialforschung geworden – ist aus kommunikativ gewonnenen Objektivierungen, zum Beispiel Texten, Bildern, Riten und Festen, entstanden.[8] Die Bedeutung des kulturellen Gedächtnisses für die Identität von Gruppen, Milieus und Nationen kann sicher kaum überschätzt werden. Es reicht zeitlich weiter als das kommunikative Gedächtnis, das allenfalls die Spanne eines Jahrhunderts beziehungsweise dreier Generationen umfassen kann.

Für Offenbarungs- und Erinnerungsreligionen – mit dem Begriff Buchreligionen wird die enge Verbindung von Form und Inhalt der Me-

---

6 In Auswahl: Assmann, Erinnerungsräume; Dies., Der lange Schatten; Dies., Formen des Vergessens; Assmann, Das kulturelle Gedächtnis; Ders., Moses der Ägypter. Ferner: Schmid / Wollasch, MEMORIA; Wollasch, Memoria, 364–366; eine seiner letzten Veröffentlichungen: Ders., Formen und Inhalte mittelalterlicher memoria, 33–55. Siehe auch Sohn, Wege der Erinnerung; Sandmann [u. a.], Wege zur Erforschung.

7 Vgl. Le Goff, Geschichte und Gedächtnis. Siehe zu diesem französischen Historiker: Sohn, Vom Appetit auf Geschichte, 524–556; Nora, Zwischen Geschichte und Gedächtnis; Oexle, Memoria als Kultur; Fried, Der Schleier der Erinnerung.

8 Grundlegend Assmann, Das kulturelle Gedächtnis.

moria unterstrichen – wie dem Judentum und dem Christentum kommt sogar dem Gedächtnis eine grundlegende Qualität und Bedeutung zu. Die Gemeinschaft der christlichen Gläubigen, transzendental grundgelegt, konstituiert sich durch die Anamnesis. Das im Gedenken vergegenwärtigte Heilshandeln Gottes, in unüberbietbarer Weise in Jesus Christus, ist der zentrale Kerninhalt des Glaubens.[9] Wenn sich Frauen und Männer, jung und alt, zur zentralen Feier der eucharistischen Liturgie – in Kapellen und Kirchen oder aus Angst vor Repression oder infolge Verwehrung öffentlicher Kultausübung in Privaträumen – versammeln, erfüllen sie den Stiftungsauftrag Christi (Lk 22,19, siehe auch 1 Kor 11, 24f.): „Hoc facite in meam commemorationem." – „Tut dies zu meinem Gedenken." Das Christentum als religiöse Erzählgemeinschaft besteht seit fast zwei Jahrtausenden und umfasst das Gedenken an Jesus Christus, den jüdischen Zimmermannssohn, das mit Bezug auf das Alte Testament und den Anweg des Judentums über die erste und zweite Zerstörung Jerusalems mit dem Tempel in den Jahren 586 vor Christus und 70 nach Christus hinaus zurückreicht und mit dem Bezug auf das biblische Israel sogar im zweiten Jahrtausend vor Christus zu verorten ist. Die Theologie des Christentums ließe sich von dessen „Erinnerungsorten" her entfalten, die im Neuen Testament evoziert werden und mit den in diesem Zusammenhang relevanten Gedenkorten des Alten Testaments zusammenzusehen sind.[10]

3. Erinnerungsorte

Der Memoria-Begriff trägt in sich eine personale und eine örtliche Grundstruktur. Der Mensch tritt als Agens auf und erinnert sich an eine Person oder Personengruppe im weitesten Sinne, an Begriffe oder Ereignisse oder anderes mehr. Zugleich kann diese Gedächtnisleistung an einen bestimmten Ort gebunden sein oder auf diesen ausgerichtet sein – auch rein metaphorisch. Als eindrucksvolles Beispiel ist auf das sieben-

---

9 Statt vieler Titel: Kasper, Jesus der Christus; Ders., Der Gott Jesu Christi.

10 Siehe Markschies / Wolf, Erinnerungsorte des Christentums (in ökumenischer Ausrichtung). Die beiden Kirchenhistoriker betonen in der Einleitung „‚Tut dies zu meinem Gedächtnis'. Das Christentum als Erinnerungsreligion"): „Im Grunde ist das Christentum selbst nichts anderes als eine große Topographie von Erinnerungsorten." Ebd., 10–27, hier 11.

bändige Werk des Historikers und Publizisten Pierre Nora zu verweisen, der mit einem großen Mitarbeiterkreis das französische nationale Gedächtnis darstellte – zumindest in dessen wesentlichen Teilen. Die Bände erschienen von 1984 bis 1992.[11] Eine Auswahl in deutscher Übersetzung erfolgte im Jahre 2005.[12] Pierre Nora bediente sich der lieux de mémoire, der Erinnerungsorte. Ähnlich konzipierte wissenschaftliche Unternehmungen erfolgten daraufhin in anderen Ländern Europas. Für Deutschland gaben die Historiker Étienne François und Hagen Schulze 2001 ein wichtiges, dreibändiges Werk der „Deutschen Erinnerungsorte" materieller und immaterieller Natur heraus, wozu „mythische Gestalten und Ereignisse, Gebäude und Denkmäler, Institutionen und Begriffe, Bücher und Kunstwerke" zählen.[13] Die drei Österreich betreffenden Bände gaben Emil Brix, Ernst Bruckmüller und Hannes Stekl in den Jahren 2004 und 2005 unter dem Titel „Memoria Austriae" heraus.[14] Zuvor war bereits ein ähnliches Werk für Italien erschienen.[15]

Von den nationalen Erinnerungsorten weitet sich der Blick zu denjenigen in Europa und der Welt (besonders für die Globalgeschichte ergeben sich damit vielversprechende Forschungsfelder), dann zu den Erinnerungskulturen.[16] Die Differenzierung kann nach Geschichtsepochen, Natur- und Stadträumen erfolgen.[17] Globale Erinnerungsorte wie zum Beispiel Rom und Jerusalem finden vermehrt Beachtung.[18]

---

11 Nora, Les lieux de mémoire. Anmerkungen hierzu von Dems., Historien public, 443–452. Siehe auch Sohn, 850 Jahre Notre-Dame de Paris, 421–450; Ders., Frankreichs Berufung.

12 Sohn, Erinnerungsorte Frankreichs.

13 Hier angegeben die broschierte Sonderausgabe: François / Schulze, Deutsche Erinnerungsorte, Zitat aus der Einleitung der Herausgeber, Bd. 1, 9–24, hier 17f. Eine Auswahl in französischer Übersetzung: Dieselben, Mémoires allemandes.

14 Brix [u. a.], Memoria Austriae I–III.

15 Isnenghi, I luoghi della memoria, 1–3.

16 Vgl. Schneidmüller, Europäische Erinnerungsorte im Mittelalter; Buchinger [u. a.] Europäische Erinnerungsräume; Den Boer [u. a.], Europäische Erinnerungsorte. In globaler Perspektive vgl. Haustein, „Cyberspace" als heiliger Ort, 129–138; Middell, Erinnerung an die Globalisierung. Siehe zudem Erll, Kollektives Gedächtnis und Erinnerungskulturen; Borgolte, Stiftung und Memoria.

17 Beispiele: Hölkeskamp / Stein-Hölkeskamp, Erinnerungsorte der Antike; Stein-Hölkeskamp / Hölkeskamp, Die griechische Welt; Fried / Rader, Die Welt des Mittelalters; Uekötter, Ökologische Erinnerungsorte; Schneider / Schnettger, Verborgen – Verloren – Wiederentdeckt.

18 Vgl. Bieberstein, Jerusalem; Kasper, Rom.

Vermittler und zugleich Träger der Erinnerungskulturen sind auch die Museen, denen es ebenso wie den Archiven und Bibliotheken aufgegeben ist, das Kulturerbe, le patrimoine (der französische Begriff ist klangvoller als der deutsche), in Form vielfältiger Objekte zu schützen, aufzubewahren und weiterzugeben – an nachfolgende Generationen.[19]

Dem nationalen Kulturerbe eignet zumindest in Teilen eine Dignität, die es in einen europäischen Rang erhebt. Und dessen globale Bedeutung kann so groß sein, dass es in dem von der UNESCO erstellten Verzeichnis des Weltkulturerbes aufscheint – zu dessen Schutz.

4. Leben gestaltet aus dem Glauben – Leben hingegeben für den Glauben

Wenn das Christentum – auch in seiner konfessionellen Gestaltwerdung – „eine Gedächtnisgemeinschaft par excellence und [...] das insbesondere im christlichen Gottesdienst“ ist, wie die Kirchenhistoriker Christoph Markschies und Hubert Wolf hervorheben,[20] dann sind alle einbezogen, welche dem Ruf Jesu Christi zur Nachfolge und seiner Verheißung entsprechen: „Ich bin die Auferstehung und das Leben. Wer an mich glaubt, wird leben, auch wenn er stirbt, und jeder, der lebt und an mich glaubt, wird auf ewig nicht sterben.“ (Joh 11,25f.). Und an anderer Stelle heißt es im Johannesevangelium: „Ich bin der Weg und die Wahrheit und das Leben; niemand kommt zum Vater außer durch mich.“ (Joh 14,6).

Seit den Anfängen des Wirkens des Messias folgten ihm Menschen: zuerst die Apostel und der Jüngerkreis, dann Männer und Frauen aus allen Schichten, Erwachsene und Kinder, in natürlichen Gemeinschaften wie Ehe und Familie, mit bewusster Entscheidung für ein christliches Leben in eremitischer und koinobitischer Weise, das heißt im Kloster beziehungsweise im Orden. Die Geschichte des Christentums ist überaus reich an herausragenden Gestalten dieser Christusnachfolge, wovon die Kanonisierungen in exemplarischer Weise zeugen.

---

19 Siehe hier Sohn, Memoria: Kultur – Stadt – Museum.

20 Siehe die Einleitung von Markschies und Wolf in: Dies., Erinnerungsorte, 15. Siehe auch Liebmann [u. a.], Metamorphosen des Eingedenkens; Körner, Bedingungen der Erinnerung, 153–174.

Wer sein Leben aus dem Glauben gestaltete, konnte sich mit seinen Kräften im Dienst am Nächsten verzehren (nach 1 Kor 13,13): nicht nur in Hospizen und Krankenhäusern, Alten- und Pflegeheimen, Fürsorgestationen und Obdachlosenheimen.[21] In letzter Konsequenz konnte so das Leben für den Glauben hingegeben werden: in der innigen Verzahnung von Gottes- und Nächstenliebe, gegebenenfalls aus Treue zur Botschaft Jesu Christi bis hin zum Martyrium. Und die Zeiten der Christenverfolgung (mit der ersten großen unter dem römischen Kaiser Domitian) – „sozusagen ein Existenzial des Christentums“[22] – waren und sind im Leben der weltweiten Kirche nicht so überaus selten, wie man etwas vorschnell meinen könnte. Damit gewinnt das Wort Jesu in allen Jahrhunderten Aktualität: „Wenn sie mich verfolgt haben, werden sie auch euch verfolgen [...].“ (Joh 15,20).

5. Gedenken an Nichtwillfährigkeit und Hilfeleistung, Widerstand und Martyrium

Im Jahre 2011 hat Walter Kardinal Kasper die ekklesiologische Bilanz seiner jahrzehntelangen Forschungen und seines Wirkens an höchst verantwortlichen Stellen der deutschen Kirche und der römischen Kurie vorgelegt. Er geht in den Darlegungen zu den Grundzügen katholischer Ekklesiologie auch auf die apokalyptische Botschaft der Bibel ein, die mit „einer dramatischen endzeitlichen Verschärfung des Konflikts zwischen dem Reich Gottes und dem Reich ‚dieser Welt‘ (im Sinne des Johannesevangeliums verstanden)“ rechnet.[23] In diesem Zusammenhang stellt er fest: „So war das vergangene 20. Jahrhundert vor allem in Mexiko, Spanien, unter dem Nationalsozialismus, dem Kommunismus, in China und in vielen Ländern der Dritten Welt wie kein anderes Jahrhundert zuvor ein Jahrhundert der Märtyrer. Im 21. Jahrhundert hat sich diese Märtyrergeschichte bislang fortgesetzt.“[24] Er verweist auf eine Märtyrerin und mehrere Märtyrern, die weit über die Kirche hinaus bekannt wurden:

21 Statt vieler Titel: Stiegemann, Caritas.

22 Kasper, Ökumene der Märtyrer, 8.

23 Ders., Katholische Kirche, 461f.

24 Ebd., 462. Siehe auch Riccardi, Salz der Erde; Moll, Die katholischen deutschen Martyrer des 20. Jahrhunderts; Ders., Zeugen für Christus; ferner den Beitrag von Roman A. Siebenrock im vorliegenden Band.

„Maximilian Kolbe, Edith Stein, Alfred Delp, Dietrich Bonhoeffer, Paul Schneider, Metropolit Serafim, Oscar Romero."[25]

Drei Jahre später hat Walter Kardinal Kasper eine Theologie und Spiritualität des Martyriums entfaltet, wobei er von Jesus Christus als dem „Urmärtyrer" ausging und die Gemeinschaft der Gläubigen ekklesiologisch als „Märtyrerkirche" begriff.[26] Jüngerdasein deutete er als „Leidens- und Schicksalsgemeinschaft mit Jesus" und verstand das „in der Taufe begründete königliche Priestertum" als „die grundsätzliche Berufung aller Christen zum Martyrium".[27]

Was hier konzise theologisch und spirituell dargelegt wird, ist mit den reichen Erträgen einer seit mehreren Jahrzehnten intensiv betriebenen historischen Forschung, international wie interdisziplinär ausgerichtet, zu den Diktaturen dieses Jahrhunderts und insbesondere zur Zeit des nationalsozialistischen Gewaltregimes zusammenzusehen. Vieles konnte vonseiten der Geschichtswissenschaft näher erhellt werden. Dabei ist die gesamte Bandbreite christlichen Verhaltens unter dem Nationalsozialismus deutlich geworden: Neben Mitläufertum und aktiver Unterstützung traten nichtwillfährige Haltung und gefahrenvolle Hilfeleistung am Nächsten, auch an Juden, zudem Widerstand und Bereitschaft zum Martyrium.[28] Mit der historischen Aufarbeitung, so ergänzungsbedürftig diese noch immer sein mag, verbanden sich rege politische, teilweise sehr kontrovers geführte Diskussionen und eine vielfältige Memoria der Opfer, die sich in einer nicht unbeträchtlichen Zahl von öffentlichen Gedenkstätten, Mahnmalen und Gedenktagen manifestiert – in Deutschland und darüber hinaus – und die schrecklichen Geschehnisse der Shoah als Mahnung für politisches und gesellschaftliches Handeln in Gegenwart und Zukunft wach hält.[29]

---

25 Kasper, Katholische Kirche, 462.

26 Ders., Ökumene der Märtyrer.

27 Ebd., 17, 19.

28 Vgl. Liebmann / Kronthaler, Bedrängte Kirche; Liebmann, Katholischer Widerstand, 39–51; Hummel / Kißener, Die Katholiken und das Dritte Reich; Sohn-Kronthaler, Katholische Kirche und Nationalsozialismus, 165–193; Matheus / Heid, Orte der Zuflucht.

29 Vgl. unter anderem Reichel, Auschwitz; Neumann, Mahnmale; Schlie, Nation; Metzger, Katholische Erinnerungsdiskurse, 569–592; Hängen / Lentz / Tzschaschel, Deutschlandatlas, 205 (Karte von Deutschland mit eingetragenen „Gedenkstätten" für

Erfreulicherweise vollzieht sich die Erinnerung an die Opfer der Diktaturen in wachsender ökumenischer Verständigung, und die gemeinsame Memoria gewinnt an Intensität. Mehrere Beispiele haben dies anschaulich gezeigt. Zuerst sei auf die Westminster Abbey (nicht zu verwechseln mit Westminster Cathedral) in London hingewiesen, die aus einer benediktinischen Abtei des frühen Mittelalters hervorging und zur königlichen Krönungsstätte und Grablege wurde.[30] Auch berühmte Persönlichkeiten Englands wurden dort bestattet. Das Gotteshaus, seit dem 16. Jahrhundert anglikanisch, das ein Erinnerungsort der englischen Monarchie und des britischen Königreiches ist und als Nationalheiligtum Englands gilt, erhielt gegen Ende des 20. Jahrhunderts eine weitere, ganz bewusst gewählte memoriale Akzentsetzung im Zeichen der Ökumene. Am Westportal der Londoner Westminster Abbey (damit am Haupteingang) wurde ein Memorialfries mit zehn „Märtyrergestalten" („martyr statues") des 20. Jahrhunderts von allen Kontinenten geschaffen, der im Jahre 1998 der Öffentlichkeit vorgestellt wurde. Dieser erinnert an Maximilian Kolbe (Polen), Manche Masemola (Südafrika), Janani Luwum (Uganda), Elisabeth von Hessen-Darmstadt (Rußland), Martin Luther King (USA), Oscar Romero (El Salvador), Dietrich Bonhoeffer (Deutschland), Esther John (Pakistan), Lucian Tapiedi (Papua Neu Guinea) und Wang Zhiming (China).[31]

Das Jahr 2000 hat die katholische Kirche „als das Jubiläum der Geburt Jesu Christi erlebt, zugleich aber auch als Jubiläum der Anfänge des Menschen, seines Erscheinens im Kosmos, seiner Erhöhung und seiner Berufung".[32] Papst Johannes Paul II. hat in diesem Heiligen Jahr zu einer ökumenischen Feier vor dem symbolträchtigen Kolosseum nach Rom eingeladen, um der Märtyrer/innen in der Nachfolge Jesu Christi zu gedenken. Das gemeinsame Zeugnis der Christenheit am 7. Mai 2000 sollte auch den verbindenden Wurzelgrund christlichen Lebens in Rom über die Grenzen der Konfessionen hinaus verdeutlichen und das

Opfer des Nationalsozialismus); Sohn-Kronthaler, Die katholische Memoria der NS-Opfer, 365–367; Dies. [u. a.], Memoria. Steirische Priester.

30 Siehe hier nur Rees / Bradley, Westminster, 1123f.

31 Zum Fries siehe die Abbildungen und die Angaben auf der offiziellen Homepage der Westminster Abbey.

32 Johannes Paul II., Erinnerung und Identität, 187.

einigende Band der Geschichte Roms hervorheben. Rom war und ist ein Erinnerungsort des gesamten Christentums.[33]

Die Seligsprechung der Lübecker Märtyrer am 25. Juni 2011 rief die Erinnerung daran wach, dass drei miteinander befreundete katholische Kapläne, Johannes Prassek, Eduard Müller und Hermann Lange, sowie der lutherische Pastor Karl Friedrich Stellbrink 1943 vom Volksgerichtshof mit dem Todesurteil belegt und am 10. November dieses Jahres binnen einer halben Stunde hingerichtet wurden. Deren Enthauptung führte die Lübecker katholische und evangelische Gemeinde in ihrer Memoria zusammen: Kardinal Kasper predigte am Vorabend der Seligsprechung in der lutherischen Gemeinde, auch im katholischen Gottesdienst bei der Seligsprechung, der lutherische Bischof sprach am Ende dieser Feier.[34] So entsteht eine „Ökumene der Märtyrer".[35]

Die Entwicklung religiöser Gemeinschaften und Klöster im 20. Jahrhundert und vor allem in der Zeit des Nationalsozialismus hat in den letzten Jahrzehnten vermehrt das Interesse der kirchenhistorischen und ordensgeschichtlichen Forschung gefunden – auch mit komparatistischen Fragestellungen. Das Untersuchungsinteresse war hauptsächlich prosopografisch und institutionengeschichtlich ausgerichtet. Manche Erkenntnisse sind diesen Studien zu verdanken; was noch zu leisten ist, zeichnete sich ebenfalls ab. Der vorliegende Sammelband ist auf die franziskanische Ordensfamilie fokussiert und beleuchtet vorwiegend Haltung und Verhalten von einzelnen Angehörigen in der Zeit des nationalsozialistischen Gewaltregimes. Bei Nichtwillfährigkeit und Widerstand konnte ihr Leben im Martyrium enden. Dass Franziskaner als Märtyrer starben, brachte die Geschichte des Ordens schon in den ersten Jahrhunderten seiner Existenz im Mittelalter und in der Frühen Neuzeit mit sich.[36] Indem die Lebenswege von Männern und Frauen, die sich in ihrer Nachfolge am Vorbild des heiligen Franziskus von Assisi orientierten,[37] nachgezeichnet werden, eröffnet sich die Möglichkeit, diesen Angehörigen der franziska-

33 Kasper, Rom, 107–127.
34 Ders., Ökumene der Märtyrer, 34.
35 Nach ebd., 31–35.
36 Siehe den Beitrag von Paul Zahner im vorliegenden Band.
37 Vgl. Vauchez, François d'Assise; Sohn-Kronthaler [u. a.], Zwischen Gebet, Reform und sozialem Dienst; Heimann [u. a.], Gelobte Armut.

nischen Ordensfamilie nicht nur in derselbigen, sondern auch in der Orts- und Weltkirche eine angemessene und ihr Wirken würdigende Memoria zuteilwerden zu lassen. Sie sollten in das kulturelle Gedächtnis der Kirche und der Gesellschaft beziehungsweise der Nation aufgenommen werden, um auch in einer Zeit so tiefgreifender Veränderungen und großer Herausforderungen wie der Gegenwart Orientierung und Identitätsfindung mit zu ermöglichen.

Quellen und Literatur

Zeitungsartikel sind im Folgenden nicht berücksichtigt.

Assmann Aleida: Erinnerungsräume. Formen und Wandlungen des kulturellen Gedächtnisses, München [5]2010.

Assmann Aleida: Formen des Vergessens, Göttingen 2016 (= Historische Geisteswissenschaften. Frankfurter Vorträge 9).

Assmann Aleida: Der lange Schatten der Vergangenheit. Erinnerungskultur und Geschichtspolitik, München [2]2014.

Assmann Jan: Das kulturelle Gedächtnis. Schrift, Erinnerung und politische Identität in frühen Hochkulturen, München [2]1997.

Assmann Jan: Moses der Ägypter. Entzifferung einer Gedächtnisspur, Frankfurt [7]2011.

Den Boer Pim [u. a.] (Hg.): Europäische Erinnerungsorte, Bde. 1–3, München 2012.

Bieberstein Klaus: Jerusalem, in: Markschies / Wolf, Erinnerungsorte des Christentums, 64–88.

Borgolte Michael: Stiftung und Memoria, hg. von Lohse Tillmann, Berlin 2012 (= Stiftungsgeschichten 10).

Brix Emil [u. a.] (Hg.): Memoria Austriae I–III, Wien 2004–2005.

Buchinger Kirstin [u. a.] (Hg.): Europäische Erinnerungsräume, Frankfurt-New York 2009.

Buchta Wilfried: Terror vor Europas Toren. Der Islamische Staat, Iraks Zerfall und Amerikas Ohnmacht, Bonn 2016 (= Schriftenreihe der Bundeszentrale für politische Bildung 1695).

Covarrubias Jack [u. a.] (Hg.): The New Islamic State. Ideology, Religion and Violent Extremism in the 21st Century, Farnham, Surrey 2016.

Erll Astrid: Kollektives Gedächtnis und Erinnerungskulturen. Eine Einführung, Stuttgart-Weimar ²2011.

François Étienne / Schulze Hagen (Hg.): Deutsche Erinnerungsorte, Bde. 1–3, München 2003.

François Étienne / Schulze Hagen (Hg.): Mémoires allemandes, Paris 2007.

Fried Johannes: Der Schleier der Erinnerung. Grundzüge einer historischen Memorik, München 2004.

Fried Johannes / Rader Olaf B. (Hg.): Die Welt des Mittelalters. Erinnerungsorte eines Jahrtausends, München 2011.

Hängen Dirk / Lentz Sebastian / Tzschaschel Sabine (Hg.), Deutschlandatlas. Unser Land in 200 thematischen Karten, Darmstadt 2010.

Haustein Lydia: „Cyberspace" als heiliger Ort, in: Csáky Moritz / Stachel Peter (Hg.): Die Verortung von Gedächtnis, Wien 2001 (= Orte des Gedächtnisses), 129–138.

Heimann Heinz-Dieter [u. a.] (Hg.): Gelobte Armut. Armutskonzepte der franziskanischen Ordensfamilie vom Mittelalter bis in die Gegenwart, Paderborn 2012.

Hölkeskamp Karl-Joachim / Stein-Hölkeskamp Elke (Hg.): Erinnerungsorte der Antike. Die römische Welt, München 2006.

Hummel Karl-Joseph / Kißener Michael (Hg.): Die Katholiken und das Dritte Reich. Kontroversen und Debatten, Paderborn [u. a.] ²2010.

Isnenghi Mario (Hg.): I luoghi della memoria, Bde. 1–3, Roma-Bari 1996–1997 (= Storia e società).

Johannes Paul II.: Erinnerung und Identität. Gespräche an der Schwelle zwischen den Jahrtausenden, übers. v. Ingrid Stampa, Augsburg 2005.

Kasper Walter: Der Gott Jesu Christi, Mainz 1982 (Erstveröffentlichung), Freiburg 2008 (= Gesammelte Schriften 4).

Kasper Walter: Jesus der Christus, Mainz 1974 (Erstveröffentlichung), Freiburg 2007 (= Gesammelte Schriften 3).

Kasper Walter: Katholische Kirche. Wesen – Wirklichkeit – Sendung, Freiburg [u. a.] 2011.

Kasper Walter: Ökumene der Märtyrer. Theologie und Spiritualität des Martyriums, Norderstedt 2014.

Kasper Walter: Rom, in: Markschies / Wolf, Erinnerungsorte des Christentums, 107–127.

Körner Bernhard: Bedingungen der Erinnerung. Theologische Anregungen für eine gesellschaftliche Aufgabe, in: Heimerl Theresia / Prenner Karl (Hg.): Kultur und Erinnerung. Beiträge zur Religions-, Kultur- und Theologiegeschichte. Festschrift für Karl Matthäus Woschitz, Regensburg 2005, 153–174.

Le Goff Jacques: Geschichte und Gedächtnis, Frankfurt 1992 (italienische Erstausgabe Turin 1977, französische Erstausgabe Paris 1986).

Liebmann Maximilian: Katholischer Widerstand – der Umgang mit Priestern, die aus den KZs zurückkamen, in: Karner Stefan / Duffek Karl (Hg.): Widerstand in Österreich 1938–1945, Graz-Wien 2007, 39–51.

Liebmann Maximilian / Kronthaler Michaela (Hg.), Bedrängte Kirche. Bedrängt – Verfolgt – Befreit, Graz [u. a.] 1995 (= Grazer Beiträge zur Theologiegeschichte und Kirchlichen Zeitgeschichte 9).

Liebmann Maximilian [u. a.] (Hg.): Metamorphosen des Eingedenkens. Gedenkschrift der Katholisch-Theologischen Fakultät der Karl-Franzens-Universität Graz 1945–1995, Graz 1995.

Lohlker Rüdiger: Theologie der Gewalt. Das Beispiel IS, Wien 2016.

Markschies Christoph / Wolf Hubert (Hg.): Erinnerungsorte des Christentums, München 2010.

Matheus Michael / Heid Stefan (Hg.): Orte der Zuflucht und personeller Netzwerke. Der Campo Santo Teutonico und der Vatikan 1933–1955, Freiburg 2015 (= Römische Quartalschrift für christliche Altertumskunde und Kirchengeschichte, Supplementband 63).

Metzger Franziska: Katholische Erinnerungsdiskurse über den Zweiten Weltkrieg in Österreich und in der Schweiz, in: Hummel Karl-Joseph / Kösters Christoph (Hg.): Kirchen im Krieg. Europa 1939–1945, Paderborn 2007, 569–592.

Middell Matthias: Erinnerung an die Globalisierung? Die Portale der Globalisierung als lieux de mémoire, in: Buchinger Kirstin [u. a.] (Hg.): Europäische Erinnerungsräume, Frankfurt-New York 2009, 296–308.

Moll Helmut: Die katholischen deutschen Martyrer des 20. Jahrhunderts. Ein Verzeichnis, Paderborn ^{4}2005.

Moll Helmut (Hg.): Zeugen für Christus. Das deutsche Martyrologium des 20. Jahrhunderts, Bde. 1–2, Paderborn ^{6}2015.

Neumann Klaus: Mahnmale, in: François / Schulze, Deutsche Erinnerungsorte, Bd. 1, 622–637.

Nora Pierre (Hg.): Erinnerungsorte Frankreichs, München 2005.

Nora Pierre: Zwischen Geschichte und Gedächtnis, Berlin 1990 (= Kleine Kulturwissenschaftliche Bibliothek 16), französische Erstausgabe Paris 1984.

Nora Pierre: Historien public, Paris 2011.

Nora Pierre (Hg.): Les lieux de mémoire, I: La République, II,1–3: La Nation, III, 1–3: Les France, Paris 1984–1992.

Oexle Otto Gerhard (Hg.): Memoria als Kultur, Göttingen 1995 (= Veröffentlichungen des Max-Planck-Instituts für Geschichte 121).

Oexle Otto Gerhard: Memoria, Memorialüberlieferung, in: Lexikon des Mittelalters 6 (1993) 510–513.

Réau Louis: Histoire du vandalisme. Les monuments détruits de l'art français. Édition augmentée par Michel Fleury et Guy-Michel Leproux, Paris 1994.

Rees Daniel / Bradley Denis, Westminster, in: Lexikon für Theologie und Kirche 10, Freiburg ^{3}2001, Sonderausgabe 2006, 1123f.

Reichel Peter: Auschwitz, in: François / Schulze, Deutsche Erinnerungsorte, Bd. 1, 600–621.

Reuter Christoph: Die schwarze Macht. Der „Islamische Staat" und die Strategen des Terrors, München 2016 (Taschenbuchausgabe).

Riccardi Andrea: Salz der Erde, Licht der Welt. Glaubenszeugnis und Christenverfolgung im 20. Jahrhundert. Aus dem Italienischen übers. und bearb. v. Ingrid Stampa, Freiburg 2002.

Sandmann Mechthild [u. a.] (Hg.): Wege zur Erforschung der Erinnerungskultur. Ausgewählte Aufsätze von Joachim Wollasch, Münster 2011 (= Beiträge zur Geschichte des Alten Mönchtums und des Benediktinertums 47).

Schlie Ulrich: Die Nation erinnert sich. Die Denkmäler der Deutschen, München 2002.

Schmid Karl / Wollasch Joachim (Hg.), MEMORIA. Der geschichtliche Zeugniswert des liturgischen Gedenkens im Mittelalter, München 1984 (= Münstersche Mittelalter-Schriften 48).

Schneider Joachim / Schnettger Matthias (Hg.): Verborgen – Verloren – Wiederentdeckt. Erinnerungsorte in Mainz von der Antike bis zum 20. Jahrhundert, Darmstadt 2012.

Schneidmüller Bernd: Europäische Erinnerungsorte im Mittelalter und die Zentren ihrer Erforschung: Ein Paderborner Festvortrag, in: Eröffnung des Instituts zur Interdisziplinären Erforschung des Mittelalters und seines Nachwirkens (IEMAN) am 31.1.2002, Paderborn 2002 (= Paderborner Universitätsreden 80), 19–33, eine veränderte Fassung in: Jahrbuch für Europäische Geschichte 3 (2002) 39–58.

Sohn Andreas: Vom Appetit auf Geschichte und von der Liebe zum lebendigen Gedächtnis. Zu Leben und Werk des Historikers Jacques Le Goff (1924–2014), in: Historisches Jahrbuch 135 (2015) 524–556.

Sohn Andreas: Frankreichs Berufung. Zu den Fastenpredigten des Hochschulrektors und späteren Kardinals Alfred Baudrillart in der Pariser Kathedralkirche Notre-Dame (1928), in: Annas Gabriele / Nowak Jessika (Hg.), Festschrift für Heribert Müller zum 70. Geburtstag, Stuttgart 2017 (in Druck).

Sohn Andreas: Grundzüge der mittelalterlichen Gedenkkultur in Europa. Mit Anmerkungen zur Memoria von Päpsten, Kardinälen, Bischöfen, Äbten und geistlichen Gemeinschaften, in: Ammerer Gerhard [u. a.] (Hg.): Höfe und Residenzen geistlicher Fürsten. Strukturen, Regionen und Salzburgs Beispiel in Mittelalter und Neuzeit. Ergebnisse der internationalen und interdisziplinären Tagung in der Salzburger Residenz 19.–22. Februar 2009, Ostfildern 2010 (= Residenzenforschung 24), 39–55.

Sohn Andreas: 850 Jahre Notre-Dame de Paris. Anmerkungen zu Neuerscheinungen und zum Memorialdiskurs in Frankreich, in: Historisches Jahrbuch 134 (2014) 421–450.

Sohn Andreas (Hg.): Memoria: Kultur – Stadt – Museum / Mémoire: Culture – Ville – Musée, Bochum 2006 (= Herausforderungen. Historisch-politische Analysen 18).

Sohn Andreas (Hg.): Wege der Erinnerung im und an das Mittelalter. Festschrift für Joachim Wollasch zum 80. Geburtstag, Bochum 2011 (= Aufbrüche. Interkulturelle Perspektiven auf Geschichte, Politik und Religion 3).

Sohn-Kronthaler Michaela: Katholische Kirche und Nationalsozialismus in der Steiermark – Forschungsstand und Forschungsdesiderate, in: Halbrainer Heimo [u. a.] (Hg.): NS-Herrschaft in der Steiermark: Positionen und Diskurse, Wien-Köln 2012, 165–193.

Sohn-Kronthaler Michaela: Die katholische Memoria der NS-Opfer nach 1945 am Beispiel der Diözese Graz-Seckau, in: Verband Österreichischer Historiker und Geschichtsvereine in Zusammenarbeit mit dem Niederösterreichischen Landesarchiv (Hg.): Tagungsbericht des 25. Österreichischen Historikertages Sankt Pölten, 16. bis 19. September 2008, Sankt Pölten 2010 (= Veröffentlichungen des Verbandes Österreichischer Historiker und Geschichtsvereine 34 / Studien und Forschungen aus dem Niederösterreichischen Institut für Landeskunde, Sonderband), 365–367.

Sohn-Kronthaler Michaela [u. a.] (Hg.): Zwischen Gebet, Reform und sozialem Dienst. Franziskanisch inspirierte Frauen in den Umbrüchen ihrer Zeit, Innsbruck-Wien 2015 (= Theologie im kulturellen Dialog 29).

Sohn-Kronthaler Michaela [u. a.] (Hg.): Memoria. Steirische Priester – verfolgt durch die NS-Diktatur, Graz 2010.

Stein-Hölkeskamp Elke / Hölkeskamp Karl-Joachim (Hg.): Die griechische Welt. Erinnerungsorte der Antike, München 2010.

Stiegemann Christoph (Hg.): Caritas. Nächstenliebe von den frühen Christen bis zur Gegenwart [Ausstellungskatalog], Petersberg 2015.

Uekötter Frank (Hg.): Ökologische Erinnerungsorte, Göttingen 2014.

Vauchez André: François d'Assise. Entre histoire et mémoire, Paris 2009.

Veyne Paul: Palmyra. Requiem für eine Stadt, München 2016.

Wollasch Joachim: Formen und Inhalte mittelalterlicher memoria, in: Geuenich Dieter / Ludwig Uwe (Hg.): Libri vitae. Gebetsgedenken in der Gesellschaft des Frühen Mittelalters, Köln [u. a.] 2015, 33–55.

Wollasch Joachim: Memoria, in: Melville Gert / Staub Martial (Hg.): Enzyklopädie des Mittelalters, Bd. 1, Darmstadt 2008, 364–366 (Erstausgabe).

Das erste Martyrium von Franziskanern im 13. Jahrhundert, im Österreich der Reformationszeit und der Türkeneinfälle

Paul Zahner OFM

Durch die Jahrhunderte hindurch erlebte der Franziskanerorden immer wieder die Tötung von Brüdern aus religiösen oder politischen Gründen und erhielt so eine große Zahl an Märtyrer/inne/n, von denen nur wenige eine kirchlich anerkannte Verehrung durch eine Selig- oder Heiligsprechung erlangen konnten. Wenn wir den Blick auf franziskanischen Widerstand gegen den Nationalsozialismus des 20. Jahrhunderts werfen, ist es gut, als Hintergrund auch den Widerstand und das Martyrium von Franziskaner/inne/n in anderen Zeiten in den Blick zu nehmen. Dazu wählen wir das Martyrium der ersten Minderbrüder in Marokko aus und das Blut-Zeugnis der Minderbrüder in Österreich in der Reformationszeit und bei den Türkeneinfällen. Dabei müssten allerdings auch das schwere Leiden der Protestanten in der Zeit der Rekatholisierung im österreichischen Raume und der Krieg und die Machtkonstellationen im Umfeld der Türkeneinfälle grundlegender beachtet werden. Natürlich litten nicht nur Franziskaner unter Intoleranz, Vertreibung und schweren Verbrechen gegen einzelne Personen, ganze Familien, größere Klöster oder ganze Städte. Es gab eine große Vielfalt an Leiden in der Auseinandersetzung zwischen Katholiken und Protestanten[1] und im Kampf zwischen Österreich und den Türken. Trotzdem ist es gut, an dieser Stelle einzig das Martyrium von Franziskanern im Bereich des heutigen Österreich in den Blick zu nehmen, da es bisher kaum erforscht worden ist und von geringem Interesse war. Erst in der tieferen Wahrnehmung des Leidens und des Martyriums im Umfeld von Glaubenskampf und Kriegen wird die Bedeutung des örtlichen und

1 Vgl. dazu Herzig, Der Zwang zum wahren Glauben.

persönlichen Zeugnisses einzelner Menschen und Minderbrüder besonders wichtig und eindrücklich.

1. Das Martyrium der ersten fünf Franziskaner am 16. Januar 1220 in Marokko

Schon Franziskus selber sehnte sich danach, um Christi willen das Martyrium zu erlangen, so berichten uns einige frühe Quellen zu seinem Leben.[2] Neuere Untersuchungen bezweifeln zwar diese Martyriums-Deutung der späteren Biografen als von Franziskus selber so nicht gewollt, vermögen dies aber sachlich nicht ausreichend zu begründen.[3] Bei Klara von Assisi berichtet etwa die sechste Zeugin Schwester Cecilia im Heiligsprechungsprozess angesichts des Martyriums der fünf Brüder in Marokko ausdrücklich von ihrer eigenen starken Martyriumssehnsucht:

> „Auch sagte sie, Klara hätte einen solchen geistlichen Feuereifer gehabt, dass sie freiwillig das Martyrium ertragen wollte aus Liebe zum Herrn: Das zeigte sich als Klara von den fünf Brüdern gehört hatte, die in Marokko den Märtyrertod gestorben waren, und sagte, dass [auch] sie [dorthin] gehen wollte. Daraufhin hätte sie, Cecilia, geweint."[4]

Offensichtlich prägte die Sehnsucht nach dem Martyrium die frühe franziskanische Bewegung, aber auch die Kirche im 13. Jahrhundert stark. Erstmals berichtet – mit unklarer Zeitangabe – Bruder Jordan von Giano in seiner Chronik vom ersten Martyrium von fünf Minderbrüdern und erzählt, dass bald eine Vita und Legende dieses Martyriums verfasst wurde. Allerdings missachtete Franziskus – nach Jordan von Giano – selber den Lobpreis der Brüder über diese Märtyrer, indem er sagte: „Ein jeder möge sich seines, nicht eines fremden Leidens rühmen."[5] Erst später wur-

---

2 Vgl. z.B. Bonaventura ausführlich in der LM IX,5. In einer Predigt hebt Bonaventura hervor, dass es Franziskus nicht gelang, nach Marokko zu reisen, „wo später unsere Brüder den Märtyrertod erlitten". 2 Bon 15,5. Alle hier aufgeführten Kurzsigel im Umfeld von Franziskus stammen aus Berg / Lehmann, Franziskus-Quellen, XXI–XXIV. Die Kurzsigel im Umfeld von Klara sind angeführt in Schneider / Zahner, Klara-Quellen, XXIX–XXXIII, und verweisen auf die dort angeführten Texte.

3 Vgl. dazu beispielsweise den Gesamtansatz von Hoeberichts, Feuerwandler, der Franziskus keine Martyriumssehnsucht und keine Verkündigungsabsicht beim Besuch beim Sultan von Ägypten im Jahre 1219 zugesteht, sondern der nur den Blick auf seine Friedenssehnsucht zwischen Christen und Muslimen zu werfen versucht.

4 ProKl IV,6,18–20.

5 Vgl. Jord 7f.

de in der Chronik der 24 Generalminister das Leben der vermutlich am 16. Januar 1220 in Marokko hingerichteten Brüder Berard, Petrus, Akkursius, Adjutus und Otho als „Passio sanctorum Martyrum" veröffentlicht.[6] Das Ordenskapitel von 1219 sandte im Auftrag von Franziskus sechs Brüder in das Königreich Marokko, um dort Zeugen des Evangeliums zu sein. Einer musste wegen Krankheit in Spanien zurückbleiben. Ohne den Habit zu tragen, wollten sie eine Moschee in der Stadt Sevilla betreten, wurden daran aber gehindert und versuchten dann den muslimischen König vom christlichen Glauben zu überzeugen. Dieser aber schickte sie nach Marokko, wie sie es selber gewünscht hatten, wo sie auf den Marktplätzen öffentlich den christlichen Glauben zu predigen begannen. Der muslimische König vor Ort ließ sie festnehmen und grausam fesseln und geißeln. Er versprach ihnen, Frauen und viel Geld und ein großes Ansehen in seinem Reich zu geben, wenn sie Muslime würden. Dies wiesen die fünf Brüder aber zurück und wurden vermutlich am 16. Januar 1220 wegen ihres christlichen Glaubens hingerichtet.[7] Die Leichname der fünf getöteten Brüder konnten vom Königreich Portugal vom muslimischen König erbeten werden und wurden durch wunderbare Hilfe im Jahre 1220 nach Coimbra gebracht, wo der spätere Antonius von Padua/Lissabon (um 1195–1231) sie sah und sich selber entschloss, den Augustinerorden zu verlassen und Minderbruder zu werden, und ein großer Prediger und ein eindrücklicher Heiliger wurde.[8] Die Minderbrüder gedachten zwar in ihrer geistlichen und schriftlichen Tradition dieser fünf ersten Märtyrer ihres Ordens, aber sie wurden nie kirchlich heiliggesprochen und konnten so im Rahmen der kirchlichen Liturgie nicht verehrt werden. Erst der aus dem Franziskanerorden stammende Papst Sixtus IV. erlaubte am 7. August 1481 in einer Bulle den Minderbrüdern die öffent-

---

6 In: AF III, 579–596. Im Folgenden wird dieser lateinische Text kurz zusammengefasst.

7 Der vorliegende Text zu diesem Martyrium hebt hervor, dass die fünf Brüder auch Mohammed verächtlich bezeichneten und so die Wut der Muslime direkt förderten: „Quae autem est lex tua nefandissima, ad quam nos vocas, et quis vilissimus Machometus?" AF III, 589. Offensichtlich verkündeten die fünf Brüder also nicht nur den christlichen Glauben, sondern verachteten auch ausdrücklich die muslimische Lebensart und ihren Propheten Mohammed selber. Dies wird neben ihrem christlichen Glauben auch ein Mitgrund für ihr Martyrium gewesen sein.

8 Vgl. dazu Gamboso, Das Leben des hl. Antonius, 23–27.

liche Verehrung der franziskanischen Erstlingsmärtyrer, die Brüder der portugiesischen Observanz erbeten hatten und die für die Minderbrüder sozusagen die Heiligsprechung dieser Erstlingsmärtyrer war, welche bis heute in der franziskanischen Liturgie am 16. Januar gefeiert werden.[9]

Dem frühen Martyrium der ersten fünf Märtyrer des Minderbrüderordens im Jahre 1220 folgten bald weitere Martyrien vieler Brüder an verschiedensten Orten und in verschiedensten Situationen, die zu einem kleinen Teil kirchlich durch eine Selig- oder Heiligsprechung als Martyrium anerkannt wurden.[10] Auch in den Provinzen der observanten Franziskaner im heutigen Österreich werden seit ihrer Gründung 1451 die Martyrien verschiedener Brüder berichtet. Am bedeutendsten sind sicherlich die beiden folgenden kirchlich seliggesprochenen Minderbrüder: Der aus dem deutschen Konnersreuth stammende selige Liberat Weiss (1675–1716), der in die Wiener Franziskanerprovinz eintrat, in Graz das Noviziat absolvierte und unter anderem auch dort als Prediger wirkte, in Äthiopien unter Einfluss der koptischen Kirche als Katholik gesteinigt worden und im Jahre 1988 von der katholischen Kirche seliggesprochen wurde.[11] Der aus Zell am Ziller stammende selige Engelbert Kolland (1827–1860), der in die Tiroler Franziskanerprovinz eintrat, im Jahre 1855 als Missionar in den Orient aufbrach und in einer Christenverfolgung durch die Drusen in der Nacht vom 9. zum 10. Juli 1860 in Damaskus mit zwei anderen Minderbrüdern und drei maronitischen Brüdern getötet wurde. P. Engelbert wurde im Jahre 1926 von der katholischen Kirche seliggesprochen.[12] Neben diesen beiden kirchlich anerkannten seligen Märtyrern kennt die Franziskanerprovinz in Österreich und Südtirol aber auch weitere um des Glaubens willen Ermordete aus der Zeit der Reformation und in den Türkeneinfällen des 17. Jahrhunderts.

---

9 Vgl. zur Geschichte der Verehrung dieser Erstlingsmärtyrer: Bertazzo, Die Franziskanischen Protomärtyrer, hier besonders 103f. Eine gute umfassende Einführung gibt Urbani, Protomartiri Francescani.

10 Vgl. dazu in diesem Band den Beitrag von Roman Siebenrock.

11 Vgl. Berthold, P. Liberat Weiss.

12 Vgl. Egger, Zwischen Glocke und Minarett.

2. Das Martyrium von Franziskanern im Österreich der Reformationszeit

Schon in den zwanziger Jahren des 16. Jahrhunderts breiteten sich die Kenntnis über die Reformation und reformatorische Lehren in Österreich aus.[13] Die Anhänger der Reformation wurden zu einer starken Kraft und konnten viele bisherige Glieder der katholischen Kirche gewinnen, so dass sie an vielen Orten zu einer Mehrheit wurden. Ab 1570 begann die katholische Kirche in Österreich in dieser Situation mit starken gegenreformatorischen Tätigkeiten und gewann etwa die Jesuiten und die Kapuziner zu einer katholischen Erneuerung im Bereich von Bildung und Seelsorge. Ab 1600 versuchte die Gegenreformation – sehr stark unter Leitung des Seckauer Bischofs Martin Brenner – Protestanten zur Konversion oder zur Auswanderung aus ihrem Wohngebiet zu zwingen. Ab 1619 setzte sich besonders durch Erzherzog Ferdinand II., der in diesem Jahre Kaiser des Heiligen Römischen Reiches wurde, die Gegenreformation in Österreich endgültig durch und wurde zu einer entscheidenden Kraft gegen den Protestantismus.

Die Franziskaner im deutschsprachigen Raum litten sehr unter der aufkommenden Reformation: Einige, gerade humanistisch gebildete Brüder nahmen selber die reformatorische Lehre an, und nicht wenige davon heirateten später. Andere vermochten der Gegnerschaft der Reformation gegenüber dem Ordensleben nicht standzuhalten, so dass viele Franziskanerklöster auch aus politischem Druck verlassen und schließlich aufgehoben wurden. Wieder andere Franziskaner studierten die Thesen der reformatorischen Theologie und vermochten sie ausgiebig, manchmal auch hart zu widerlegen.[14]

---

13 Vgl. zur Reformationsfrage in Österreich: Amon, Reformation; Liebmann, Christentum und Kirche in der Steiermark, 30–47; Hanisch-Wolfram / Wadl, Glaubwürdig bleiben, 78–94.

14 Vgl. zum Verhalten des Minderbrüderordens gegenüber dem Protestantismus: Holzapfel, Handbuch der Geschichte des Franziskanerordens, 461–488. Dabei wird besonders auf die Situation in Österreich verwiesen: ebd. 475–479. In neuester Zeit liegen neue ausgiebige Forschungen für die Auseinandersetzungen der deutschen Franziskaner mit der Reformation vor (vgl. darin die zahlreichen Literaturverweise): Schlageter, Die sächsischen Franziskaner und ihre theologischen Auseinandersetzungen; Ders., Die Begegnung des Franziskaners Augustin von Alveldt.

Die noch junge observante Ordensprovinz des hl. Bernardin von Siena mit ihrem Sitz in Wien setzte sich intensiv mit Verkündigung und Theologie der Reformation auseinander.[15] Die Provinz litt zwar unter der Auseinandersetzung mit den Hussiten im nahen Böhmen und noch stärker durch die Angriffe der Türken, stellte aber trotzdem am Provinzkapitel zu Wien im Jahre 1522 neununddreißig Kontroversprediger auf, die die Argumente der Reformatoren zu widerlegen versuchten. Unter den Brüdern bekannt wurden im franziskanischen Umfeld der Minorit Giovanni Ricuzzi Vellini aus Camerino († 1546), die Franziskanerprediger aus dem Observantenzweig Michael von Bruneck († 1525), Anselm von Wien († 1535), Medardus von Kirchen († 1533), Georg von Amberg († 1534), Ambrosius von Rohrbach († 1556) und weitere Franziskaner.[16] Eine besondere Bedeutung gewann der Franziskanertheologe Johann Nas (1534–1590), der 1580 Weihbischof von Brixen wurde und einen großen theologischen Einfluss auf Tirol gewann. Bedeutend sind im Umfeld der Wiener Franziskanerprovinz die vierzehn im Jahre 2012 seliggesprochenen Märtyrer aus dem Franziskanerorden, Friedrich Bachstein und seine dreizehn Gefährten, die am 15. Februar 1611 in Prag von reformiert-hussitischen Truppenteilen ermordet wurden.[17]

An einigen Orten im heutigen Österreich bedrängten die Lutheraner die Franziskaner so sehr, dass Klöster aufgegeben werden mussten. Das waren bis etwa 1560 Maria Enzersdorf, Feldsberg, Stein, Eggenburg, Loys, Katzelsdorf, Hainburg, Judenburg und das Klarissenkloster in Ybbs. Schließlich wurden die Franziskaner 1566 von Protestanten aus Lankowitz vertrieben, und das Kloster wurde geplündert. Die Franziskaner erlitten so an ihren Klostergebäuden Gewalttaten der Lutheraner, allerdings waren diese nicht gegen die Brüder selber gerichtet, sondern nur gegen das Kloster als geistliches Gebäude von Ordensleuten. Von den Franziskanern selber wurde keiner schwer verletzt oder gar umgebracht. Oftmals wurde den Minderbrüdern ihr Lebensunterhalt entzogen, und sie

---

15 Vgl. dazu den quellenmäßig fundierten Artikel: Othmer, Die Märtyrer der österreichischen Franziskanerprovinz, 463–471 und Herzog, Cosmographia Franciscano-Austriacae Provinciae, 74–77.

16 Vgl. dazu und zum folgenden Holzapfel, Handbuch, 478, und Othmer, Die Märtyrer der österreichischen Franziskanerprovinz, 467f.

17 Beneš, Das Kloster und die Kirche Maria Schnee, 9f.

mussten ihre Klöster verlassen. Dabei hatten sie allerdings nicht um ihr Leben zu fürchten. Neben protestantischen Angriffen und anderen bedrängenden theologischen Deutungen erlitten die Franziskaner schon vorher schwere Anfechtungen durch die Auseinandersetzungen mit den Hussiten und durch den Krieg gegen die Türken.

Einzig in der Krain (im heutigen Slowenien), die damals zum Erzherzogtum Österreich gehörte, erlebten die Franziskaner eine schwerere Verfolgung. In der Krain verbreitete sich der Protestantismus durch Mathias Garbitius († 1559). In dieser Zeit erlitten die folgenden zwei Franziskaner das Martyrium:

1. P. Johannes de Hungaria[18]: Während einer Predigt zum Thema der theologischen Auseinandersetzung zwischen Katholizismus und Protestantismus wurde er von einem Protestanten schwer verwundet und starb am 17. Januar 1548 an dieser Verwundung im Franziskanerkloster von Rudolphswert (heute: Nova Mesto in Slowenien).[19]
2. P. Thomas de Salisburgo: Er war einige Zeit Guardian des Konventes von Graz, Kustos der Steiermark und Provinzialminister der Wiener Provinz von 1539 bis 1541. Danach trat er als Kontroversist gegen die Lutheraner auf und wurde zweimal von Lutheranern schwer verwundet, so dass er das zweite Mal am 2. April 1548 in Laibach (Ljubljana, im heutigen Slowenien) daran starb.

Die protestantischen Auffassungen und die entsprechend ausgelösten politischen Wirren führten also die Minderbrüder in eine schwere Bedrängnis vieler Häuser der Provinz hinein. Allerdings werden nur die zwei genannten Brüder, P. Johannes und P. Thomas, hervorgehoben, die in dieser Bedrängnis auch ihr Leben durch einen Angriff auf ihre Person verloren. Sie können als Märtyrer bezeichnet werden.[20]

---

18 Vgl. dazu die Beschreibung zu beiden Märtyrern bei: Othmer, Die Märtyrer der österreichischen Franziskanerprovinz, 469–471. Othmer gibt jeweils weitere Quellen zum Martyrium der beiden Märtyrer an, die hier nicht genannt werden.

19 Vgl. dazu und zum zweiten Märtyrer: Herzog, Cosmographia Franciscano-Austriacae Provinciae, 76.

20 Der Begriff Märtyrer/Märtyrerin wird hier grundsätzlich nicht im Sinne eines kirchlich anerkannten Martyriums in einem Selig- oder Heiligsprechungsprozess bezeichnet, sondern bezeichnet einzig Franziskaner, die aus Glaubensgründen den gewaltsamen Tod erlitten. Wie weit die Glaubensgründe frei formuliert wurden und wie weit sie eine Form von Zwang und Gewalt auszuüben versuchten, kann an dieser Stelle nicht

Zu erwähnen ist auch P. Klemens Raiffer (1624–1655), der im Gebiet der Tiroler Franziskanerprovinz in Brixen geboren wurde, aber zur Franziskanerprovinz von Padua gehörte. Im Auftrag der Congregatio de Propaganda Fide missionierte er im piemontesischen Tal Lucerna Talleute, die ursprünglich waldensisch geprägt waren, dann aber nach der Reformationszeit mehrheitlich der calvinischen Lehre folgten. Zusammen mit Fr. Didakus von Valdiero und dem 12-jährigen Knaben Jakob Bima wurde P. Klemens am 14. Mai 1655 in S. Secondo von Calvinisten gequält und schließlich erschossen.[21] Der Orden erhoffte längere Zeit eine kirchliche Seligsprechung von P. Klemens und seiner beiden Gefährten. So hat das Franziskanerkloster in Graz eine frühe Darstellung der Ermordung dieser drei Personen, die vielleicht von dem aus Zürich stammenden Malerbruder Alban Stumpf gemalt wurde, der selber 1683 starb. Damit sollten auch die Brüder in der Steiermark bildhaft vom Martyrium dieser drei Personen erfahren können.

3. Das Martyrium von österreichischen Franziskanern in den Türkeneinfällen des 16. und 17. Jahrhunderts

Eine besondere Bedrängnis und ein schmerzhaftes Martyrium erlebten die Franziskaner Österreichs durch die sogenannten Türkeneinfälle, durch das Ringen des Osmanischen Reiches mit dem damals christlich geprägten Europa. Nach dem auch vom Franziskaner Johannes von Capistrano verursachten Sieg über die Türken im Jahre 1456 besetzte das Osmanische Reich 1469 die Krain und zerstörte mehrere Franziskanerklöster.[22] Im Ringen um Ungarn wurden in der von Ungarn verlorenen Schlacht bei Mohács im Jahre 1526 auch drei Franziskaner umgebracht, unter ihnen der franziskanische Erzbischof von Kalocsa-Bács Paul Tomori. In dieser ganzen Kriegszeit wurden 45 Franziskaner ermordet. Der Provinzial der österreichischen Franziskanerprovinz P. Christophorus von Baden bei Wien stellte in dieser gefährlichen Zeit der Gewalt im Jahre 1527 im Provinzkapitel von St. Pölten genaue Bestimmungen auf, wie die

---

entschieden werden. Dafür müssten die Quellen, die von dieser Ermordung berichten, genau ausgewertet werden.

21 Vgl. dazu Straganz, Ein Brixner Märtyrer.

22 Dieser Teil folgt in seinen Grundaussagen Othmer, Die Märtyrer der österreichischen Franziskanerprovinz, 471–486.

Brüder in gefährlichen Situationen fliehen können, wie bestehende Klöster aufgelöst werden und wie den Brüdern „Litterae obedientiales“ ausgestellt wurden, die ihnen genauere Anweisungen und Hilfen gaben, wenn sie in die Fremde zu fliehen hatten.[23]

Im ersten österreichischen Türkenkrieg wurde Wien vom 27. September bis 14. Oktober 1529 vom Osmanischen Reich erfolglos belagert, und im Umfeld dieser Kämpfe wurden die folgenden Franziskanerklöster der Observanz angegriffen und die genannte Zahl an Franziskanern ermordet[24]: Im Konvent Maria Enzersdorf wurden am 24. September 1529 drei Brüder enthauptet. Beinahe 100 Brüder von 200 im Kloster lebenden observanten Franziskanern wurden im Konvente SS. Theobaldi et Bernardini in Wien am 25. September 1529 ermordet, und der ganze Konvent wurde zerstört. Er konnte nicht mehr am gleichen Orte wiedererrichtet werden. Am 26. September 1529 wurden im Konvente S. Maria in Paradiso im Wiener-Walde 18 Brüder von den türkischen Truppen getötet, und das Kloster wurde angezündet. In der Nähe des Konventes wurden vier weitere Brüder ermordet. In Klosterneuburg waren alle Brüder vor den Türken geflohen, nur der Laienbruder Fr. Leo Pichel war zurückgeblieben und wurde am 27. September 1529 umgebracht. In Königstätten bei Klosterneuburg wurden am 27. September 1529 zwei Brüder getötet. Bei weiteren Kriegshandlungen durch die Türken[25] im Jahre 1532 wurde im Konvent Maria Enzersdorf, der jetzt nach dem letzten Provinzkapitel und den vorausgehenden Tötungen vieler Minderbrüder nur noch von vier Brüdern besetzt war, ein Franziskaner durch das von türkischen Truppen gelegte Feuer getötet. Im steirischen Katzelsdorf starben im Jahre 1532 drei Brüder durch den Angriff der Türken. Wegen dieser blutigen Angriffe des Osmanischen Reiches, aber auch wegen der tödlichen Pest musste die Provinz einige Klöster aus Mangel an Brüdern aufgeben.

Im großen Türkenkrieg (1683–1699) wurde zu Beginn ein Angriff des Osmanischen Reiches auf Wien geplant. Dabei konnte durch Entsatzungstruppen das belagerte Wien wieder befreit werden, und die Stadt

---

23 Ebd., 474f.

24 Wir folgen hier wiederum der genau differenzierenden und einzelne Quellen korrigierenden Sichtweise von Othmer, Die Märtyrer der österreichischen Franziskanerprovinz, 476–480.

25 Ebd., 480–482.

wurde so im Jahre 1683 wiederum nicht von den Türken eingenommen.[26] Der Observantenkonvent zum hl. Hieronymus in Wien musste als Lazarett für verwundete Soldaten dienen, war aber nicht direkt den Kriegshandlungen ausgesetzt. Der junge Konvent St. Anna in Hainburg wurde am 12. Juli 1683 von den Türken besetzt, und vier Brüder wurden getötet, drei als Gefangene mitgenommen, von denen einer später getötet wurde und zwei nach langer Sklaverei freigekauft werden konnten. Im Konvent Maria Enzersdorf flohen alle Brüder, einzig der Koch blieb zurück und wurde am 13. Juli 1683 nach langen Quälereien durch Enthauptung umgebracht. Im Konvent Neulengbach konnte ein versteckter Laienbruder noch fliehen, und ein anderer Mitbruder wurde in Gefangenschaft geführt, während ein in Italien gebürtiger Franziskaner am 14. Juli 1683 im Garten enthauptet wurde. Am gleichen Tag wurde auch der Konvent in Katzelsdorf gestürmt, und es wurden drei Brüder getötet, während der Konvent mit seiner befestigten Wehrkirche selber ausnahmsweise nicht zerstört wurde.

Die österreichische Provinz erlitt offensichtlich schwerere Verluste in den beiden Türkeneinfällen des 16. und 17. Jahrhunderts auch im Gebiet des heutigen Österreich selber. Vermutlich wurden die Franziskaner als christliche Ordensleute von den muslimischen Soldaten besonders angegriffen, da nicht einzig politische Gründe die Kriege auslösten, sondern auch ein religiöser Konflikt zwischen Muslimen und Christen ein wichtiger Hintergrund der Kämpfe war. Durch die Ermordung von Ordensleuten und durch die Zerstörung ihrer Klöster sollte der christliche Widerstandswille gebrochen und deutlich werden, dass muslimisches Leben und Beten viel stärker ist als christliches Gebet. Die Ermordung von Ordensleuten, besonders von den hier genannten Franziskanern, sollte erweisen, dass das Christentum keine geistliche Kraft gegen die Religion des Islam habe.

---

26 Einen spannenden Einblick in die Not Österreichs, der Ordensleute in dieser Zeit und in die Flucht vor den nahenden Türken bietet der Bericht des Priesters Balthasar Kleinschroth aus dem Jahre 1683: Watzl, Flucht und Zuflucht.

4. Abschließende Gedanken

Der Blick auf die ersten Märtyrer des Minderbrüderordens macht deutlich, dass die Franziskaner gerade in ihrer missionarischen Arbeit in anderen Ländern und Kontinenten oftmals der Gefahr des Martyriums aus Glaubensgründen ausgesetzt waren oder dieses Martyrium sogar suchten. Dies konnte allerdings durch unkluge Predigt und aggressive Aussagen gegen eine andere Religion, besonders gegen den Islam, von den Minderbrüdern selber auch unüberlegt gefördert werden. Neben den durch die Jahrhunderte hindurch immer bleibenden Märtyrern in Missionsgebieten erlebten auch die observanten Franziskanerprovinzen im heutigen Österreich und im Herrschaftsgebiet der jeweiligen österreichischen Kaiser das Martyrium in der eigenen Heimat. In einem sehr geringen Maße nach der Reformationszeit und in einem sehr starken Maße in den Türkenkriegen des 16. und 17. Jahrhunderts, in denen sehr viele Franziskaner und möglicherweise auch franziskanische Schwestern oder Klarissen getötet wurden, einige Klöster Plünderungen zu erleben hatten und wenige Klöster von den Soldaten des Osmanischen Reiches ganz zerstört und nicht wieder aufgebaut wurden. Die im Nationalsozialismus von der Diktatur zum Tode verurteilten und 1945 erschossenen P. Kapistran Pieller und P. Angelus Steinwender waren also nicht die einzigen Märtyrer – so will ich sie nennen, ohne differenziert über die Gründe ihres Todes nachzudenken –, die auch aus religiösen Gründen Widerstand gegen eine gewalttätige rechte Diktatur ausübten, in der Geschichte der observanten Franziskaner in Österreich. Allerdings ist festzustellen, dass kaum ein österreichischer Franziskaner sich heute noch an die Märtyrer der eigenen Provinzen in Österreich erinnert, die in den schweren konfessionellen Konflikten des 16. Jahrhunderts, in den auch religiös mitbedingten Türkenkriegen des 16. und 17. Jahrhunderts und in der nationalsozialistischen Diktatur des 20. Jahrhunderts Zeugnis für ihren Glauben und für die Freiheit ihres Landes gaben. Es ist wichtig und gut, sich wieder an die eigene Geschichte zu erinnern, sich die schweren Bedrohungen von Brüdern durch verschiedene Religionen und Konfessionen wie auch durch politische und sonstige unmenschliche Angriffe aus verschiedensten Kreisen vor Augen zu halten und neu zu überlegen, welche heutigen Anfechtungen wir kennen und wie wir diesen zu begegnen suchen. Aus religiösen Gründen, aber auch mit politischen und humanistischen Argumenten und ganz besonders aus franziskanischen Gründen können wir angesichts der Not vieler Menschen nicht schweigen, sondern müssen sie wahrnehmen und ihr mit der Kraft des eigenen Lebens zu antworten versuchen. Oftmals ist es dann wichtig, selber die Not, die andere betrifft, mitzutragen und im Glauben entschieden Widerstand dagegen auszusprechen und zu leben.

Quellen und Literatur

Amon Karl, Reformation – katholische Reform – Gegenreformation, in: Amon Karl / Liebmann Maximilian (Hg.): Kirchengeschichte der Steiermark, Graz [u. a.] 1993, 138–174.

Analecta Franciscana, Bd. III., hg. v. Patribus Collegii S. Bonaventurae, Appendix I: Passio sanctorium Martyrum fratrum Beraldi, Petri, Adiuti, Accursii, Othonis in Marochio martyrizatorum, Quaracchi 1897, 579–596.

Beneš Petr Regalát: Das Kloster und die Kirche Maria Schnee: Geschichte und Kunst, deutsche Übersetzung von Ulrike Schütte, Prag 2013.

Berg Dieter / Lehmann Leonhard (Hg.): Franziskus-Quellen. Die Schriften des heiligen Franziskus, Lebensbeschreibungen, Chroniken und Zeugnisse über ihn und seinen Orden, Kevelaer [2]2014 (= Zeugnisse des 13. und 14. Jahrhunderts zur Franziskanischen Bewegung 1).

Bertazzo Luciano: Die Franziskanischen Protomärtyrer zwischen Geschichtsschreibung und Hagiografie, in: Holderegger Adrian [u. a.] (Hg.): Franziskanische Impulse für die interreligiöse Begegnung, Stuttgart 2014 (= Religionsforum 10), 103–121.

Berthold Eugen: P. Liberat Weiss. Ein Opfer für die Einheit der Christen, Wien 1984.

Egger Gottfried: Zwischen Glocke und Minarett. Das Leben des Engelbert Kolland, Salzburg 2010.

Gamboso Vergilio: Das Leben des Hl. Antonius, Padua 1975.

Hanisch-Wolfram Alexander / Wadl Wilhelm (Hg.): Glaubwürdig bleiben. 500 Jahre protestantisches Abenteuer. Katalog zur Kärntner Landesausstellung 2011 in Fresach, Klagenfurt 2011.

Herzig Arno: Der Zwang zum wahren Glauben. Rekatholisierung vom 16. bis zum 18. Jahrhundert, Göttingen 2000.

Herzog Placidus: Cosmographia Franciscano-Austriacae Provinciae sancti Bernardini senensis eiusdem conventuum omnium descriptio anno MDCCXXXII., hg. v. Eusebius Fermendzin, in: AF I, 74–77 (De fratribus huius Provinciae, qui pro Christi nomine sanguinem fuderunt).

Hoeberichts Jan: Feuerwandler. Franziskus und der Islam, Kevelaer 2001.

Holzapfel Heribert: Handbuch der Geschichte des Franziskanerordens, Freiburg 1909.

Jordan von Giano: Chronik vom Anfang der Minderbrüder besonders in Deutschland (Chronica Fratris Jordani), hg. v. Johannes Schlageter, Norderstedt 2012 (= Quellen zur franziskanischen Geschichte 1).

Liebmann Maximilian: Christentum und Kirche in der Steiermark, Bd. 2: Vom Hochmittelalter bis zur Gegenreformation, Kehl am Rhein 1997.

Othmer Cajus: Die Märtyrer der österreichischen Franziskanerprovinz im Kampfe gegen den Protestantismus und gegen die Türken, in: AFH 22 (1929) 462–486.

Schlageter Johannes: Die sächsischen Franziskaner und ihre theologische Auseinandersetzung mit der frühen deutschen Reformation, Münster 2012 (= Franziskanische Forschungen 52).

Schlageter Johannes: Die Begegnung des Franziskaners Augustin von Alveldt mit theologischen Thesen der frühen deutschen Reformation, in: WiWei 78 (2015) 121–204.

Schneider Johannes / Zahner Paul (Hg.): Klara-Quellen. Die Schriften der heiligen Klara. Zeugnisse zu ihrem Leben und ihrer Wirkungsgeschichte, Kevelaer 2013 (= Zeugnisse des 13. und 14. Jahrhunderts zur Franziskanischen Bewegung 2).

Straganz Max: Ein Brixner Märtyrer aus unserem Orden P. Klemens Raiffer (5. September 1624, † 14. Mai 1655), in: Spiritus et Vita 4 (1924) 295–302.

Urbani Esperia: Protomartiri Francescani, Gorle 2009.

Watzl Hermann: Flucht und Zuflucht. Das Tagebuch des Priesters Balthasar Kleinschroth aus dem Türkenjahr 1683, Graz-Köln ^{2}1983 (= Forschungen zur Landeskunde von Niederösterreich 8).

Laetus Himmelreich OFM (1886–1957). Zwischen München, Jerusalem und Dachau

Marcel Poorthuis und Theo Salemink

Aus dem Konzentrationslager Dachau schrieb der Franziskaner Laetus Himmelreich in einem von den Nazis zensurierten Brief am 5. März 1944:

> „Wir gehen nun dem Frühling entgegen. Möge es sein, wie es Wagner darstellt in seinem Parsifal. Dann werden wir von diesem satanischen Krieg befreit werden, und alle Menschen werden Brüder werden."

Er fügte hinzu, dass es gut möglich sei, dass diese Zeit der Geburtsschmerz einer neuen Ära sei. Dann werde „das fröhliche Himmelreich" durch die ganze Welt marschieren.[1] Der Brief stellte eine Anspielung auf die chiliastische Theologie dar, die dieser Franziskaner seit 1928 entwickelt hat. Wer war dieser Mensch, der einem für katholische Begriffe außergewöhnlichen Chiliasmus anhing und zugleich eine unserer Meinung nach bedeutende Rolle in der nationalen und internationalen Begegnung mit dem Judentum vor dem Zweiten Weltkrieg spielte?

1. München

Pater Laetus Himmelreich[2] wurde als Johannes Antonius Himmelreich am 29. November 1886 in Alkmaar geboren. Der Vater der Familie,

---

1 Brief Himmelreichs, 05.03.1944, in: Archief Himmelreich, Inv. Nr. 61 (1A). Dieses Archiv befindet sich im Archiv der Ordens-Provinzleitung der Franziskaner-Minderbrüder in Utrecht (AMF).

2 Die allgemeinen biografischen Informationen basieren auf: Kurzskizze des Lebens von Himmelreich, 8, die biografische Dokumentation stützt sich auf das Katholiek Documentatie-Centrum Nijmegen; Gedenkbild 01.05.1957 (im Besitz der Autoren); Informationen aus AMF, Inv. Nr. 61 und 62; Verwaltungsarchiv der niederländischen Minderbrüderprovinz (ANM), Inv. Nr. 390 und 391. Für Informationen über die Geschichte der niederländischen Minderbrüderprovinz wurden benützt: Baan, De Nederlandse Minderbroedersprovincie; Werkgroep K.750, 750 Jaar minderbroeders; Kok, Acht eeuwen minderbroeders.

Caspar Lorenz Himmelreich (1852–1925), stammte ursprünglich aus dem deutschen Ort Oberkirchen/Hochsauerland. Dieser zog als junger Mann in die Niederlande und heiratete am 17. August 1879 die aus Alkmaar gebürtige Johanna Maria Willebrands (1859–1926). Die Großeltern von Laetus waren zu jenem Zeitpunkt in Oberkirchen bereits verstorben. Weshalb er in die Niederlande kam, ist nicht eindeutig geklärt. Vater Caspar verdiente seinen Lebensunterhalt als umherziehender Hausierer in der Provinz Nord-Holland. Dem Familienstammbaum zufolge dürfte die Familie Himmelreich in Oberkirchen bis in das 12. Jahrhundert zurückgehen. Laetus Himmelreich hatte damit deutschen Hintergrund, und ein Teil seiner Familie väterlicherseits wohnte in Deutschland. Dieser Hintergrund wird vielleicht dazu beigetragen haben, dass Laetus später zum Studium nach Deutschland ging und beispielsweise nicht nach Rom. Er wurde 1908 bei den Franziskanerpatres in Alverna (Wijchen/Niederlande) eingekleidet. Ein Sohn seiner Schwester Johanna, Cas Groothuizen (geb. 1909), wird 1927 ebenso bei den Franziskanern eintreten. Eine Tochter aus derselben Familie, Dé Groothuizen, schloss sich den Frauen von Bethanien an.

Laetus wurde 1915 zum Priester geweiht und reiste auf Bitte seiner Ordensoberen ein Jahr später nach München, um sein Studium an der Universität fortzusetzen. Dies geschah in den Jahren der neuen „Politik" des energischen Simon Bennenbroek (1864–1955), der seit 1910 für die erste Periode Provinzialminister war, um Franziskaner im In- und Ausland an Universitäten und Hochschulen studieren zu lassen und auf diese Weise das intellektuelle Niveau zu erhöhen. Der Orden der Minderbrüder, der 1853 in den Niederlanden „wiederhergestellt" worden war, erlebte seit damals ein starkes Wachstum. Beim Neustart waren es ungefähr 200 Mitglieder, 1921 zählte die Provinz bereits 672 Mitglieder. Der Orden begann sich am Beginn des 20. Jahrhunderts intensiver mit pastoraler Arbeit zu beschäftigen, mit Unterricht und speziellen Aufgaben innerhalb der katholischen Gemeinschaft. Simon Bennenbroek war dabei die treibende Kraft.

Himmelreich promovierte 1919 mit einer Studie über Papst Leo III. und die Kaiserkrönung von Karl dem Großen.[3] Er war Anfang dreißig, als

---

3 Himmelreich, Kaiserkrönung Karls des Grossen.

der Erste Weltkrieg sich dem Ende zuneigte und in Deutschland, insbesondere in München, eine linke Revolution um sich griff. Himmelreich war entschieden antikommunistisch und machte auf der Straße die Unruhen der Räterepublik 1919 aktiv mit. Er sah auf einem Foto aus der Zeit mit seinen 33 Jahren jung und stark aus, kräftig an Gestalt, die Haare kurz geschnitten. Im April 1919 war er, in Zivilkleidern, ständig auf der Straße und begab sich in die „Menschenmenge" von aufständischen Arbeitern. Einmal setzte ihm ein Kommunist den Revolver an die Brust, eine schockierende Erfahrung. Er war in jenen Tagen nicht allein Antikommunist, sondern hegte auch antisemitische Gefühle. So schrieb er höhnend über „den Juden Mühsam", einen der Anführer der Revolution.[4]

Seine Einstellung gegenüber Juden veränderte sich durch eine unerwartete Begegnung. Am 13. Juni 1919 betrat eine junge jüdische Frau das Sprechzimmer des Klosters St. Anna zu München: Sophie van Leer (1892–1953).[5] Sie stammte ursprünglich aus den Niederlanden und war in einer traditionellen jüdischen Familie mit acht Kindern aufgewachsen. Der Gründer der bekannten Fass-Fabrik Van Leer war ihr Bruder Bernard. Sophie van Leer brach später in Luzern, wohin ihre Familie 1905 zog, mit ihrer Familie, ging eine Beziehung mit einem Schweizer Bildhauer ein und kam im Ersten Weltkrieg in das Berliner Avantgarde-Milieu rund um die Zeitschrift „Der Sturm". Von Berlin aus ging sie Anfang 1919 nach München und beteiligte sich als utopisch-anarchistische Künstlerin an der Revolution von Kurt Eisner und Ernst Toller, gleichfalls Künstler. Anfang Mai 1919 nahm die „weiße Armee", die die Revolution niederschlug, Sophie van Leer gefangen und drohte sie zu exekutieren. Schließlich stellte sich heraus, dass sie politisch ungefährlichen utopisch-pazifistischen Gedanken anhing, daher wurde sie freigelassen. Im Gefängnis gelobte sie Gott, um ihr Leben bangend, den christlichen Glauben anzunehmen, sollte sie frei kommen. Anderthalb Monate später begegnete sie Laetus Himmelreich, und zwei Tage später, am 15. Juni 1919, wurde sie von ihm getauft, ohne dass sie viel vom katholischen Glauben wusste. Sie hieß fortan Franziska Maria van Leer. Diese machte

---

4 Er berichtete von seinen Erfahrungen mit der Revolution im autobiografischen Text „Revolutiebeeld", in: AMF, Dossier Himmelreich, Inv. Nr. 62.

5 Poorthuis / Salemink, Op zoek naar de blauwe ruiter.

großen Eindruck auf Himmelreich. Er meinte, dass sie eine große, prophetische Aufgabe hätte und war glücklich und aufgeregt, dass er bei dieser Aufgabe mithelfen dürfe. Sie überzeugte ihn von ihrer Berufung in der Welt, namentlich gegenüber ihrem eigenen jüdischen Volk. Auch die Patres im Kloster zu München waren beeindruckt, sie bekamen feuchte Augen, schrieb Himmelreich in seinem Tagebuch, seitdem sie von ihrer Bekehrung und Taufe hörten.[6]

Die schnelle Taufe ohne Unterricht war die Folge eines Missverständnisses mit Himmelreichs Mitbruder Heribert Holzapfel in München; jener hatte ursprünglich den Kontakt mit Franziska van Leer hergestellt. Das Auftreten von Himmelreich und seine persönliche Freundschaft mit Franziska van Leer erweckte beim Provinzialminister Simon Bennenbroek Ärger in der Ordensprovinzleitung zu Weert, insbesondere als Sophie ein paar Tage später dort mit einer verwirrten Geschichte über eine große Summe Geld auftauchte, die sie aus München bekommen haben wollte. Der Provinzialminister sandte Himmelreich am 30. Juni eine Karte mit der Mitteilung, dass er mit „dieser Person", Franziska van Leer, nichts zu schaffen haben wolle. Eine Woche später, am 9. Juli, empfing Himmelreich neuerlich eine Mitteilung des Provinzials, einen scharfen Brief. Der Ordensobere äußerte Kritik an der Handlungsweise Himmelreichs, verbot ihm, mit Franziska van Leer Kontakt zu halten oder ihr Briefe zu schreiben. Außerdem durfte er nicht länger in München in Zivilkleidern allerlei soziale Aktivitäten entfalten. Himmelreich war zunächst betroffen, er „küsste" den Brief nach dem Lesen. Das Verhalten Himmelreichs bei der überstürzten Taufe von Sophie van Leer hatte offenkundig große Unruhe bei der Ordensleitung hervorgerufen.[7] In weiterer Folge beachtete Himmelreich den Befehl von Bennenbroek jedoch nicht und fuhr mit dem Kontakt fort. Himmelreich sollte bis zum Tod von Sophie van Leer 1953 mit ihr intensiven Kontakt halten. Er spielte unter dem Namen „Celestus" eine bedeutende Rolle in ihrem von ihm posthum herausgegebenen Roman „Mijn volk roept" (Mein Volk ruft).[8]

---

6 Himmelreich führte in dieser Periode ein Tagebuch. Es befindet sich im Personalarchiv Himmelreichs, in: AMF, Dossier Himmelreich, Inv. Nr. 62.
7 Tagebuch Himmelreich 1919, in: AMF, Dossier Himmelreich, Inv. Nr. 62.
8 Leer, Mijn volk roept.

2. Rom

Im September 1919 reiste Himmelreich aus München ab und wurde Lektor in theologischer Dogmatik an dem in diesem Jahr eröffneten franziskanischen Studienhaus in Bleijerheide (Niederlande). Zwei Jahre später, 1921, wurde er der persönliche Sekretär des neuen Generalministers des Ordens der Minderbrüder in Rom, Pater Bernardus Klumper (1864–1931), der von 1921 bis 1927 diese Funktion ausübte. Nach einigen Jahren, im Oktober 1924, begegnete Himmelreich in Rom abermals Franziska van Leer. Sie war im Begriff, mit Zustimmung des Präfekten der Hl. Kongregation „De Propaganda Fide", Kardinal Willem van Rossum, und nach einer Audienz bei Papst Pius XI., nach Palästina zu verreisen. Sie verbrachte einige Monate im sozialistischen Kibbuz Beth Alfa. Einerseits entwickelte sie unter dem Einfluss ihrer Schwester Clara und anderer zionistischer Freunde eine Sympathie für den Zionismus, andererseits wollte sie die „chaloetsim" (Palästina-Pioniere) zum katholischen Glauben bekehren. Sie selbst glaubte an ein chiliastisches Szenario. Die Heimkehr der Juden nach Palästina (Erez Israel) und die Annahme von Jesus durch die Juden als ihren Messias würden Zeichen eines näherkommenden tausendjährigen Reiches in Jerusalem sein. Sie schrieb Kardinal van Rossum überdies, dass er aktiv den Antisemitismus innerhalb der katholischen Welt bekämpfen solle und dass es gut wäre, wenn die Kirche das Gebet „für die treulosen (‚perfiden') Juden" in der Karfreitagsliturgie abschaffen würde. Das ist unseres Wissens das erste Mal, dass auf vatikanischer Ebene das Gebet Pro perfidis Judaeis zur Diskussion gestellt wurde. Bekanntlich ist diese antijüdische Fürbitte, bei welcher nicht gekniet wird, von Papst Johannes XXIII. persönlich aus der Liturgie entfernt worden, allerdings erst im Jahr 1959! Franziska van Leer war in diesem Punkt dem katholischen Aggiornamento 34 Jahre voraus. Van Rossum ging übrigens nicht darauf ein. Die „chaloetsim"-Pioniere in Beth Alfa verlangten, dass sie den Kibbuz in Palästina verlasse, als sie dahinterkamen, dass Franziska im Auftrag des Vatikans Mission betrieb. Franziska van Leer flüchtete aus Palästina und kehrte nach einigen Umwegen nach Rom zurück, wo sie ihre Bande mit Laetus Himmelreich wiederherstellte.[9]

Durch sie lernte Himmelreich einen außergewöhnlichen Mann kennen, einen Pater vom Kreuzherren-Orden, der sich auch aktiv für das „Israelwerk" einsetzen wollte. Dieser Kreuzherr war Anton van Asseldonk (1892–1973). Im Dezember 1920 wurde er mit Unterstützung seines Freundes Kardinal van Rossum zum Generalprokurator der Kreuzherren in Rom ernannt.[10] Die drei bildeten zusammen eine aktive Arbeitsgruppe, die sich zum Ziel setzte, innerhalb der katholischen Kirche die „Liebe zu den Juden und zum Judentum" zu vermehren. Am 24. Februar 1926 errichteten sie die Bewegung Amici Israel. Diese war als Priestervereinigung (opus sacerdotale amicorum Israel) zum Gebet, zur Liebe zu Israel und zur Bekehrung Israels gedacht.[11] Am Ende des ersten Jahres waren schon 18 Kardinäle, 200 (Erz-)Bischöfe und ca. 2000 Priester Mitglieder.[12] Laetus Himmelreich wurde Vorstandsmitglied, van Asseldonk Sekretär und Franziska van Leer war für Öffentlichkeitsarbeit zuständig. Zwei Jahre später jedoch hob Papst Pius XI. am Karfreitag, dem 6. April 1928, die Amici Israel auf.[13] Die Aufhebung erfolgte wie ein Donnerschlag aus heiterem Himmel. Eine nähere Untersuchung machte deutlich, dass drei Gründe eine Rolle spielten. Die Bewegung wolle den Papst „zwingen", das Gebet für die „perfiden Juden" zu entfernen; die Vereinigung solle Zweifel bezüglich der Notwendigkeit einer individuellen Bekehrung der Juden geäußert haben, da sie für eine „kollektive" Heimkehr der Juden zu Jesus als ihrem Messias plädierte.[14] Und außerdem waren in zunehmendem Maße Gerüchte in Rom in Umlauf gekommen über eine allzu intime Beziehung zwischen Franziska van Leer, Laetus Himmelreich und besonders Anton van Asseldonk.[15]

9 Poorthuis / Salemink, Katholieke kerk.
10 Ramaekers, Doctor Anton van Asseldonk O.S.; Rooijen, Dr. Anton van Asseldonk.
11 Neut, Jésus; Hall, Friends of Israel; Poorthuis / Salemink, Katholieke kerk.
12 Notizen van Asseldonk 21.01.1968, in: Archief Generalaat Kruisheren in Maaseik (AK), Inv. Nr. 098.3.8; Verslag „Status Operis" 1927, in: AK Inv. Nr. 098.3.4.
13 Acta Apostolicae Sedis XX (1928) 103f.
14 Himmelreich, In memoriam „Amici Israël", 1928, in: AMF, Inv. Nr. 62.
15 Bericht des Ordensgenerals der Kreuzherrn, Hollmann, an Kardinal W. van Rossum, 28.10.1926, in: AK, Inv. Nr. 0011.1.265; Brief von Van Asseldonk an den Ordensgeneral, 02.12.1927, und Brief des Ordensgenerals an Van Asseldonk, 13.04.1928, in: AK, Inv. Nr. 0011.1.12 und 26.

Die drei Hauptbeteiligten unterwarfen sich zunächst dem vatikanischen Beschluss, dann aber reisten Franziska van Leer und Anton van Asseldonk im Geheimen nach Haifa, da sie meinten, einer „besonderen Berufung" für Israel folgen zu müssen, notfalls außerhalb der offiziellen kirchlichen Behörden. Sie wollten die Basis für einen katholischen Kibbuz in Palästina legen. Laetus Himmelreich, Beichtvater von Anton van Asseldonk, unterstützte diese Initiative und wollte selbst für diesen Plan in Haifa mit einer persönlichen Audienz bei Pius XI. eine Lanze brechen. Als Kardinal van Rossum und der General der Kreuzherren, Wilhelm van Dinter, gemeinsam Anton van Asseldonk zwangen, sich dem klösterlichen Gehorsam zu unterwerfen, erkannte auch Laetus Himmelreich, dass er einen falschen Ratschlag gegeben hatte, und unterwarf sich ebenso. Franziska van Leer reiste vorzeitig aus Palästina ab und suchte in München Schutz bei dem ihr befreundeten Kardinal Faulhaber, der einer der ersten Mitglieder der Amici Israel war. Van Asseldonk kehrte in die Niederlande zurück und wurde kurz danach nach Niederländisch-Indien (heute Indonesien) „wegbefördert". Himmelreich blieb in Rom zurück.

3. Himmelreich und der Chiliasmus

Um seine eigene seelische Verwirrung nach dem Drama rund um die Amici Israel zu bannen, begann Himmelreich Ende 1928 in Rom eine ausführliche Studie zu den biblischen „Nachweisen" für die Rolle der Juden im Kommen des Gottesreiches; er schrieb darin über „Das Reich Israels". Nach und nach hatte er das Gefühl, einem bedeutsamen Geheimnis auf der Spur zu sein. Franziska van Leer in München nannte es ein wunderbares Buch. Wenn das Buch ein Imprimatur bekomme, sagte sie, würde das eine „Revolution" in der katholischen Kirche zustandebringen.[16] Während des Sommers 1929 arbeitete Himmelreich weiter an seinem Text.[17]

---

16 Brief an Maria Martha Baruch-Saladin, 10.04.1929, in: Particulier Archief A. Munnichs in Nijmegen (AAM), Dossier Maria Martha Baruch-Saladin.

17 Brief Himmelreich an Cas Groothuizen, 01.10.1929, in: Archief Paters Benedictijnen in der Sint-Andriesabtei in Brügge/Belgien (AB), Dossier Groothuizen. Im Archief Cas Groothuizen fanden wir eine Durchschrift dieses niederländischen Manuskriptes wieder. Die einleitenden Seiten sind in Latein verfasst. Der Text selbst ist undatiert. In einem Brief an Cas Groothuizen vom 28.12.1928 (AB, Dossier Groothuizen) sprach

Im Archiv eines Neffen von Himmelreich, des Franziskanerpaters Wulstan (Cas Groothuizen), der unter dem Einfluss von Franziska van Leer ins Kloster ging, fanden wir das obengenannte Manuskript aus dem Jahr 1929 wieder. Himmelreich ging darin ausführlich auf das Kommen eines „Endreiches“ und die Rolle der Juden ein. Die Ausführungen sind stark chiliastisch gefärbt. Im Zentrum des Textes von Himmelreich steht die These, dass es zwischen der ersten Ankunft Christi und seiner Wiederkunft am Ende der Zeiten noch eine Zwischenzeit Jesu Christi geben wird, direkt vor dem Jüngsten Gericht. Dieses zweite Kommen läute den Beginn eines „Reiches Gottes“ auf Erden ein, eines Reiches des Friedens und der Gerechtigkeit, wovon die Propheten und das Neue Testament sprechen. Mit einer reichen Auswahl an Schriftstellen versuchte Himmelreich zu beweisen, dass das „Zwischenreich“ von Christus prophezeit worden ist. Er stellte dieses „Zwischenreich“ in ein Schema von sechs historischen Perioden: 1. das Reich der Meder und Perser; 2. das Griechisch-Mazedonische Reich; 3. das Römische Reich; 4. die europäische Geschichte nach dem Fall des Römischen Reiches; 5. die Wiederkunft Christi und das Reich Gottes auf Erden; 6. das Ende der Zeiten. Über das Zwischenreich (fünfte Periode) schrieb er:

> „Denn das vollendete Gottesreich auf Erden wird niemals erwartet werden können, außer wenn Jesus selbst durch sein Kommen eingreifen wird. Eine Ankunft, die zu unterscheiden ist von Seinem Kommen beim Jüngsten Gericht, eine Ankunft nicht zur Vernichtung der Erde, sondern zur Vollendung. […] Eine Ankunft, gänzlich unterschieden von Seinem

---

Himmelreich bereits über diesen niederländischen Text, er erzählte auch, dass er mit einer deutschen Übersetzung mit wissenschaftlichen Fußnoten beschäftigt sei. Er hoffte, den Text noch zu publizieren. Wir haben auch diese deutsche Version mit Fußnoten(apparat) wiedergefunden in: AMF, Dossier Himmelreich, Inv. Nr. 62, mit dem Titel: „Das Reich des Christus-König und die Bedeutung der Juden darin“. Dieses Manuskript hatte Himmelreich nach dem Zweiten Weltkrieg 1949 den Bibelwissenschaftlern Pater Crispinus Smits OFM und Pater Crescentius van den Borne OFM als Dissertation zur Beurteilung angeboten. Beide gaben ein negatives Urteil. Über die weiteren Hintergründe tappen wir im Dunklen. Dieser Text scheint gemäß Vergleich nahezu denselben Inhalt zu haben wie das oben genannte niederländische Manuskript über die Endzeit aus 1928. Daneben befindet sich im Archiv von Cas Groothuizen ein kürzerer, ebenso undatierter deutscher Text „Die Wiederherstellung des Reiches Israël“. Auch hier gibt es keine inhaltlichen Unterschiede. AB, Dossier Groothuizen.

> Kommen, um durch das Jüngste Gericht die Zeit und das Leben hier auf der Erde zu beenden.“[18]

Vor dieser zweiten Ankunft Christi und dem Beginn eines tausendjährigen Gottesreiches auf Erden würden zwei Dinge geschehen, meinte Himmelreich. Zuerst müsse das Evangelium bis an die äußersten Enden der Erde verkündet worden sein. Himmelreich war überzeugt, dass in dieser Phase der Geschichte dies die katholische Mission realisiert habe. Nicht alle „Heiden“ (er sprach von gojim) müssten bekehrt sein, aber sie sollten das Evangelium schon empfangen haben. Die zweite Voraussetzung sei die „Wiederherstellung von Israel“. Himmelreich war der Ansicht, dass in seinen Tagen folgende Anzeichen vorhanden seien: 1. Immer mehr einzelne Juden bekehren sich zum Christentum; 2. Durch das Werk der Zionisten in den Kibbuzim werde die Wüste Palästinas wieder zu einem biblischen „Land von Milch und Honig“ umgeformt; 3. Die physische Rückkehr der Juden nach Jerusalem ist ein Zeichen der zweiten Ankunft, weil vorhergesagt wurde, dass beim zweiten Kommen Christi, so Himmelreich, Jerusalem wieder die „Heilige Stadt Israels“ sein werde.

In dieser Theologie Himmelreichs aus den Jahren 1928/29 wird der Rückkehr der Juden nach Palästina, der Arbeit in den Kibbuzim, der politischen Bewegung des Zionismus und der Bekehrung der Juden eine heilsgeschichtliche Bedeutung gegeben. Das seien Zeichen des Kommens des Reiches Gottes auf Erden, als ein Reich des Friedens und der Gerechtigkeit. Diese Vision war damals in der ganzen katholischen Welt bestimmt ungewohnt. Das Judentum war für Pater Laetus nicht länger ein religiöses Fossil aus der Vergangenheit. Das „Handeln und Wandeln“ des Judentums im Heute sei von heilsgeschichtlicher Bedeutung. Außerdem sei die „Bekehrung der Juden“ eine persönliche Aufgabe des wiederkehrenden Christus und nicht der Kirche in dieser vorangehenden Zeit. Deshalb habe die katholische Kirche auch nie eine allgemeine Judenmission betrieben, dachte er, und das müsse sie auch in Zukunft nicht tun. Das Werk der Bekehrung harre auf den Einsatz Christi selbst bei seinem zweiten Kommen. Himmelreich stellte damit die Notwendigkeit einer indivi-

---

18 Himmelreich, Manuskript über das Gottesreich und das Wiederkommen Christi 1929 im Niederländischen, in: AB, Dossier Groothuizen, 37–39.

duellen Bekehrung in Frage. Innerhalb der Amici Israel hatte er auch bereits über eine kollektive Rückkehr der Juden als Volk gesprochen. Diese kollektive Bekehrung stand bei ihm in einer chiliastischen Perspektive. Mit dieser chiliastischen Vision brach Himmelreich mit einer langen katholischen Tradition, in der dem aktuellen Judentum keine theologische Bedeutung zukam. Zugleich aber war bei Himmelreich von einem wirklichen Dialog mit dem gegenwärtigen Judentum auch noch keine Rede.

4. Himmelreich in den 1930er Jahren

Himmelreich forschte in den dreißiger Jahren beständig über diese Weltsicht. Der Aufstieg Hitlers und später die Drohung eines Krieges verstärkten seine chiliastische Ungeduld. Nach dem Tod des Generalministers Bernardus Klumper im Jahr 1931 bekam er eine neue Stelle in Quaracchi (einem Außenbezirk von Florenz), wo er als Bibliothekar am Kolleg San Bonaventura arbeitete. Er beschäftigte sich in dieser Zeit mit der Zahlensymbolik im Buch der Offenbarung des Johannes und las chiliastische Autoren. Am 20. März 1933 schrieb er seinem Neffen Cas Groothuizen, dass er „in hoher Erwartung ist, was die Weltgeschichte bringen wird. Ob die Judenverfolgung in Deutschland nun wirklich das Ende von Israels Leiden werden wird?“ Himmelreich meinte jene Judenverfolgung, die die Nazis im April 1933 begonnen hatten.

Im August 1934 kehrte Himmelreich in die Niederlande zurück und wurde Deutschlehrer am „Serafinischen Missionskolleg“ zu Katwijk am Rhein, das ebenso Knabenseminar war. In diesen Jahren begann er auch die Bibelübersetzung, die vom Verlag Teulings in Herzogenbusch initiiert worden war. Die erste und auch letzte Lieferung von „De Katholieke Bijbel. De heilige boeken van het Oude en Nieuwe Verbond“ erschien 1935, wobei der ursprüngliche Text zusammen mit dem Bibelwissenschaftler Pater Crispinus Smits OFM übersetzt wurde.[19] Letzterer versuchte die allzu chiliastische Übersetzung zu korrigieren. 1938 wurde Himmelreich zum Assistenten am Antonius-Kirchenrektorat, auch Rektorat „De Vranck“ genannt, in Heerlerheide (Provinz Limburg) berufen. Dieses Rektorat war, nach dem Neubau einer Kirche, 1929 von dem 1909

19 Himmelreich / Smits, De Katholieke Bijbel.

gegründeten Rektorat für Bergarbeiter am Sittarderweg in Heerlen abgetrennt worden. Himmelreich erfüllte dort die üblichen pastoralen Aufgaben.

In den Niederlanden hatte er wieder gelegentlich Kontakt mit Franziska van Leer, die 1935 vor den Nazis mit Gatten und Kind aus Deutschland geflüchtet war und in Haarlem wohnte. Direkt vor Weihnachten 1938 schrieb Laetus Himmelreich an sie:

> „Das [wissenschaftliche] Arbeiten und Studieren ist eine Art Opium, das mich ein wenig betäubt, und das Maranatha-Verlangen wächst dadurch nicht zu einer Katastrophe heran. Die Welt sinkt stets tiefer in den Unglauben, aber Gott ist wie eine Hausfrau, die die Milch erst vom Herd nimmt, wenn sie überzugehen droht."

Sie antwortete: „Lasst uns brennen, damit die Milch schneller übergeht." Himmelreich antwortete: „Lebend in brennendem Verlangen will ich Gebet sein." Ihr Kommentar: „Ja, so muss es sein. Sonst vergehn wir!" Am 3. Januar 1939 schrieb sie an Pater Cas Groothuizen, mit dem sie in diesen Jahren eine regelmäßige Korrespondenz führte, dass Laetus bei ihr auf Besuch war. Am 26. April 1939 teilte sie mit, dass sie bereits dreimal einen Brief an Laetus geschrieben, aber jetzt erst nach Monaten Antwort bekommen hatte. Laetus war durchdrungen vom Ende der Zeiten, formulierte sie, und zitierte ihn: „Der Lauf der Welt ist so atemberaubend, dass man kaum zur Ruhe kommt. Jeden Augenblick scheint das apokalyptische Chaos auf Erden hernieder zu stürzen, woraus schließlich der endgültige Friede erblühen soll."[20] Bis zu seinem Tod wird Laetus Himmelreich an diesem chiliastischen Blick festhalten. Franziska van Leer hingegen wird im Zweiten Weltkrieg und besonders nach 1945 in der Zeit, als der Staat Israel entstand (1948), von diesem übernatürlichen Chiliasmus Abstand nehmen. Sie entwickelte dann mehr eine innerweltliche messianische Theologie, die von einem „Reich Gottes auf Erden" sprach. Dieses Reich Gottes würde innerhalb der Geschichte durch Werke der Gerechtigkeit, nicht durch ein apokalyptisches Hereinbrechen von außen her erreicht. Sie sah im Staat Israel ein Zeichen so eines heranwachsenden Reiches der Gerechtigkeit nach der Shoah.

---

20 Die oben genannte Korrespondenz befindet sich in AB, Dossier Groothuizen.

5. Dachau[21]

Laetus Himmelreich war zu Kriegsbeginn noch immer am Antonius-Rektorat der Franziskanerpatres in Heerlerheide verpflichtet. Am 29. Juni 1942, einen Monat, bevor in allen katholischen Kirchen und Kapellen der öffentliche Protest von Erzbischof De Jong im Namen des niederländischen Episkopates gegen die Judendeportation verlesen wurde, wurde Laetus Himmelreich verhaftet. Seine Mitbrüder berichteten von dessen Verhaftung in Briefen an Pater Prudentius van Leusden, der von 1937 bis 1946 Provinzialminister der Minderbüder war. Ein niederländischer Kriminalbeamter verhaftete ihn auf Befehl der SS. Der Beamte war selbst fassungslos, kannte keinen vernünftigen Grund für die Verhaftung und kehrte abends noch einmal in das Kloster zurück, um zu berichten. Demnach war Himmelreich nicht beeindruckt, er „betrachtete es als eine nette Hänselei“. Zuerst dachten seine Mitbrüder an einen Irrtum und gaben die Angelegenheit noch nicht bekannt. Sie versuchten den Direktor des Gefängnisses in Maastricht, wo er hingebracht wurde, zu sprechen, um den Anklagegrund in Erfahrung zu bringen. Ein Neffe von Himmelreich, Jacob Willebrands, erzählte später, dass Himmelreich in dieser Zeit öffentlich gegen die deutsche Besatzungsmacht predigte und von seiner „Liebe zu den Juden“ Zeugnis gab. Jemand, der unter den Zuhörern in der Kirche saß, hätte ihn bei den Deutschen angezeigt.[22]

Franziska van Leer hat in ihrem Roman „Mijn volk roept“ (1955) aufgrund der Gespräche mit Himmelreich nach dem Zweiten Weltkrieg dessen Gefangennahme und Deportation nach Dachau dargestellt. Sie erzählt von seinem Aufenthalt im Lager Amersfoort. Darin fragt Josef, ein jüdischer Mitgefangener, Himmelreich, ob er verraten wurde. „Ich denke schon“, antwortet Himmelreich, „ich habe kurz vor meiner Verhaftung einmal gesagt (es muss in dieser Gruppe ein N.S.B.-Mitglied [die National-Sozialistische Bewegung in den Niederlanden] oder ein derartiger Typ gewesen sein), dass Hitler selbst ein Jude war.“ „Erschrakst du, als die Deutschen dich holen kamen”, fragt Josef. „Ach, ich musste natürlich damit rechnen. Sie hatten mich schon oft gewarnt, dass ich meine Abkehr

---

21 Die Quellen in Bezug auf Himmelreich im Krieg befinden sich in AMF, Inv.Nr. 61 (1A) und 62; sowie in AB, Dossier Groothuizen.

22 Interview mit Jacob Willebrands, 28.09.1998.

vom Nazitum und meine Liebe zu den Juden nicht so öffentlich zeigen soll. Aber ja, wovon das Herz voll ist, läuft der Mund über.“[23]

In der erhalten gebliebenen Korrespondenz seiner Mitbrüder mit dem Provinzialat ist dieses Motiv für Himmelreichs Deportation nicht bekannt. Eher war man bestürzt. Bezüglich des Motivs tappte man im Dunkeln. Es wurden Versuche unternommen, um Himmelreich aus dem Gefängnis von Maastricht, wo er sich bis zum 15. August befand, und später aus dem Lager Amersfoort, wo er zwischen 15. August und 20. September festgehalten wurde, frei zu bekommen. Das hatte keinen Erfolg. Vom 21. September bis zum 30. September war er im Gefängnis in Oberhausen. Am 3. Oktober 1942 kam er in Dachau an, wo er bis zum 25. Mai 1945 blieb. Himmelreich befand sich im Block 15/1. Später, auf jeden Fall 1944, war er im Block 26/4 inhaftiert. Der Umstand, dass er deutsche Vorfahren hatte, war an der Stationierung in diesem Block verantwortlich. Block 26 war nämlich für deutsche Geistliche oder für als „Volksdeutsche“ bezeichnete Häftlinge bestimmt. Die nichtdeutschen Priester, namentlich die Polen, aber auch z. B. der niederländische Karmelit Titus Brandsma, verblieben im Block 28 und 30. Block 26 hatte, auch aufgrund einer Intervention durch den Vatikan, eine relativ „günstige“ Behandlung durch die Aufseher. Es war dort eine separate Kapelle eingerichtet, wo die Messe gefeiert wurde.[24] In den anderen Priesterbaracken herrschte jedoch ein furchtbares Regime. Aber Himmelreichs Weg führte auch nicht über Rosen. Weil er am Bein verwundet war, führten die Deutschen einige medizinische Experimente an ihm durch. Medizinische Experimente waren in Dachau üblich. Himmelreich befand sich regelmäßig im Krankenblock. Seine Briefe enthalten, manchmal in Codeform, Informationen für die Familienangehörigen. Jedes Mal grüßte er in seinem Brief auch Franziska van Leer in Haarlem. Die Briefe klangen optimistisch, aber die Empfänger waren sich im Klaren, dass er nicht offen schreiben konnte. Am 22. Januar 1944 schrieb er, dass es mit seinem Fuß ganz leidlich gut gehe und dass er auf einen „gerechten Frieden“ hoffe. Am 5. März 1944 sprach er, wie am Beginn dieses Artikels dargestellt, über das fröhliche

23 Leer, Mijn volk roept, 152. Diesen Roman gab Himmelreich nach dem Tod von Franziska van Leer heraus.

24 Ramaekers, Martelaren van's-Heerenberg.

Himmelreich (Himmelreich selbst), das über die ganze Welt marschieren wird. An dieser Stelle betonte Himmelreich seine chiliastische Perspektive. Zugleich schilderte er in kodierter Form seiner Familie, wie es ihm gehe: Nun marschiert der fröhliche Himmelreich noch nicht, mit anderen Worten: Er konnte noch nicht gut gehen. Am 19. November 1944 schrieb er einen Brief an den deutschen Provinzialminister Johannes Stöcker in München, den er von früher kannte, und bat ihn, auch Kardinal Michael Faulhaber, den er aus München und auch Rom gut kannte, Grüße aus Dachau zu übermitteln. In einem Brief vom 30. Dezember 1944 an denselben Provinzial – Laetus fühlte sich wieder in Einheit mit den Franziskanern in München, da sich das Lager Dachau in dieser Region befand – sprach er offen über die Erfüllung der Prophezeiung von Jeremia und dass in Palästina „herrliche Tage" anbrechen würden und die Prophezeiung „verwirklicht" werden würde.

6. Befreiung

Am Sonntag, dem 29. April 1945, befreiten die Amerikaner Dachau. Himmelreich überlebte das Lager und kehrte am 25. Mai 1945 in die Niederlande zurück. Am 13. Juni brachte der Provinzialminister der Franziskaner, Pater Prudentius van Leusden, alle Mitbrüder über die Rückkehr Himmelreichs aus den Lagern auf den neuesten Stand. Er hatte noch eine Wunde am Bein, schrieb er, aber ansonsten sei Himmelreich an Körper und Geist gesund. Über die Folgeerscheinungen eines Lagersyndroms und die Notwendigkeit einer guten psychologischen Betreuung hatte man damals noch nichts gehört.[25]

Aus dem Lager hatte Himmelreich ein starkes Verlangen behalten, nach Palästina zu gehen und dort die katholische Kirche und die Juden zu versöhnen. Bald nach seiner Rückkehr, wahrscheinlich im Juli 1945, besuchte er seinen jüngeren Neffen Jacob Willebrands, Trappist seit 1936, in der Abtei Zundert (Provinz Nord-Brabant). Das war damals eine große Abtei mit fast achtzig Bewohnern. Himmelreich hatte bereits früher, um das Jahr 1938, in Zundert für die Trappisten eine Konferenz veranstaltet, erinnert sich sein Neffe Jahre später (1998), als er selbst das Alter von

---

25 Mitteilung an alle Provinzmitglieder, in: ANM, Inv. Nr. 390.

achtzig Jahren erreichte.[26] Himmelreich hatte in jenen Jahren schon gemeint, dass „in unseren Tagen“ mit Israel etwas geschehen würde: die Vorstellung vom Kommen eines tausendjährigen Reiches, wie sie im Vorkriegs-Manuskript Himmelreichs skizziert worden war. Der Abt von Zundert fand, dass Himmelreich übertrieb, dass er ein zu sehr Getriebener war. Der junge Neffe Jacob Willebrands war jedoch damals ebenso ergriffen.

Kurz nach dem Zweiten Weltkrieg kam Himmelreich im Juli 1945 neuerlich nach Zundert. Die Kommunität bat ihn, als Überlebender von Dachau zwei Vorträge zu halten. Er erzählte über Dachau. Bezugnehmend auf Psalm 117 meinte er: Israel wird eine ganz neue Rolle spielen. Er selbst war als Invalide aus dem Lager zurückgekehrt, wolle aber als alter Mann nach Palästina gehen, um dort zu sterben. Jacob, der junge Trappist, erkannte, dass Himmelreich zu alt und zu invalide war, um das zu tun. Es entstand in ihm selbst das Verlangen, an dessen Stelle zu gehen. Zu dieser Zeit diskutierten die Trappisten, irgendwo in der Welt ein neues Kloster zu eröffnen. Die meisten wollten in ein Missionsland. Jacob Willebrands wusste, dass sie eigentlich nach Palästina gehen sollten. Er sprach sich gegen ein großes Kloster mit wirtschaftlicher Aktivität aus. Der Abt und die anderen Trappisten waren anderer Meinung. Damals war die katholische Theologie noch stark antijüdisch und antizionistisch. Die Idee, ein Trappistenkloster in Palästina aufzubauen, fand keine Zustimmung. Jacob Willebrands war jedoch anderer Meinung. Jacob kontaktierte uns, als er hörte, dass wir über Franziska van Leer und in diesem Zusammenhang auch über Laetus Himmelreich forschten. Er erzählte mehr als fünfzig Jahre später, dass diese zwei Vorträge seines Onkels Himmelreich – groß dimensioniert, aber kindlich-einfach und von der chiliastischen Vision von der Rolle Israels „in den letzten Tagen“ besessen – sein Leben verändert hätten. Von diesem Moment an wusste Jacob, dass er nach Israel wollte. Trotz aller Verzögerungen geschah dies dann auch 1961. 1967 gründete er mit drei anderen Mönchen ein ganz kleines melkitisches Kloster in Galiläa, auf dem Berg Nefota bei Deir Hanna. Er beschrieb die Anfangssituation mit folgenden Worten:

26 Interview mit Jacob Willebrands vom 28.09.1998. Dieser Jacob Willebrands ist selbst wieder ein Cousin von Johannes Kardinal Willebrands.

> „Der Ort war wunderbar, aber es gab nichts: keinen Zugangsweg, keinen bebauten Grund, kein Wasser, kein Haus. Zwei Traktoren hatten größte Mühe, um unser Inventar entlang eines schmalen Pfades hinauf zu bekommen. Es war Hochsommer, und das halbe Dorf kam hinauf, um das ‚Kloster' zu sehen. Sie fanden nur drei Mönche in einem Zelt."[27]

Und so begann das Kloster Lavra Nefota. Jacob Willebrands nannte seinen Onkel einen Pionier hinsichtlich eines ganz neuen Verhältnisses zwischen Judentum und Christentum, einzigartig und unverstanden zu seiner Zeit. Der strikte chiliastische Aspekt von Himmelreichs Theologie hatte sich allerdings weder in dem nach dem Zweiten Weltkrieg knospenden Dialog zwischen Katholiken und Juden noch beim jungen Neffen Jacob Willebrands durchgesetzt. Dieser sprach eher über die Wichtigkeit, als Christen Zeugen beim Wiederaufbau des Judentums und des Landes Israel zu sein. Außerdem erkannte er schon früh, dass gute Beziehungen mit palästinensischen Christen und die Anerkennung des palästinensischen Problems als solches einfach eine Sache der Ehrlichkeit seien. Der Dialog war für Jacob Willebrands charakteristisch für das Verhältnis seiner Kommunität mit den Juden und Palästinensern. Die Stille der Kontemplation übersteige die Grenzen von Religion und Politik.

Himmelreich gab nach seiner Rückkehr aus Dachau seinen Traum nicht auf. Die neuerliche Begegnung mit Franziska van Leer nach dem Zweiten Weltkrieg bestärkte sein Verlangen, nach Palästina zu gehen.[28] Franziska van Leer wohnte seit Anfang 1946 in Maastricht und erwartete das Urteil des Kirchengerichtes in Haarlem über ihren Scheidungsantrag. Es entstand ein häufiger Kontakt. Am 7. Mai 1946 beschloss Himmelreich auf Drängen von Franziska van Leer, ein offizielles Gesuch beim Provinzialat in Weert vorzulegen, um nach Palästina abreisen zu dürfen. Sie sahen einander in diesen Tagen häufig. Am 18. Mai schrieb Himmelreich, dass sein Ordensoberer seinem Plan zustimmte und dass er jetzt den Generalminister in Rom um Erlaubnis gebeten habe. Er war voll guten Mutes. Seine Gesundheit besserte sich, die Ärzte ließen zu, dass er

---

27 Willebrands, Lavra Netofa, 7.

28 Quelle für die Beziehung von Himmelreich zu Franziska van Leer 1946–1953 ist das persönliche Archiv von Franziska van Leer, besonders die Briefe aus dieser Periode, in: AAM, Dossier Brieven 1946–1953. Nachfolgende Analyse basiert auf diesem Dossier.

seine Stützstrümpfe für seine in Dachau misshandelten Beine ausziehen könne, schrieb er am 7. Juli 1946 an Franziska van Leer. Franziska selbst erwartete aber, dass Himmelreich aufgrund der politischen und militärischen Probleme in Palästina momentan nicht kurzfristig dorthin reisen konnte. Am 2. September 1946 schrieb Himmelreich seinem Neffen Cas Groothuizen, dass der Herr ihn baldigst nach „Eretz Israel" rufen werde, um dort „Pax super Israel" zu bringen. Und dann würde auch der Tod überwunden sein. Dann werde ich, sagte er, meinen eigenen Namen wahrmachen, „Himmelreich" auf Erden zu sein: „Laetum Regnum caelorum in terra." „Übrigens", notierte er, „mein Bein ist wieder gesund." Er meinte, dass „die reiche jüdische Dame in Banneux", also die Gottesmutter Maria, seinen Fuß geheilt hätte.[29]

Himmelreich bekam die Erlaubnis aus Rom. Am 11. November 1946 kam er nach Weert, um sich von Appolinaris van Leeuwen, der von 1946 bis 1952 Provinzialminister war, zu verabschieden. Dieser berichtete von dem Ereignis in seinem Tagebuch:

> „Laetus Himmelreich kam, um sich zu verabschieden, um nach wenigen Ferienwochen ins Heilige Land zu reisen. Er erhielt dafür vom Ordensgeneral die Erlaubnis."

Alles schien unter Dach und Fach zu sein. Aber der Provinzial war ein vorsichtiger Mann. Er fragte nach und entdeckte, dass Himmelreich den General um Erlaubnis für einen „Aufenthalt wegen Bibelstudien" gebeten hatte. Der Provinzial vermutete, dass Himmelreich nicht mit offenen Karten gespielt hatte. Er wusste, dass sich Himmelreich fest in Palästina niederlassen wollte, während Rom dachte, dass es sich um eine kurze Studienperiode handle. Der Provinzial erteilte die Erlaubnis, vorausgesetzt, dass Himmelreich neuerlich in Rom um Erlaubnis ansuche, aber nun „für einen längeren Aufenthalt und für die Arbeit unter den Juden". Er fürchtete außerdem, dass die politische Unruhe in Palästina einen Strich durch die Rechnung machen könnte. Ein paar Wochen später notierte er am Rand zu dieser Passage, dass Himmelreich aufgrund der politischen Unruhen tatsächlich kein Visum bekommen könne. Am 16. Dezember schrieb er: „Laetus kann nicht viel tun. Er hoffte auf das Hl. Land. Er hat an den General geschrieben". Danach blieb es ein paar Monate ruhig. Der

---

29 Die Briefe an Cas Groothuizen befinden sich in: AB, Dossier Groothuizen.

General in Rom antwortete nicht auf die Bitte um einen permanenten Aufenthalt von Himmelreich in Palästina. Am 5. März 1947 besprach der niederländische Provinzial während seines Besuches in Rom die Pläne mit der Ordensleitung. Die Antwort war deutlich: „P. Laetus verständigen, dass die Ordensleitung gegen seine Abreise in das Hl. Land ist. Er wird keine Erlaubnis bekommen. Jetzt nicht und auch später nicht."[30] Rom hatte offensichtlich die Ärgernisse rund um die Amici Israel im Jahr 1928 nicht vergessen. Kirchenpolitisch betrachtet war die Zeit für eine positive Sicht des Judentums im Sinne Himmelreichs nicht reif.

Franziska van Leer ließ es nicht darauf beruhen. Sie war inzwischen auf Anordnung des Kirchengerichtes zu ihrem Ehemann Hans Vornehm in Amsterdam zurückgekehrt und hatte definitiv den Plan, nach Israel zu gehen, fallen lassen müssen. Sie hoffte nun, dass Männer wie Pater Himmelreich, Pater van Asseldonk und ihr geistlicher Freund Tinus Wijnhoven ihrem alten Traum einer katholischen Präsenz in Israel Gestalt geben würden. Sie hoffte auf einen Dialog mit dem Judentum und sogar auf eine katholische Unterstützung für den Zionismus. 1951 brachte sie Himmelreich so weit, dass dieser neuerlich ein Gesuch bei seinem Orden einreichte, um nach Israel gehen zu können. Am 10. August 1951 schrieb Himmelreich an Franziska, dass der Orden neuerlich beschlossen habe, ihn nicht nach Israel gehen zu lassen. Himmelreich war sehr verwirrt durch diesen Beschluss, konstatierte Franziska van Leer.[31] Inzwischen machten sich das Alter und insbesondere die Kriegszeit beim Franziskaner bemerkbar. So endete der Weg von Dachau nach Jerusalem in Alverna (Wijchen), wohin Himmelreich am 19. Mai 1950 versetzt wurde.

Drei Jahre später (1953) nahm er am Begräbnis von Franziska van Leer teil. Er weinte intensiv, erinnerte sich Franziskas Tochter Maria später.[32] Auf ihrem Sterbebett hatte er ihr seinen „Dachau-Segen" zugesandt. Im selben Jahr war er an der niederländischen Übersetzung des Buches „L'Église des Apôtres et des martyrs" von Daniel-Rops beteiligt.[33] Am Ende seines Lebens litt er an Parkinson. Er ging die letzten Jahre gebeugt

30 Tagebuch P. Appolinaris van Leeuwen, in: ANM, Inv. Nr. 390 und 391.
31 Brief Franziska van Leer an Tinus Wijnhoven, 10.08.1951, in: AAM, Dossier Brieven.
32 Interview 1997.
33 Daniel-Rops, De kerk der apostelen en martelaren.

und erzählte seinen Besuchern in Alverna: „Mein Name ist Laetus, aber ich bin nicht froh.“[34] Nach seiner Rückkehr aus Dachau und dem Misslingen seines Planes, nach Israel zu gehen, litt Himmelreich auch psychisch. Zeitgenossen berichten, dass er zunehmend verwirrt wurde. Am 27. April 1957 starb Himmelreich, achtzig Jahre alt. Auf seinem Gedenkbild steht:

> „Eine kindliche Einfachheit ging in diesem hochbegabten, höchst verdienstvollen Mitbruder mit männlicher Stärke und Mut einher. Letzteres hat er besonders in den harten und mühsamen Jahren gezeigt, die er während des Zweiten Weltkriegs im berüchtigten Konzentrationslager Dachau durchmachen musste. Als Opfer seiner bekannten Liebe zu Juden machte er auch das Wort des Apostels zu seiner eigenen Sache: ‚wegen der Erwartung Israels trage ich diese Fesseln‘.“[35]

Himmelreich hat die katholische Kursänderung gegenüber Juden und dem Judentum, die während des Zweiten Vatikanischen Konzils geschah, nicht mehr erlebt. Er war seiner Zeit, was das betrifft, zu weit voraus.

7. Schlussbemerkungen

Himmelreich wich vom gängigen katholischen Schema seiner Zeit ab, was den Blick auf das Judentum und die Juden betraf. Er bekämpfte den sozialen und politischen Antisemitismus im katholischen Milieu, plädierte für eine „Reinigung“ der Liturgie, rüttelte an der vorherrschenden Substitutionstheologie und stellte die Notwendigkeit einer individuellen Bekehrung der Juden in Frage. Er entwarf eine chiliastische Theologie, in der dem heutigen Judentum und dem Zionismus eine heilsgeschichtliche Funktion zugedacht wird. Besonders die politische Rückkehr der Juden nach Palästina war in seinen Augen ein Zeichen und die Voraussetzung für die Wiederkunft Christi zur Zeit eines tausendjährigen Reichs, das dem Jüngsten Gericht vorangeht.

Der Chiliasmus Laetus Himmelreichs ist innerhalb der katholischen Theologie eine Seltenheit geblieben. Der Protestantismus in den Niederlanden kannte und kennt eine starke chiliastische Linie unter Einfluss des „Reveils“ (Strömung innerhalb der Reformierten Kirche in den Niederlanden), aber dieser Chiliasmus ging häufig mit einer stark antikatholi-

---

34 Persönliche Auskunft des Franziskaners Theo Zweerman.
35 Gedenkbild Laetus Himmelreich [im Besitz der Autoren].

schen Tendenz einher.[36] Doch es wäre ungerecht, die Theologie Himmelreichs bloß als eine Privatmeinung abzutun. Freilich ist der Chiliasmus innerhalb der katholischen Theologie eine Sackgasse geblieben, aber damit ist das Problem, das sich dahinter verbirgt, noch nicht gelöst. Die katholische Theologie aus den Tagen Himmelreichs, in der ersten Hälfte des 20. Jahrhunderts, sah im gegenwärtigen Judentum keine religiös relevante Gestalt. Die Kirche – so glaubte man – hat die Stelle des Judentums als Trägerin der Heilsverheißung übernommen. Wo es innerhalb der katholischen Theologie Wertschätzung für das Judentum gab, betraf das häufig die hebräische Bibel, die Erzväter, manchmal die Umwelt, in der Jesus heranwuchs, aber nie das Judentum nach Christus als lebendige Tradition bis zum heutigen Tag. Nun, der Chiliasmus behauptet, dass zumindest eine gewisse Anzahl biblischer Verheißungen, über die die Propheten sprechen, noch immer das heutige Judentum betrifft. Die Sammlung der Verbannten und die Rückkehr in das Land sind für den Chiliasmus biblische Verheißungen, die in der Vergangenheit noch nicht eingelöst worden sind. Damit wird die gegenwärtige Gestalt des Judentums von eminent religiöser Bedeutung! Das war der Einsatz Himmelreichs: die Überzeugung, dass das Judentum in der heutigen Form nicht passé ist und dass eine Kontinuität zwischen dem biblischen Israel, von dem die Propheten sprachen, und dem Judentum seiner Tage bestand. Genau diese Kontinuität wurde in der katholischen Theologie seiner Zeit geleugnet. Die Rückkehr des Judentums in das Land im 20. Jahrhundert und die Errichtung des Staates Israel waren höchstens neutrale politische Tatsachen, aber hatten für die katholische Theologie gar keine religiöse Bedeutung. Selbst der vatikanische Widerstand gegen den Zionismus kam durch die religiöse Überzeugung zustande, dass das Judentum eine nichtsesshafte Existenz erleiden müsse.

Selbst neue theologische Strömungen innerhalb des Katholizismus, die größere Offenheit gegenüber dem Judentum zeigten und vom christlichen Antijudaïsmus und von der Shoah betroffen waren, blieben eine Antwort schuldig auf die Frage nach der Bedeutung der Rückkehr der Juden in das

---

36 Vgl. Klinken, Opvattingen in de gereformeerde kerken. Für die Popularität dieses Motivs bei den Reformierten siehe auch Bastiaanse, De Jodenzending en de eerste decennia.

Land. Mit Recht wiesen katholische Theologen auf die Rechte der Palästinenser als Bewohner dieses Landes hin. Die katholische Theologie scheute sich bezüglich des Landes Israel – viel mehr als die protestantische Theologie – angesichts der Gefahr einer Sakralisierung von politischen Ansprüchen, einer „Geo-Theologie“, die leicht zum Götzendienst werden kann. Diese Scheu hat ihr gutes Recht. Zugleich ist hier die Rede von einem Dilemma. Auf diese Weise nämlich bleibt auch die progressivere katholische Theologie hinsichtlich des Judentums einer spiritualisierenden Tendenz verhaftet, die auch die ältere Theologie gekennzeichnet hat. Die Kontinuität des biblischen Israel im gegenwärtigen Judentum bleibt so unbestimmt. Das Judentum ist ja nicht ohne konkrete Existenz als Volk inklusive einem Land zu begreifen. Der Chiliasmus war ein Weg, um dieses Dilemma zu durchbrechen, ein Weg, dem man nicht selbst folgen musste, um dennoch dessen historische und theologische Bedeutung anzuerkennen. Himmelreich hat mit seinem Chiliasmus eine Frage auf die Agenda der katholischen Theologie gesetzt, die noch nicht beantwortet worden ist.

Ab dem Zweiten Vatikanischen Konzil hat sich die katholische Kirche um ein besseres Verhältnis zum Judentum bemüht sowohl durch jährliche Konferenzen mit jüdischen Organisationen wie durch eigene Erklärungen.[37] Immer blieb dabei die Bedeutung des Landes Israel die schwierigste Frage: Der Vatikan möchte diese als eine rein politische Angelegenheit betrachten, die nicht in einen religiösen Dialog hingehören soll, wogegen von jüdischer Seite auf die existenzielle Bedeutung des Staates Israel für das Judentum als Erfüllung einer religiösen Verheißung und als physische Garantie des Überlebens insistiert wird, eine Garantie, die die europäische Kultur nicht bieten hatte können. Die „Frage des Laetus Himmelreich“ wurde vom Vatikan erst 1985 aufgegriffen:

> „Die Christen sind dazu aufgefordert, diese religiöse Bindung zu verstehen, die in der biblischen Tradition tief verwurzelt ist. Sie sollten sich

37 Vgl. die Ausgabe des International Catholic-Jewish Liaison Committee unter dem Vorsitz von Johannes Kardinal Willebrands und Gerhart Riegner: Fifteen Years of Catholic-Jewish Dialogue, in der sich auch eine Geschichte des Dialoges zwischen dem Vatikan und dem Judentum befindet. Eine niederländische Übersetzung der bedeutendsten Dokumente findet sich in Poorthuis, Vaticaan en jodendom. Siehe auch den Beitrag über Kardinal Willebrands und Gerhart Riegner in: Poorthuis, Tot leren uitgedaagd, 111–135.

> jedoch deswegen nicht eine besondere religiöse Interpretation dieser Beziehung zu eigen machen. [...] Was die Existenz Israels und die politischen Entscheidungen des Staates Israel betrifft, so müssen sie in einer Sichtweise betrachtet werden, die nicht in sich selbst religiös ist, sondern sich auf die allgemeinen Grundsätze internationalen Rechts beruft.“[38]

Die Formulierung ist behutsam, was durchaus begreiflich ist. Aber mit dieser vorsichtigen Passage, die zu viel Diskussion Anlass gegeben hat, sprach der Vatikan erstmals aus, was für Himmelreich das Zentrum seines Lebens war: die religiöse Bedeutung der Rückkehr der Juden in das Land.

Übersetzt aus dem Niederländischen von Basilius J. Groen und Johann Hausreither.

Quellen und Literatur

Archiv Generalaat Kruisheren, Maaseik (AK).

Archiv Paters Benedictijnen, Sint-Andriesabtei Brügge/Belgien (AB).

Archiv Himmelreich, Utrecht (AMF).

Baan Melchior A.: De Nederlandse Minderbroedersprovincie sinds 1853. Sociologische verkenningen van een religieuze groepering in verandering, Assen 1965.

Bastiaanse Jan F. L.: De Jodenzending en de eerste decennia van de Hervormde Raad voor Kerk en Israel, Zoetermeer 1995.

Biographische Dokumentation, in: Katholiek Documentatie-Centrum Nijmegen.

Daniel-Rops: De kerk der apostelen en martelaren. Vertaling naar de 196ste ed. door J. Verstraeten met medewerking van Laetus Himmelreich, Bilthoven [u. a.] 1953.

Decretum de Consociatione vulgo „Amici Israel“ Abolenda, in: Acta Apostolicae Sedis XX (1928) 103f.

---

38 Vgl. „Notes on the correct way to present the Jews and Judaism in preaching and catechesis in the Roman Catholic Church“ (24.06.1985), § 25, in: International Catholic-Jewish Liaison Committee, Fifteen years of Catholic-Jewish Dialogue, 313f; 1-2-1 special, 65-66. Offizielle deutsche Fassung z. B. in: Rendtorff / Henrix, Die Kirchen und das Judentum, 102.

Hall C.: Friends of Israel, in: SIDIC Bd.1, Nr. 3 (1968) 6–11.

Himmelreich Laetus / Smits Crispinus: De Katholieke Bijbel. De Heilige Boeken van het Oude en Nieuwe Verbond, Herzogenbusch 1938.

Himmelreich Laetus: Die Kaiserkrönung Karls des Grossen im Jahre 800. Kritische Untersuchung, Kerkrade 1920.

International Catholic-Jewish Liaison Committee (Hg.): Fifteen Years of Catholic-Jewish Dialogue 1970–1985, Vatikanstadt 1988.

Klinken Geert J. van: Opvattingen in de gereformeerde kerken in Nederland over het Jodendom 1896–1970, Kampen 1996.

Kok Jan de: Acht eeuwen minderbroeders in Nederland: een oriëntatie, Hilversum 2008.

Kurzskizze des Lebens von Himmelreich, in: Neerlandia Seraphica van het leven en werken onzer provincie, Jahrgang 26 (1957) 177f.

Leer Franziska van: Mijn volk roept, hg. von Laetus Himmelreich, Bilthoven-Antwerpen 1955.

Neut Edouard: Jésus, Fils de Dieu et Israëlite. Les „Amis d'Israël", in: Bulletin des Missions 22 (1926/8) 81–85.

Particulier Archief A. Munnichs, Nijmegen (AAM).

Poorthuis Marcel (Hg.): Vaticaan en jodendom in de periode 1965–1985. Twintig jaar in veertien documenten, in: Informatie Bulletin 1-2-1 (1985).

Poorthuis Marcel (Hg.): Tot leren uitgedaagd. Werkboek over de betekenis van het hedendaagse jodendom voor de katholieke kerk, Herzogenbusch 1993, 111–135.

Poorthuis Marcel / Salemink Theo: Katholieke kerk en zionisme in het interbellum. De paradoxale rol van Sophie/Franziska van Leer (1892–1953), in: Ter Herkenning 25 (1997/3) 146–173.

Poorthuis Marcel / Salemink Theo: Op zoek naar de blauwe ruiter. Sophie van Leer, een leven tussen avant-garde, jodendom en christendom, Nijmegen 2000.

Ramaekers André: Doctor Anton van Asseldonk O. S. Crucis 1892–1973, in: Clairlieu 36 (1978) 5–51.

Ramaekers Wim: Martelaren van's-Heerenberg, Zutphen 1986.

Rendtorff Rolf / Henrix Hans Hermann (Hg.): Die Kirchen und das Judentum. Dokumente von 1945–1985, Paderborn [u. a.] ^{3}2001.

Rooijen Henricus van: Dr. Anton van Asseldonk, in: Cellesiana 11 (1974) 103–111.

Verwaltungsarchiv der niederländischen Minderbrüder-Provinz (ANM), Het Utrechts Archief.

Werkgroep K.750, 750 Jaar minderbroeders in Nederland, dl. III: 19e en 20e eeuw, Utrecht 1983.

Willebrands Jacob: Lavra Netofa. Melkitische communiteit van monniken, Lavra Netofa 1993.

Herman Leo Van Breda OFM und die Überführung von Husserls Nachlass nach Leuven. Ein Beitrag zum europäischen Gedankengut im Zeichen des Widerstandes und der Verfolgung

Ewald Donhoffer und Eduard Prenga OFM[1]

1. Ein biografischer Blick auf Edmund Husserl als Einführung zum Thema

Im ersten Teil unseres Beitrags versuchen wir, die Biografie und die Persönlichkeit von Herman Leo Van Breda in Grundzügen darzustellen, einem zur Zeit der Überführung des Husserl-Nachlasses jungen, belgischen Franziskaner, dessen Begeisterung für das Denken Husserls ihn schlussendlich zum Schatz von dessen Nachlass führte. Um Van Bredas Begeisterung und unermüdlichen Einsatz für Husserls geistiges Erbe ein wenig erahnen zu können, wollen wir zuerst einen kurzen Blick auf Husserl selbst werfen.

Verena Mayer schreibt gleich zu Beginn ihrer Husserl-Biografie, dass „seine eigentliche Biographie in der Entwicklung seines Denkens besteht und durch die dürren äußeren Fakten nur ungenügend erfasst wird".[2] Diese Aussagen erscheinen sehr zutreffend für Husserls Leben.

Husserl wurde am 8. April 1859 in Proßnitz in Mähren (heute Prostejov, Tschechien) in einer alten, aber religiös indifferenten jüdischen Familie geboren. Er war das zweite von vier Kindern des Tuchhändlers

1 Kap. 1 und 2 dieses Beitrages wurden von Ewald Donhoffer verfasst, Kap. 3 und 4 von Eduard Prenga. Vonseiten der Autoren sei Thomas Vongehr vom Husserl-Archiv Leuven (Belgien) an dieser Stelle sowohl für die während ihres Forschungsaufenthaltes im Februar 2015 am Husserl-Archiv geleistete Hilfestellung als auch für die freundliche Publikationserlaubnis des vorliegenden Beitrags herzlichst gedankt. Dieser Beitrag weiß sich nämlich in seinen Bestandteilen folgender Publikation zu Dank verpflichtet: Vongehr, Kurze Geschichte des Husserl-Archivs.

2 Mayer, Edmund Husserl, 17.

Adolf Abraham Husserl und seiner Frau Julie. Nach seiner Schulzeit in Proßnitz besuchte er ab 1869 das Gymnasium Olmütz. Außer in Mathematik tat er sich schulisch nicht besonders hervor. Nach dem Abitur begann er 1876 in Leipzig Astronomie zu studieren und freundete sich dort mit dem Philosophen und späteren ersten tschechischen Präsidenten Tomasz Garrigue Masaryk an, der ihn in die Philosophie einführte, ihm die Philosophie der Neuzeit – vor allem Descartes, Leibniz und den englischen Empirismus – erschloss und ihm das „unabhängige Denken" beibrachte. Er empfahl ihm die Fortsetzung seiner Studien bei Franz Brentano in Wien. Husserl nahm den Rat ernst, traf allerdings erst einige Jahre später die Entscheidung, sich der Philosophie zu widmen, weil er sich wesentlich als Mathematiker verstand. 1878 begann er doch in Berlin das Mathematik-Studium. Auf Wunsch seines ungeduldigen Vaters schrieb sich Husserl im Jahr 1881 zur Promotion in Wien ein. Seine Dissertation mit dem Titel „Beiträge zur Theorie der Variationsrechnung" wurde 1882 approbiert.

Im selben Jahr und unter Einfluss seines Freundes Masaryk widmete sich Husserl der Lektüre des Neuen Testaments, die ihn zum Entschluss führte, „mittels einer strengen philosophischen Wissenschaft den Weg zu Gott und zu einem wahrhaften Leben zu finden", wie er später an Arnold Metzger schrieb.[3]

Ab diesem Zeitpunkt widmete sich Husserl ausschließlich der Philosophie. Zwar hatte er bereits zuvor Werke von Spinoza, Hobbes, Schopenhauer, Lotz und anderen gelesen, aber die Entscheidung für das Studium der Philosophie traf er jedoch erst zu dem Zeitpunkt, als Gott für ihn durch seine Untersuchungen des Neuen Testaments zu seiner Hauptfrage wurde. 1886 konvertierte Husserl zum Protestantismus. Es fällt so nicht

---

3 „Noch hatte ich kein Auge für praktische und kulturelle Realitäten, noch keine Menschen- und Völkerkenntnis, noch lebte ich in einem fast ausschließlich theoretischen Arbeitswillen – mochten auch die entscheidenden Antriebe (die mich von der Mathematik in die Philosophie als Berufsstätte gedrängt hatten) in übermächtigen religiösen Erlebnissen und völligen Umwandlungen liegen. Denn die gewaltige Wirkung des NT auf den 23jährigen lief doch in dem Triebe aus, mittelst einer strengen philos[ophischen] Wissenschaft den Weg zu Gott und zu einem wahrhaften Leben zu finden." Edmund Husserl, Brief an Arnold Metzger, 2. September 1919. Der Text wurde aus Lo, Gottesauffassung, 13, entnommen. Der gesamte Originaltext befindet sich in: Schuhmann, Edmund Husserl, 407–414.

schwer zu verstehen, warum Husserl sein Philosophieren nicht nur als Beruf, sondern als eine Berufung sah, die ganzheitliche, universale Dimensionen haben muss. In seiner Philosophie wird Husserl Gott dann kaum thematisieren. Diese Frage bleibt für ihn immer auf der Ebene seiner ganz persönlichen Betrachtungen. Eines aber wird für Husserl immer klarer: Die Philosophie der Neuzeit genügt nicht mehr. Er behauptete sogar, dass sie als Wissenschaft versagt habe, weil es ihr an Exaktheit mangle.[4] 1900 erschien der erste Band seiner „Logischen Untersuchungen", mit welchen er die Phänomenologie begründete.

Einige Monate später, im September 1901, wurde Husserl zum außerordentlichen Professor an der Philosophischen Fakultät zu Göttingen ernannt. Auch wenn er eigentlich das gesamte philosophische Repertoire unterrichten musste, sammelte sich bereits im Jahr 1902 eine Gruppe um ihn, wohl von den „Logischen Untersuchungen" angezogen. Kühnheit des Denkens und Exaktheit der Argumentationen bildeten die Hauptelemente der neuen, von Husserl zu gründenden „Wissenschaft von der Wissenschaft"[5] – der Phänomenologie. Bis 1913, im Jahr der Veröffentlichung der „Ideen zu einer reinen Phänomenologie und phänomenologischen Philosophie", hat sich bereits eine phänomenologische Schule und Schülergruppe herausgebildet, unter ihnen Adolf Reinach, Theodor Lipps, Ludwig Landgrebe, Eugen Fink, Dietrich von Hildebrand und später Edith Stein. Je mehr sich das Fundament der neu gegründeten Wissenschaft festigte, umso tiefer verstand sie sich als eine „Aufgabe" universaler Dimension. Zu dieser Einstellung trug auch Husserls Berufung nach Freiburg im Breisgau im Jahr 1916 als Ordinarius für den Lehrstuhl der Philosophie bei.

Obwohl – wie erwähnt – Gott von Husserl nicht thematisiert wurde, kam es gerade in seinem phänomenologisch geschulten Schülerkreis zu einigen Konversionen, sei es zum Katholizismus oder zum Protestantis-

---

4 Vgl. Husserl, Logische Untersuchungen, 2f.

5 So ist in der Einleitung Karl-Heinz Lembecks zum Text Husserls „Die Phänomenologie und die Fundamente der Wissenschaften" (Ideen III) zu lesen: „Schon in den ‚logischen Untersuchungen' aus den Jahren 1900/01 ist es Hauptmotiv der phänomenologischen Philosophie, ‚Wissenschaft von der Wissenschaft zu sein' und zu diesem Zweck eine ‚reine Logik' als ‚Wissenschaftslehre' zu begründen [...]. Die Wissenschaften, so lautet Husserls Ausgangsthese, sind prinzipiell begründungsbedürftig." Lembeck, Einleitung, VII.

mus. Dazu zählten Max Scheler, Adolf Reinach, Edvige Conrad-Martius, Dietrich von Hildebrand (er wird sogar Terziar der Franziskaner), Edith Stein, die spätere Karmelitin und Märtyrerin. Husserl war einigermaßen überrascht von diesen religiösen Erfahrungen. Trotz seiner protestantischen Konversion stellte für ihn, der in seinem Denken zeitlebens den Weg der reinen Philosophie gegangen war, nur diese den „einzigen Weg des Zugangs zu Gott“[6] dar. Sogar noch kurz vor seinem Tod am 27. April 1938, als man ihn nach dem sogenannten „religiösen Beistand“ fragte, war seine Antwort deutlich: „Ich habe in der Philosophie gelebt und ich sterbe als Philosoph.“[7] Diese Einstellung zeigt zugleich seine Lebens- und Denkkonsequenz. Gott war der Beweggrund, der ihn 1882 zur Entscheidung geführt hatte, Philosophie zu studieren. Konsequenterweise musste für ihn also die Philosophie den Zugang zu Gott frei machen.

Dieses Gedankengut faszinierte auch einen jungen Franziskaner namens Herman Leo Van Breda in Belgien, der sich besonders in Husserls letzten Lebensjahren dem Studium der Husserl'schen Phänomenologie widmete.

2. Herman Leo Van Breda

Leo Maria Van Breda wurde am 28. Februar 1911 in Lier (Belgien) in einer gehobenen bürgerlichen Familie geboren. Herman wurde sein Ordensname, den er mit dem Eintritt in den Franziskanerorden annahm. Seine ewige Profess legte er 1932 ab, und am 19. August 1934 wurde er zum Priester geweiht. Nach zwei Jahren seelsorglicher Tätigkeit widmete er sich von 1936 bis 1938 dem Studium der Phänomenologie Edmund Husserls, von dessen Persönlichkeit und Werk Van Breda schon während seines theologischen Grundstudiums fasziniert und auch geprägt war. Wenige Monate nach dem Tod Husserls im April 1938 schloss Van Breda im Juni sein Fachstudium in Philosophie am Philosophischen Institut der Katholischen Universität Leuven mit dem Grad des Lizenziates ab. Das Thema seiner Abschlussarbeit war „Das Frühstadium der philosophischen Entwicklung Husserls“.

---

6 Tilliette, Husserl, 31. Übersetzt vom Verfasser.
7 Ebd.

Nach dem Lizenziatsstudium durfte sich Van Breda für das Doktorstudium inskribieren. Als Ziel seiner Forschungsarbeit präsentierte er die Darstellung der Entwicklung der Phänomenologie Husserls. Dieses Projekt wurde von seinem Doktorvater und dem Präsidenten des Philosophischen Instituts angenommen, die ihm darüber hinaus auch ihre Unterstützung anboten. Ebenso gab ihm die Leitung der Ordensprovinz ihre Zustimmung zur wissenschaftlichen Weiterbildung. Solches war man damals in den Kreisen der belgischen Franziskaner gewohnt: Es waren zu dieser Zeit über 60 Franziskaner an der Katholischen Universität Leuven in verschiedensten Bereichen tätig. Ende August 1938 begegnete Van Breda in Freiburg im Breisgau im Rahmen seiner Forschungsarbeit das erste Mal der Witwe Edmund Husserls, Malvine Husserl.

Sie gewährte dem jungen Doktoranden Einblick in das geistige Erbe ihres Gatten, das sich für ihn völlig unerwartet als riesiges Konvolut entpuppte: über 40.000 Seiten stenografischer Handschriften und in etwa 10.000 Seiten handschriftlich oder maschinschriftlich hergestellter Transkriptionen, die ehemalige Mitarbeiter und Mitarbeiterinnen wie Edith Stein, Ludwig Landgrebe und Eugen Fink besorgt hatten. Van Breda war, zumal im Jahr 1938, die gefährdete Situation dieses Nachlasses, aber auch seines philosophischen Vermächtnisses überhaupt sowie auch der Familie Husserls sofort klar. Bei dem langen Gespräch an diesem Tag unterbreitete Van Breda Frau Husserl einen schon vorher – allerdings in Unkenntnis der wahren Ausmaße des Nachlasses – skizzierten Vorschlag, nämlich die Gründung eines ursprünglich als Husserl-Forschungsinstitut bezeichneten Sammlungsortes in Leuven für die Aufbewahrung und Forschung des Nachlasses Husserls zu unternehmen. Drei Tage später, am 1. September 1938, teilte Malvine Husserl Van Breda ihren Entschluss mit, seine Anregung anzunehmen. Fast zwei Monate danach, und zwar von September bis Oktober 1938, verhandelte Van Breda mit belgischen diplomatischen Vertretungen in Deutschland. Die Überführung des Nachlasses als „Diplomatenpost" war aufgrund der politischen Situation besonders heikel. Frau Husserl übertrug dafür die vollständige Verfügung über die literarischen Rechte betreffend das Nachlasswerk Husserls an Van Breda. Bis zum Jahresende 1938(!) konnte der größte Teil des Nachlasses Husserls nach Leuven transferiert werden.

Am 27. Oktober 1938 fasste der Verwaltungsrat der Fondation Francqui den Beschluss, dem Archiv für zumindest zwei Jahre eine jährliche Unterstützung in der Höhe von 75.000 belgischen Franken zu bewilligen, was die Gründung und die Aufrechterhaltung des Archivs möglich machte. Obwohl vielerorts (Prag, Köln, Echt [E. Stein]) noch einige Manuskripte Husserls zu sammeln waren, von denen die meisten erst im Frühjahr 1939 nach Leuven gelangten, bezeichnet Van Breda dieses Datum als den eigentlichen Gründungstag des Husserl-Archivs. Dieses in aller Welt bekannt zu machen sowie einen freien Zugang zu Forschungszwecken zu ermöglichen, wurde zu Van Bredas Hauptbeschäftigung und zu seinem Lebenswerk. Auch die Kontakte, die er nun mit bekannten Philosophen pflegte, sowie der breite Bekanntenkreis in Politik und Gesellschaft, den er schon aufgrund seiner familiärer Herkunft hatte, hatten als Ziel einzig und allein die Aufrechterhaltung des besagten Archivs. Pater Herman Leo Van Breda starb 1985 im Alter von 74 Jahren in Leuven.

Bei unserem Besuch in Leuven mussten wir feststellen, dass zwar die Mitarbeiterinnen und Mitarbeiter des Archivs Van Breda nach wie vor als ihren „spiritus rector“ schätzen, der jedoch an seinen sonstigen Wirkungsstätten, wie dem ehemaligen Franziskaner-Kloster vor den Toren Leuvens, fast in Vergessenheit geraten ist. Dazu tritt das Dilemma, dass der gesamte Nachlass Van Bredas bis heute unsortiert in großen Kisten im Keller des Hauses einer Sichtung harrt – wegen fehlender Finanzierung. Fest steht, dass dem couragierten Handeln des minderen Bruders Herman Leo Van Breda die Rettung eines der bedeutendsten Schätze des europäischen Geisteslebens zu verdanken ist.

3. Die Entstehung des Husserl-Archivs

Mit folgenden Worten leitet Herman Leo Van Breda seinen im Jahr 1959 zum ersten Mal veröffentlichten Bericht über die Gründung des Husserl-Archivs in Leuven ein:

> „Von 1936 bis 1938 hatte ich mich mit aller Energie dem Studium der Philosophie Husserls gewidmet. Meine im Juni 1938 in Leuven vorgelegte Lizenzarbeit hatte das Frühstadium der philosophischen Entwicklung Husserls zum Thema und enthielt überdies eine ausführliche Analyse seiner Veröffentlichungen bis zum Jahre 1914. [...] Wie jeder andere auf-

> merksame Leser der Veröffentlichungen Husserls um 1930 hatte ich bemerkt, dass er wiederholt auf die Existenz noch unveröffentlichter philosophischer Texte aus seiner Feder hinwies."[8]

Die intensive Auseinandersetzung mit der Philosophie Husserls, die Hinweise Husserls auf seine unveröffentlichten Manuskripte bzw. Notizen und das entstehende Projekt seiner Doktorarbeit bewogen den 27-jährigen Franziskaner im August 1938, etwa fünf Monate nach dem Tod Husserls, sich nach Freiburg im Breisgau zu begeben. Van Breda hatte schon einen von ihm sogenannten „ursprünglichen Plan"[9], der in der Veröffentlichung der erwähnten Manuskripte bestand. Jedoch hatte er noch keine Ahnung, dass die Sache mit einer Veröffentlichung nicht getan wäre. Erst mit der Ankunft in Freiburg und bei der ersten Begegnung mit der Gattin Husserls wurde dem nahezu „naiven" jungen Franziskaner bewusst, worum es sich dabei in Wirklichkeit handelte: insgesamt über 50.000 stenografierte bzw. hand- u. maschinengeschriebene Blätter meist vom Format 21,5 x 17 cm. Zudem begriff er erst in Freiburg, in welcher Gefahr sich der gesamte Nachlass Husserls befand, d. h. nicht nur die Manuskripte und Notizen, sondern auch seine von 1880 bis 1938 gesammelte Bibliothek mit etwa 2700 Bänden, darunter eine bedeutende Sammlung von etwa 2000 Sonderdrucken.

In philosophischen Kreisen war seine jüdische Abstammung bekannt: „Es war nicht schwer", schreibt Van Breda, „daraus zu schließen, dass das Hitlerregime jeden Versuch zur Veröffentlichung von Nachlasswerken Husserls in Deutschland vereiteln würde."[10]

Dass Husserl sich schon 1887 hatte taufen lassen und Lutheraner war und dass er sich während seiner langen akademischen Laufbahn stets von der jüdischen Gemeinschaft entfernt gehalten hatte, konnte schwerlich etwas daran ändern, dass sein Nachlasswerk unter die geltenden Maßregeln gegen jederlei Schriften jüdischer Autoren fiel. Die nationalsozialistischen Behörden hatten bereits 1933 auch Husserl den für alle Professoren jüdischer Abstammung geltenden Bestimmungen unterworfen. Er wurde von der offiziellen Liste der Universitätsprofessoren gestrichen. Der Zugang zu den Universitätsgebäuden wurde ihm untersagt – unter

---

8 Van Breda, Rettung von Husserls Nachlass, 1.
9 Ebd., 2.
10 Ebd.

anderem auch auf Betreiben seines Nachfolgers Heidegger, der am 21. April 1933 für kurze Zeit Rektor der Universität Freiburg wurde. Er trat allerdings bereits ein Jahr später, am 27. April 1934, wieder vom Amt des Rektors zurück, da seine Hochschulpolitik weder an der Universität noch bei der Partei ausreichende Unterstützung fand. Dan Zahavi, einer der bekanntesten Phänomenologen der Gegenwart und Professor in Dänemark, schreibt, dass Husserl offenbar aufgrund des Mitwirkens Heideggers seit 1933 auch die Benutzung der Universitätsbibliothek untersagt worden war.[11]

Unter diesen Umständen kam Van Breda am 15. August 1938 in Freiburg an. Er berichtet darüber:

> „Im August 1939 in Freiburg angekommen, erfuhr ich, dass die Gattin des Philosophen, Frau Malvine Husserl geb. Steinschneider, ihren Mann überlebt hatte und noch immer das Haus bewohnte, in dem dieser vier Monate zuvor verschieden war. Die Leere, mit der das Naziregime alle so genannten Nichtarier zu umgeben gewusst hatte, war so vollständig, dass es einer ganzen Reihe von Nachforschungen und der bereitwilligen Hilfe einiger meiner Freiburger franziskanischen Mitbrüder bedurft hatte, um auch nur zu dieser einfachen Feststellung zu gelangen. Und es handelte sich um die Witwe des Mannes, der von 1916 bis 1933 einer der bedeutendsten Träger des Ruhmes dieser alten Universität war."[12]

Wie ihr Gatte war auch Malvine Husserl jüdischer Abstammung, geboren im alten Österreich-Ungarn, und verwandt mit Moritz Steinschneider, dem bekannten Spezialisten für die hebräischen Manuskripte und die jüdische Literatur des Mittelalters. Auch sie war von den antisemitischen Maßnahmen des Regimes betroffen und lebte seit 1933 in derselben Vereinsamung wie ihr Gatte. Bei der ersten Begegnung mit Frau Husserl erfuhr Van Breda, dass Husserl die Verwaltung seines geistigen Nachlasses seinem Sohn Gerhart Husserl, Professor am Washington College of Law, testamentarisch übertragen hatte. Gerhart Husserl lebte seit 1934 in den Vereinigten Staaten. Da er sich durch die Entfernung in die Unmöglichkeit versetzt sah, die Anordnungen zu treffen, die es an Ort und Stelle zu

11 Im Jahr 1933 „wurde er von der Liste der Universitätsprofessoren gestrichen und erhielt u. a. aufgrund von Heideggers Mitwirken das Verbot, die Universitätsbibliothek zu benutzen". Zahavi, Husserls Phänomenologie, 1.

12 Van Breda, Rettung von Husserls Nachlass, 5.

treffen galt, hatte er die Rechte, die ihm sein Vater testamentarisch zugedacht hatte, teilweise seiner Mutter übertragen.

Schon bei dieser ersten Begegnung wurde es Van Breda bewusst, dass der Nachlass Husserls nicht allein mit einer einzigen Veröffentlichung in seiner ganzen Weite erfasst werden könnte. Die Bedeutung des geistigen Nachlasses war solcher Art – schreibt Van Breda –

> „dass man sich, wenn irgend möglich, entscheiden müsste, ihn voll und ganz der Forschung zur Verfügung zu stellen. Selbst wenn die gegenwärtigen Umstände zunächst nur die Veröffentlichung von Teilen zuließen, so müsse dies mit Rücksicht darauf geschehen, dass die philosophische Welt späterhin ohne jeden Zweifel wünschen würde, diese Teile im Zusammenhang des Gesamtwerkes studieren zu können."[13]

Diese Überzeugung Van Bredas liegt der Einrichtung einer Forschungsstätte für den Nachlass Husserls zugrunde, die als „Husserl-Archiv" bezeichnet wird.

Über die Schwierigkeiten eines solchen Vorhabens war sich Van Breda im Klaren. Da in Deutschland die Errichtung einer solchen Forschungsstätte ausgeschlossen war, galt es, zuerst einen Ort für die Unterbringung des Nachlasses zu finden. Damit verbunden war die Schwierigkeit des Transports der Unterlagen. Als geeigneten Ort außerhalb der Reichsgrenzen sah Van Breda das philosophische Institut in Leuven. Er besprach diesen neuen Plan mit Malvine Husserl, die ihm am 1. September 1938 ihren Entschluss mitteilte, seinen Vorschlag zur Gründung des Archives in Leuven anzunehmen. Zu diesem Entschluss kamen andere Überlegungen dazu: Mit dem Transport des Nachlasses musste auch an die Übersiedlung der letzten Mitarbeiter Husserls, nämlich von Ludwig Landgrebe und Eugen Fink, gedacht werden. Die andere Mitarbeiterin und vertraute ehemalige Assistentin Husserls, Edith Stein, war ja zu diesem Zeitpunkt bereits in den Karmel eingetreten und nach Echt in den Niederlanden geflüchtet. Daher schien die Einbindung der beiden aufgrund der Stenografien der Manuskripte unentbehrlich. Zwar hielt sich Husserl im Allgemeinen ziemlich genau an die Gabelsberger Schrift, mit der viele Deutsche und Österreicher damals mehr oder weniger vertraut waren. Doch hatte er im Laufe der fünfzig Jahre, während derer er sich

---

13 Ebd, 8.

dieser Schrift bediente, von sich aus eine ganze Reihe von Abkürzungen eigener Erfindung geformt, die außer Edith Stein, Ludwig Landgrebe und Eugen Fink niemand lesen konnte. Die Anwesenheit der Letzteren in Leuven war also der notwendige Schlüssel zum geistigen Erbe Husserls, um andere Forscherinnen und Forscher in die Forschungsarbeit einzuführen. Auch musste in kürzester Zeit die Emigration Malvine Husserls organisiert werden, die sich ja in gleicher Gefahr wie der Nachlass ihres Mannes befand. Sie hatte davor bereits vergeblich auf ein Visum in die Vereinigten Staaten gewartet, wohin ihre beiden Kinder seit 1933/35 ins Exil gegangen waren.

Nachdem Van Breda mit den Universitätsbehörden von Leuven Kontakt aufgenommen und von deren Bereitschaft erfahren hatte, trafen sich Malvine Husserl, Ludwig Landgrebe und Van Breda am 5. September 1938 in Freiburg, um den Plan der Übersiedlung zu besprechen. Am Tag darauf hatte Van Breda eine lange und letzte Besprechung mit Landgrebe und Fink, bei der auch von ihrer Übersiedlung nach Leuven die Rede war. Sie erklärten sich bereit, mit ihren Familien nach Leuven zu übersiedeln, sollten sie die Einladung zur Mitarbeit von der dortigen Universität erhalten.

Bis zum 17. September 1938 – nur einen Monat, nachdem er das erste Mal in Freiburg gewesen war – hatte Van Breda alles Besagte mit der Universität Leuven und mit den zuständigen Behörden in die Wege geleitet. An diesem Tag traf er den Leiter des belgischen Konsulates in Frankfurt am Main, einen deutschen Staatsbürger, dessen Namen Van Breda allerdings verschweigt. Nachdem der Franziskaner ihn über die Angelegenheit informiert hatte, eröffnete ihm sein Gesprächspartner allerdings, dass ein extraterritoriales Recht für diplomatische Angelegenheiten nur mehr die Botschaft in Berlin habe und als Diplomatengepäck nur die von der Botschaft als solche deklarierten Dokumente galten, er also nicht mehr wirklich behilflich sein konnte.

Die Zeit drängte, der Stand der Dinge an diesem 17. September 1938 versprach keine rasche Lösung. Van Breda informierte darüber am Abend Frau Husserl und Sr. Adelgundis Jägerschmidt, eine ehemalige Schülerin Husserls und nunmehrige Benediktinerin des Lioba-Klosters in Freiburg-Günterstal. Sr. Adelgundis, die sich in den philosophischen Kreisen Freiburgs durch ihre geschichtliche Doktorarbeit einen Namen gemacht hatte, machte darauf den Vorschlag, die Manuskripte sogleich in eine kleine Niederlassung zu verbringen, die die Lioba-Schwestern in Konstanz besäßen. Einige der südlichen Vororte dieser Stadt lägen unmittelbar an der Schweizer Grenze. Da die Tätigkeit der Schwestern jener Niederlassung sich sowohl auf die schweizerische wie auf die deutsche Seite der Grenze erstreckten, könnten sie bei ihren Aktivitäten die Manuskripte nach und nach in die Schweiz bringen. Auch die Mutter Äbtissin von Lioba, von der auch das Konstanzer Haus abhing, erklärte sich bereit, den Schwestern die Sicherstellung der Manuskripte zu erlauben. Van Breda war sich im Klaren, dass der Transport der Manuskripte in ein Kloster sowohl die Manuskripte als auch die Gemeinschaft in äußerste Gefahr versetzen würde. Trotzdem wurde beschlossen, dass Sr. Adelgundis am Montag, dem 19. September, die Reise nach Konstanz unternehmen und sämtliche stenografische Manuskripte mit sich nehmen sollte.

Van Breda beschreibt diesen Tag mit folgenden Ausdrücken:

> „Als ich an diesem Montag morgen in Schwester Adelgundis' Eisenbahnabteil die drei schweren Koffer mit mehr als 40.000 Seiten Handschriften absetzte, hatte für Husserls Werk die Stunde des „exodus a patria" geschlagen."[14]

Am Tag darauf, dem 20. September, berichtete Sr. Adelgundis, dass die Konstanzer Schwestern sich zwar bereit erklärt hatten, die Manuskripte aufzubewahren, ihr Transport in die Schweiz wäre allerdings unter den momentanen Umständen äußerst riskant. Dieser Bericht bestärkte Van Breda in seiner ursprünglichen Meinung: Einzig und allein ein direktes Gesuch an den belgischen Botschafter in Berlin konnte einen Ausweg eröffnen. Dafür aber benötigte er einen von Frau Husserl unterzeichneten Schenkungsakt, was diese bejahte und welchen sie am 21. September unterzeichnete. Sie fügte noch ein zweites Dokument hinzu, in dem sie bestimmte, dass Van Breda „von diesem Tage an das unverlierbare Recht zur Mitarbeit an jeglichem Unternehmen zur Edition der Werke ihres Mannes besäße".[15]

Der Franziskaner hatte die geschichtliche Tragweite dieses Momentes deutlich vor Augen. Durch dieses Vertrauen sah er sich nicht nur diesem

---

14 Ebd., 21.
15 Ebd., 23.

Erbe verpflichtet, sondern ihm wurde bewusst, wie sein eigener Orden am Schicksal des Gedankengutes eines der bedeutendsten europäischen Gelehrten teilhaftig wurde, wie er in einem persönlichen Brief an seinen Provinzial schrieb. Dieses Vertrauen bestärkte den jungen Franziskaner, alle möglichen Schritte für die Rettung des Nachlasses Husserls zu unternehmen.

Am 22. September 1938, nachdem Van Breda terminlich alles in die Wege geleitet hatte, fuhr er selber nach Konstanz, um dort die Koffer mit den Manuskripten wieder abzuholen. In dieser gefährlichen Lage, in die er sich nun noch mehr als zuvor versetzt befand, machte er sich in der Nacht vom 22. auf 23. September auf den Weg nach Berlin. In Berlin angekommen, brachte er die Koffer fürs Erste in das Franziskanerkloster in Berlin-Pankow. Am Nachmittag desselben Tages wurde er von zwei Diplomaten der belgischen Botschaft zu einer Unterredung empfangen, die ihm mitteilten, dass die Entscheidung der Zulassung nichtamtlicher Stücke zum Diplomatengepäck dem Botschafter selbst vorbehalten war. Da der Botschafter zur Zeit nicht in Berlin weilte, konnte nur sein Vertreter, der Botschaftssekretär, sich zu dem Problem äußern. Botschaftssekretär war zu jenem Zeitpunkt Vicomte J. Berryer, der Van Breda am selben Nachmittag empfing und ihm die Unterstützung seitens der belgischen Botschaft zusicherte. Van Breda konnte gleich am Tag darauf alle Manuskripte in der Botschaft deponieren. Von diesem Augenblick an waren sie jeglichem Zugriff der Nationalsozialisten vollständig entzogen. Um die Unterlagen noch besser zu schützen, räumte Berryer ihnen einen Platz in dem gewaltigen Stahlschrank der Botschaft ein. Über einen eventuellen Transport der Manuskripte nach Brüssel als Diplomatengepäck konnte allerdings auch Berryer nicht entscheiden. Er vermutete allerdings, dass auch der Botschafter selbst, Vicomte J. Davignon, die Verantwortung für eine solche Sendung nicht würde tragen wollen, wenn nicht zuvor das Außenministerium in Brüssel sein Einverständnis gäbe.

Am Vormittag des 24. September 1938 übergab Van Breda Berryer persönlich die Manuskripte, und gemeinsam schlossen sie diese im Safe der Botschaft ein. Der wesentliche Bestandteil des Nachlasswerkes Husserls war damit endgültig an einem sicheren Ort. Am 25. September hatte Van Breda Berlin Richtung Freiburg verlassen, und am 27. September

1938 begab er sich auf die Reise von Freiburg nach Leuven. Van Breda beschreibt diese Momente wie folgt:

> „Die fürchterliche Spannung war mir unerträglich geworden. Ich sehnte mich nach Leuven und nach den Meinen. [...] Am Abend des 26. September nahm ich von Frau Husserl Abschied. Am nächsten Morgen verließ ich Freiburg, um nach Leuven zurückzukehren. In meinen Koffern führte ich bereits einen nicht unbeträchtlichen Teil des Nachlasswerkes mit mir, nämlich je ein Exemplar der sämtlichen bis dahin schon von Husserls Assistenten, Edith Stein, Ludwig Landgrebe und Eugen Fink, hergestellten Transkriptionen, die ausgewählte Autographe in Reinschrift wiedergaben. Glücklicherweise zeigten die Beamten der deutschen Sicherheitspolizei an der Grenze keinerlei Interesse für diesen Teil meines umfänglichen Gepäcks. So vollzog sich dieser Akt der Emigration des Erbes Husserls nach Belgien ohne Zwischenfall.“[16]

In Leuven angekommen, gelang es Van Breda über die Universität, am 11. Oktober 1938 von E. Nicaise, Kabinettssekretär im Außenministerium, empfangen zu werden, um mit ihm die Einzelheiten des Transports zu besprechen, nachdem das Ministerium durch den damaligen Ministerpräsidenten und Außenminister Paul-Henri Spaak den Transport als Diplomatengepäck durch die belgische Botschaft in Berlin bewilligt hatte. So gelangten bis Ende des Jahres 1938 alle Manuskripte nach Brüssel und von dort nach Leuven. Ministerpräsident Spaak setzte sich auch für den Transport anderer Manuskripte Husserls nach Leuven ein. Es handelte sich um einige Manuskripte, die Husserl selber dem Prager Philosophischen Zirkel zu retten anvertraut hatte.

Am 12. Juni 1939, drei Monate nach der Annektierung der Tschechoslowakei durch Hitler, war der Koffer mit diesen Manuskripten in Brüssel angekommen, und Van Breda wurde von Nicaise informiert, dass der Koffer ihm zur Verfügung bereitstehe. Binnen kürzester Zeit hatte Van Breda sowohl die Universitätsbehörden als auch die diplomatische Unterstützung gewinnen können. Mit der Entscheidung der Francqui-Stiftung in der Sitzung von 27. Oktober 1938, die Van Breda die jährliche finanzielle Unterstützung in Höhe von 75.000 belgischen Franken zusicherte, konnte die Gründung des Husserl-Archivs vollzogen werden.

---

16 Ebd., 24f.

4. Schlussbemerkungen

In diesem Beitrag wurde der Gründungsvorgang des Husserl-Archivs in Leuven nachgezeichnet. Dabei konnte nicht nur das im Hause Husserls befindliche Material in Sicherheit gebracht, sondern Van Breda sammelte, soweit es ihm möglich war, auch alle anderen Nachlassschriften Husserls, die nicht mehr in seinem Privathaus verortet waren. Das führte Van Breda zu einer regen Korrespondenz und Zusammenarbeit mit Husserls Mitarbeitern Landgrebe und Fink. Auf diesem Hintergrund und überhaupt aus dem bisher Gesagten heraus überrascht und enttäuscht das Verschweigen des Namens des Franziskaners Leo Van Breda und die historische Ungenauigkeit seitens einer im Bereich der Phänomenologie mit Recht als bedeutende Sachkennerin geltenden Persönlichkeit – nämlich von Hanna-Barbara Gerl-Falkovitz in ihrer Einleitung zur kritischen Gesamtausgabe der Werke Edith Steins. Die Autorin spricht dort vom Nachlass Husserls: „Auf abenteuerliche Weise wurde sein großer Nachlass über die Schweiz nach Löwen gebracht, wo ein Husserl-Archiv die Bestände bewahrt."[17] Wie wir nämlich zeigen konnten, konnte der Nachlass Husserls gar nicht in die Schweiz überführt werden.

1940 musste das Archiv nochmals vor Gefährdungen geschützt werden, was für Van Breda sowohl arbeitsmäßige wie zudem persönliche Anstrengungen bedeutete, da er nun ad personam ins Visier genommen wurde.

Am 10. Mai 1940 wurde Belgien von den Armeen des Dritten Reiches angegriffen. Dieses Kapitel der „zweiten Rettung" des Husserlschen Nachlasses sowie auch die rege Korrespondenz zwischen Van Breda und Edith Stein von 1939 bis 1942 sind noch näher zu erforschen. Besonders wichtig wäre der Briefwechsel zwischen Van Breda und Stein, in dem auch die persönliche Begegnung in Echt im April 1942 vorbereitet wurde.

Der Franziskaner ist einer der letzten, der sich mit Edith Stein kurz vor ihrer Ermordung im Konzentrationslager Auschwitz am 9. August 1942 lange unterhalten konnte. Zu erforschen wäre der Gegenstand ihres Briefwechsels nach der Zeit der Zusammenarbeit Edith Steins mit Husserl. Was waren die bei diesem Gespräch behandelten Themen? Warum ließ

---

17 Gerl-Falkovitz, Einleitung, 13f. Hervorhebung durch die Verfasser.

sich Edith Stein von Van Breda nicht überzeugen, in die Schweiz gebracht zu werden?

Mit hoher Wahrscheinlichkeit könnten diese Fragen beantwortet werden, wenn die Korrespondenz und die Berichte von Van Breda aus dem Staub des Kellers des Husserl-Archivs hervorgeholt werden könnten. Dafür sind Zeit und finanzielle Mittel nötig, die das Husserl-Archiv nicht zur Verfügung stellen kann.

Ein anderer Aspekt ist die Tatsache, dass es Van Breda nicht nur um den Nachlass Husserls ging, für dessen Rettung er jegliche Gefahr auf sich nahm. Er kümmerte sich auch um die Rettung der Witwe Husserls, die er im selben Jahr nach Leuven brachte und die sich am 21. März 1942 von Van Breda katholisch taufen ließ. Diesbezüglich schreibt Gerl-Falkovitz: „Husserls Frau Malvine (1860–1950) entrann dem Holocaust durch ein Versteck in einem belgischen Kloster. Während des Krieges konvertierte sie zum Katholizismus.“[18] Unverständlicherweise liefert uns die erwähnte Autorin auch in diesem Zusammenhang nur eine vage Information, bei der wieder die Tatsache verschwiegen wird, dass es der Franziskaner P. Van Breda war, der sich um die Übersiedlung der Gattin Husserls nach Leuven kümmerte, und dass sie nicht in irgendeinem Kloster in Belgien „ein Versteck“ fand, sondern ihr wurde von P. Van Breda durch das Franziskanerkloster in Leuven eine Wohnmöglichkeit verschafft.

Malvine Husserl schrieb ihren Kindern, dass die Entscheidung zur Konversion „aus einem inneren Prozess organisch erwachsen“ sei, und betonte auch, dass sie ohne Van Bredas Hilfe,

> „ohne seine nie versagende treue Fürsorge für meine Sicherheit, ohne seinen rasch zugreifenden Verstand, die große Weltklugheit, die weiten Beziehungen in einflussreichen Kreisen, die tiefe Verehrung für Papa [...] längst mit der allerseits geübten Grausamkeit irgendwohin verschleppt worden wäre, wo kein Hahn nach einem kräht“.[19]

Aber nicht nur die Witwe Husserls und ihre Familie würdigte den Franziskaner P. Van Breda, sondern auch andere weltbekannte Stimmen der Philosophie des 20. Jahrhunderts haben nicht gefehlt, ihm und seinem Or-

18 Ebd., 14.
19 Zitiert nach Vongehr, Kurze Geschichte des Husserl-Archivs, 76.

den für das Verdienst der Rettung des Nachlasses eines der prägendsten westlichen Philosophen Dank und Anerkennung auszusprechen. Stellvertretend für alle diese Stimmen sei uns hier erlaubt, zwei Gesamtpassagen von Emmanuel Lévinas in ihrem Wortlaut wiederzugeben:

> „Dass, als sich der Nationalsozialismus noch in vollem Aufstieg zur – wie man damals dachte – ‚sicheren' Weltherrschaft befand, als er ein Jahrtausend neuer Zivilisation verkündete, das die zwei voraufgegangenen vertilgen und nicht bloß aufheben sollte – eine Verheißung, eine Verkündung, deren Glaubwürdigkeit bei den Massen und natürlich auch bei den Intellektuellen sich auf eine seit 1933 ununterbrochene Erfolgskette ohne jeden Widerstand, ohne jeden Fehlschlag stützte –, dass im Jahre 1938 also ein junger belgischer Franziskanerpater vermochte, an die Bedeutung eben jener Vernunft zu glauben, deren Tage ihr selbst gezählt zu sein schienen, wenn immer sie nach Beweisen dafür suchte, die sie verlor und wiederfand, vergraben in jenen Schränken, in denen die Manuskripte Husserls lagen, die im Haus seiner Witwe selbst von Vernichtung bedroht waren, in seinem Haus, das von den Kollegen und Studenten verlassen und verraten war –, das, ja das gibt eine Vorstellung vom klaren Verstand, vom Mut, vom Herz und vom philosophischen und rationalen Geist des Paters Leo van Breda, der im Alter von 63 Jahren am 3. März 1974 ganz plötzlich in Leuwen verstorben ist."[20]

Und noch:

> „Hier, in der alten Stadt Leuwen, deren Denker, bei allem Vertiefen der mittelalterlichen Philosophie, nie der Aktualität den Rücken zu kehren gewillt waren, wusste der Pater Leo van Breda ein Fenster für das zu öffnen, was – in einer Welt, die nach wissenschaftlicher Strenge und nach Gerechtigkeit dürstet – heute das Wertvollste darstellt, ob als Forschungs- oder als Streitobjekt. Husserls Phänomenologie hat in der Tat [...] dem zeitgenössischen Denken und sogar den Disziplinen – und Indisziplinen –, die dem ‚transzendentalen Subjekt' eher skeptisch gegenüberstehen, eine neue Aufmerksamkeit für die Dinge gebracht, ohne die die lehrreichsten Formalismen nur Umhertappen in Tautologien geblieben wären."[21]

---

20 Lévinas, Pater Herman Leo van Breda, 123. Alle Hervorhebungen im Originaltext. Für diesen Literaturhinweis bedanken wir uns bei Willibald Hopfgartner OFM sehr herzlich.

21 Ebd., 125f.

Leider war es uns aufgrund des nach wie vor nicht archivierten Zustandes des Van-Breda-Teiles des Archives nicht möglich, alle diese Aspekte zu erforschen. Eine Aufarbeitung würde noch tiefer und gebührender den Widerstand Van Bredas trotz Widerstands würdigen.

Quellen und Literatur

Gerl-Falkovitz Hanna-Barbara: Einleitung, in: Edith-Stein-Gesamtausgabe, A: Biographische Schriften, Bd. 4: Selbstbildnis in Briefen, Teil III: Briefe an Roman Ingarden, Freiburg [u. a.] ^{3}2015, 9–25.

Husserl Edmund: Logische Untersuchungen. Prolegomena zur reinen Logik, Bd. 1, Tübingen ^{7}1993.

Lembeck Karl-Heinz: Einleitung: Husserls wissenschaftstheoretisches Programm, in: Husserl Edmund: Die Phänomenologie und die Fundamente der Wissenschaften, Text nach Husserliana V, Hamburg 1986, VII.

Lévinas Emmanuel: Pater Herman Leo van Breda, in: Miething Frank (Hg.): Außer sich. Meditationen über Religion und Philosophie, München-Wien 1991, 123–127.

Lo Lee Chun: Die Gottesauffassung in Husserls Phänomenologie, Frankfurt 2008.

Mayer Verena: Edmund Husserl, München 2009.

Schuhmann Karl (Hg.): Edmund Husserl: Briefwechsel, Husserliana Dokumente, Bd. 3/4, Dordrecht 1994.

Tilliette Xavier: Husserl. Dall'intersoggettività a Dio. Un cammino non confessionale verso Dio, in: Idee 11 (1989) 29–39.

Van Breda Herman Leo: Die Rettung von Husserls Nachlass und die Gründung des Husserl-Archivs, in: Husserl-Archiv Leuven (Hg.): Geschichte des Husserl-Archivs/History of the Husserl-Archives, Dordrecht 2007, 1–38.

Vongehr Thomas: Kurze Geschichte des Husserl-Archivs in Leuven und der Husserl-Edition, in: Husserl-Archiv Leuven (Hg.): Geschichte des Husserl-Archivs / History of the Husserl-Archives, Dordrecht 2007, 71–98.

Zahavi Dan: Husserls Phänomenologie, Stuttgart 2009.

P. Zyrill Fischer OFM (1892–1945). Ein widerständiger Ordensmann im US-Exil

Stefan Kitzmüller OFM

1. Der „Anschluss" 1938 und seine Folgen für NS-Gegner

Nachdem ich mich vor einigen Jahren mit dem frühen Widerstand des Franziskaners P. Zyrill Fischer (1892–1945) befasst habe,[1] so soll in dieser Abhandlung von seiner Flucht, von der Zeit des Exils und von seinem verschollenen Nachlass berichtet werden.[2]

Als im März 1938 der „Anschluss" Österreichs an Hitler-Deutschland erfolgte, setzte mit einer Welle der Begeisterung auch sofort die Verfolgung bestimmter Personengruppen ein. Das galt besonders für Juden, politische Funktionäre des sogenannten Christlichen Ständestaates, bekannte Sozialisten und Kommunisten sowie NS-Gegner aus den Bereichen des Journalismus und der Kirche. Das totalitäre Regime versuchte alle potenziellen Widerstandsquellen in der „Ostmark" von Anfang an konsequent auszuschalten. Dessen war sich zu diesem Zeitpunkt auch der Franziskanerpater und Publizist Zyrill Fischer bewusst. Dieser hatte in Wien bereits 1932 – noch vor Hitlers Machtergreifung – das Buch „Die Hakenkreuzler"[3] herausgebracht, eine aus heutiger Sicht als prophetisch zu bezeichnende Analyse der NS-Ideologie. In den darauffolgenden Jahren warnte der Franziskaner in weiteren Publikationen und durch Vorträge unermüdlich vor dem Nationalsozialismus. Todesdrohungen vonseiten der im Austrofaschismus in der Illegalität agierenden „Austronazis" waren die Folge.

Aber auch manche Kirchenleute belächelten Fischer als „klösterlichen Schwarzseher" oder als „Kassandra". Bei diesen ist zu unterscheiden zwi-

---

1 Kitzmüller, Franziskaner/innen im Widerstand.

2 Der folgende Beitrag stützt sich auf meine Forschungen in: Kitzmüller, „... ein unangenehmer Rufer in der Wüste".

3 Fischer, Die Hakenkreuzler.

schen der relativ kleinen Minderheit der so genannten „Brückenbauer“, welche von einer Vereinbarkeit von Christentum und Nationalsozialismus überzeugt war, und der größeren Gruppe der pastoral Orientierten. Letztere standen zwar der NS-Ideologie eher ablehnend gegenüber. Aber aus pastoralen Gründen vermieden sie die offene Konfrontation, damit sich österreichische Nationalsozialist/inn/en nicht als „unbehauste Christen“ fühlen müssten.[4] Zu dieser Richtung gehörten beispielsweise der Wiener Seelsorgeamtsleiter Karl Rudolf (1886–1964) oder der Pastoraltheologe Michael Pfliegler (1891–1972), die aus derselben Motivation heraus auch um einen Dialog mit der Sozialdemokratischen Arbeiterpartei bemüht waren. Die beiden wirkten prägend in der Jugend- und Erneuerungsbewegung „Bund Neuland“. Kardinal Theodor Innitzer (1875–1955) brachte ihnen großes Vertrauen entgegen und beförderte sie in die Führungsetage der Katholischen Aktion. Fischer machte sich mit seinem frühen und kompromisslosen Widerstand gegen die NS-Ideologie vermutlich auch in der eigenen Ordensgemeinschaft nicht nur Freunde. Schließlich lebte und wirkte mit P. Hartmann Staudacher (1901–1975) auch ein dezidierter „Brückenbauer“ gleichzeitig mit Fischer im Wiener Konvent.

Als sich am Abend des 11. März 1938 – einem Freitag – mit dem Rücktritt von Bundeskanzler Kurt Schuschnigg (1897–1977) der Einmarsch deutscher Truppen abzeichnete, hatte Fischer eigentlich keine Flucht im Sinn, obwohl er sich über die Bedrohung seiner Person im Klaren war. Später schrieb er, dass er den Nazis nun „ins Gesicht brüllen“ wollte, was er bisher in Artikeln und Büchern über sie veröffentlicht hatte.[5] Die Nacht verlief äußerst unruhig. Auf Wiens Straßen skandierten die bisher illegalen Nationalsozialisten bereits lautstark und aggressiv ihre Parolen gegen Juden, Ständestaat und Kirche. Am Ostbahnhof herrschte wegen der vielen Flüchtenden ein wildes Gedränge. Am frühen Samstagmorgen befahl der Provinzial der Wiener Franziskanerprovinz auch Fischer eine sofortige Flucht. Schließlich, so seine Argumentation, bestehe für diesen unter den „neuen Umständen“ Lebensgefahr, und bei einem Bleiben würde die ganze Provinzgemeinschaft in unabsehbare Schwierigkeiten geraten. Auch der Provinzial der Tiroler Franziskanerprovinz, zu

4 Vgl. Liebmann, „Heil Hitler“ – Pastoral bedingt.
5 Für die Details zu Fischers Flucht vgl. dessen Text: The Gestapo arrived too late.

welcher Fischer eigentlich gehörte, obwohl er schon seit 1924 in Wien lebte, hatte ihm kurz vorher nahegelegt, sofort auszureisen, falls die politische Lage kippen sollte.

2. Fischers abenteuerliche Flucht in die USA

Da sich in Fischers publizistischer Materialsammlung Namen verschiedener brieflicher Informant/inn/en befanden, erbat er sich zum Verwischen dieser Spuren noch etwas Zeit. Schließlich wusste er schon besser als viele andere in Österreich um die Brutalität des NS-Systems und wollte niemanden in Gefahr bringen. Also beheizte er an diesem Märzsamstag seinen winzigen Ofen bis zum Glühen mit brisanten Dokumenten und trat zwischendurch immer wieder auf die Straße, um die Situation zu beobachten. Unzählige deutsche Flugzeuge verursachten am Himmel über Wien ein ungewohntes, auf manche einschüchternd wirkendes Dröhnen.[6] Am späten Nachmittag war Fischers Werk vollbracht, und er verrührte mit dem Schürhaken noch kräftig die Asche, um jedwede Rekonstruktion zu verhindern. Während seine Mitbrüder schon nervös wurden, weil er immer noch im Haus war, packte er seinen Koffer und ging in Zivil, ohne Ordenshabit, zum inzwischen ruhigeren Ostbahnhof. Unerkannt zwischen Gestapobeamten sitzend, gelangte er im Zug nach Frauenkirchen im burgenländischen Seewinkel, wo er im Franziskanerkloster übernachtete. Die vielen Gestapobeamten im Zug stellten eine beträchtliche Gefahr dar. Am darauffolgenden Sonntag versuchte er die Ausreise, indem er einen Mitbruder bei seiner Messaushilfe in eine Kirche jenseits der ungarischen Grenze begleitete.[7] Obwohl der österreichische Grenzbeamte bereits eine Hakenkreuz-Armbinde trug, handelte er entgegen seiner neuen Dienstanweisung. Mit den Worten „Es wird in Österreich schon wieder einmal besser werden" ließ er Fischer durch und versah dessen Pass sogar mit einem Ausreisestempel. Die ungarischen Beamten machten jedoch bedrohliche Probleme, weil sie Weisung hatten, keine Flüchtlinge aus Österreich einreisen zu lassen. Erst am späten Nachmittag erlaubten sie

---

6 Chronik des Wiener Franziskanerklosters, März 1938, 15.

7 Das Kloster Frauenkirchen war zu diesem Zeitpunkt noch von ungarischen Brüdern bewohnt, welche jedoch Mitte 1938 auszogen, um von Brüdern der damaligen „Wiener Provinz" abgelöst zu werden.

Fischer die Einreise, jedoch unter der Auflage, sich binnen 24 Stunden amtlich in Budapest zu melden. Auf einer Feldbahn erreichte er im Freien, zwischen Milchkannen sitzend, den öffentlichen Bahnhof und gelangte von dort nach Budapest, wo er bei den dortigen Franziskanern für zirka zwei Monate unterkam.[8] Dann erreichte ihn jedoch die Mitteilung der ungarischen Staatspolizei, dass er bei einem weiteren Aufenthalt an die Wiener Gestapo auszuliefern sei. In diesen Tagen bekam er aber auch die Einladung des Provinzials der US-amerikanischen Franziskanerprovinz von Cincinnati[9], dorthin zu kommen und in der Redaktion einer deutschsprachigen Zeitschrift[10] mitzuarbeiten. P. Robert Hammer (1895–1960), der einst mit Fischer die Ordensausbildung in der damaligen Tiroler Franziskanerprovinz durchlaufen hatte und nun als Lehrer am Ordensgymnasium Roger Bacon in Cincinnati tätig war, hatte die Einladung erwirkt. Am 23. Mai 1938, zwei Tage bevor in Budapest der 34. Eucharistische Weltkongress begann, reiste Fischer mit der Bahn von dort ab und erreichte über das damalige Jugoslawien, Norditalien und die Schweiz[11] den französischen Hafen Cherbourgh. Bereits am 31. Mai kam er per Schiff[12] in New York an und gelangte schließlich nach Cincinnati im Bundesstaat Ohio.

3. Von Cincinnati nach Santa Barbara

Die Stadt und auch die hiesige Franziskanerprovinz waren damals stark von deutschsprachigen Einwanderern geprägt, weshalb Fischers kaum vorhandene Englischkenntnisse im Alltagsleben nicht so sehr ins Gewicht fielen. Was er jedoch bald mit Schrecken feststellen musste, war, dass in diesem Umfeld durchaus große Sympathien für Hitler vorhanden waren. In den Artikeln, die er für die erwähnte Zeitschrift bald regelmäßig abzuliefern hatte, durfte er zwar freimütig gegen den Kommunismus anschrei-

---

8 Vgl. Archiv der (ehemaligen) Wiener Franziskanerprovinz.

9 Im 19. Jahrhundert von Franziskanern der Tiroler Provinz mitbegründet, gab es damals noch regen Kontakt zwischen den beiden Ordensprovinzen.

10 Gemeint ist der „Sendbote des göttlichen Herzens Jesu".

11 Auch die Schweizer Beamten verweigerten Fischer zuerst die Durchreise, ließen ihn jedoch passieren, als er seine Schiffsfahrkarte nach New York vorweisen konnte.

12 Der Überseedampfer Aquitania der Cunard White Star Line verkehrte von 1914 bis 1950 zwischen Southampton, Cherbourgh und New York.

ben, nicht jedoch gegen den Nationalsozialismus. Man wollte die Leserschaft nicht vergrämen. Zutiefst besorgt um seine alten Eltern im heimatlichen Mühlviertel[13] und die Mitbrüder, die er in der „Nazihölle" wusste, die Entwicklung des Krieges zu einem „Weltenbrand" von Anfang an klar vor Augen und enttäuscht von Amerika, wurde er krank. Die extremen Temperaturschwankungen des Ohiotals taten ihr Übriges, um die schon aus Wien mitgeschleppten Entzündungen von Hals, Nase und Nebenhöhlen wieder akut werden zu lassen. So wurde ihm im Sommer 1939 ein Kuraufenthalt in Denver/Colorado und 1940 im Franziskanerkloster Old Mission in der kalifornischen Küstenstadt Santa Barbara bewilligt. Der Guardian dieses alten, schon in spanischer Zeit gegründeten Konvents, Fr. Patrick Roddy († 1949), hatte während der 1920er Jahre im Kloster Schwaz/Tirol die Zeit seines Doktoratsstudiums verbracht. Er kannte und schätzte Fischer von damals her und brachte ihm deshalb viel Verständnis entgegen. So fühlte sich Fischer hier sowohl klimatisch und landschaftlich als auch menschlich sehr viel wohler. Unter dem Decknamen „Frank Shields" suchte er, auf einem postalischen Umweg über die Schweiz[14], bei der Ordenskurie in Rom um eine Versetzung nach Santa Barbara an, die ihm auch gewährt wurde. Mit neuer Energie schmiedete er jetzt Buchpläne, um die US-amerikanische Öffentlichkeit über den Nationalsozialismus, aber auch über die Situation in Österreich vor und nach dem „Anschluss" aufzuklären. Letzteres erachtete er besonders im Hinblick auf die Nachkriegsordnung in Europa als sehr wichtig.

4. Kontakte mit Otto von Habsburg und Franz Werfel

Am 13. April 1941 erhielt Fischer prominenten Besuch von Otto von Habsburg (1912–2011), Sohn des letzten Kaisers von Österreich, der versuchte, die österreichischen Exilanten in den USA in einer gemeinsamen Organisation zu vereinigen, worum auch andere sich bemühten, was sich aber aufgrund der mitgeschleppten ideologischen Zersplitterung als un-

13 Fischer wurde in Hinteranger, nahe Schwarzenberg am Böhmerwald, im heutigen Dreiländereck Tschechien, Österreich, Deutschland geboren und fühlte sich seiner dort lebenden Familie stets sehr verbunden.

14 Über die Adresse des Mitbruders P. Walter Ramsauer im Stift Zizers bei Chur.

möglich erwies.[15] Es scheint, dass er Fischer, der in Wien eine Zeit lang für die „Schul- und Erziehungsorganisation der Katholiken Österreichs" in der Pressearbeit tätig gewesen war, für eine ideologische Neuausrichtung des Schulsystems in Österreich nach dem Krieg gewinnen wollte. Sicher ist jedenfalls, dass Habsburg von Fischer die Adresse des ebenfalls emigrierten Schriftstellers Franz Werfel (1890–1945) erhielt und diesen bald darauf aufsuchte.[16]

Fischer erfuhr 1940, als er schon nach Santa Barbara übersiedelt war, über die Medien von Franz und Alma Mahler-Werfels (1879–1964) Flucht aus Europa in die USA. 1932 hatte ihm der schon damals sehr bekannte Autor brieflich zu seinem Buch „Die Hakenkreuzler" gratuliert, woraus ein erster, loser Briefkontakt entstand. Nun griff Fischer unter ganz anderen Umständen erneut zur Feder, gratulierte Werfel zur gelungenen Flucht und erkundigte sich nach dem Verbleib des jüdischen Journalisten Hans Kandl (1898–1940)[17], eines gemeinsamen Bekannten. Außerdem ging es ihm auch darum, mit Werfels Hilfe in Kontakt mit US-Verlagen für geplante Publikationen zu kommen. Das Ehepaar Werfel hatte in Beverly Hills bei Hollywood, zirka 60 Meilen südlich von Santa Barbara, eine neue Bleibe gefunden. Der Schriftsteller hatte gleich nach dem Einzug damit begonnen, ein während seiner Flucht im französischen Wallfahrtsort Lourdes getätigtes Versprechen einzulösen und einen Roman[18] über die Müllerstochter und Seherin Bernadette Soubirous und deren Marienerscheinungen zu schreiben. Da Werfel als säkular erzogenem Juden jedoch eine für den Roman wichtige gute und innere Kenntnis des katholischen Milieus fehlte, kam auch ihm die Kontaktaufnahme des Franziskanerpaters zu diesem Zeitpunkt sehr gelegen. Bald besuchte Werfel Fischer in der Old Mission. Es begann sich eine gute Freundschaft zu entwickeln, die sich auch auf Werfels Ehefrau Alma ausdehnte und einige Gegenbesuche Fischers mit sich brachte. Der Autor mietete sich in den Jahren vor seinem Tod 1945 immer wieder in einem kleinen Bungalow des Biltmore-Hotels in Santa Barbara ein, schrieb hier an seinen li-

---

15 Vgl. Plöchl, Willibald Plöchl und Otto Habsburg in den USA, 12, FN 1.

16 Vgl. Brief Fischers an Werfel, 14.04.1941.

17 Kandl wurde im Frühjahr 1938 verhaftet und starb nach zweijährigem Leidensweg 1940 im Konzentrationslager Ravensbrück.

18 Werfel, Das Lied von Bernadette.

terarischen Werken, zeigte sich beeindruckt von der Atmosphäre und besonders von der Bibliothek der Old Mission und hielt den dortigen Franziskanern wiederholt kleine „Abendvorträge“ zu unterschiedlichen Themen. Es dürfte kein Zufall sein, dass Werfels letzter großer, für ihn ungewöhnlich utopischer Roman „Stern der Ungeborenen“[19] teilweise in einem alten Franziskanerkonvent spielt. Glaubt man dem mit Werfel ebenfalls befreundeten Germanisten Gustave Arlt (1895–1986), sind in diesem Roman auch geistliche und philosophische Gespräche Werfels mit Fischer verewigt.[20]

Auch in dem von Werfel im Exil verfassten, manchmal als Komödie einer Tragödie bezeichneten Werk „Jakobowsky und der Oberst“[21] gibt es eine Szene, in der die Freundschaft der beiden ungleichen Exilanten zum Ausdruck gebracht worden sein könnte, nämlich wie der „ewige Jude“ und der „heilige Franziskus“ auf einem Tandem gemeinsam auf der Flucht vor Hitler sind.

Als das Manuskript des Lourdes-Romans „Das Lied von Bernadette“ fertig war, bekam es Fischer zum Probelesen, um eventuelle inhaltliche Unstimmigkeiten aufzuspüren, damit sie von Werfel ausgebessert werden könnten, was dann tatsächlich auch an einigen Stellen geschah.[22] Werfel gelang mit diesem Roman als einem der ersten Exilanten in den USA der literarische Durchbruch. Bald wollte Hollywood die Story verfilmen. Wieder war es Fischer, der über Fr. Patrick Roddy für Werfel einen Kontakt mit dem Erzbischof von Los Angeles herstellen konnte. Damit gelang es, eine befürchtete Indexierung des Films durch die sogenannte, von der US-amerikanischen Bischofskonferenz getragene „Legion of Decency“ schon im Vorfeld auszuschließen.[23]

Werfel bezeichnete sich selber im Vorwort zum „Song“, wie der Roman in der englischen Übersetzung betitelt wurde, als einen „christusgläubigen Juden“. Deshalb erscheint es folgerichtig, dass Fischer ihm seine Hilfe anbot, sollte Werfel sich für eine katholische Taufe entscheiden.

---

19 Ders., Stern der Ungeborenen.
20 Vgl. Jungk, Franz Werfel.
21 Werfel, Jakobowsky und der Oberst.
22 Archiv der ehemaligen Tiroler Franziskanerprovinz, Brief Fischers an Robert Braun, 15.06.1943.
23 Archiv der ehemaligen Tiroler Franziskanerprovinz, Brief Fischers an Franz Werfel, 17.07.1942.

Schon in Wien hatte er einzelne jüdische Freunde auf deren Bitten hin auf die Taufe vorbereitet, so etwa den später nach Schweden emigrierten Schriftsteller Robert Braun (1896–1972). Dabei hütete sich Fischer jedoch vor dem Vorwurf des Proselytismus. In seinem 1934 gehaltenen Vortrag „Wie sieht der Katholik das jüdische Volk“[24] hatte er sich zum Beispiel deutlich vom „Pauluswerk“ distanziert, dessen Ziel damals noch möglichst viele „Judentaufen“ waren. Werfel entschied sich aus theologischen und eventuell auch aus Prestigegründen gegen die Taufe. Nach einer Zeit zunehmender Herzbeschwerden starb er im Sommer 1945. Mit einem kleinen Kreuz und einem Rosenkranz in den Händen – Geschenke Fischers zu Weihnachten 1944 – wurde er im Rahmen einer interreligiösen Feier in Hollywood begraben.

5. Tod und verschollener Nachlass

Bei Fischer war 1943 Nierenkrebs diagnostiziert worden. Von einer Operation in San Francisco schien er sich im Herbst 1944 langsam zu erholen, doch im Frühling 1945 begann sich sein Zustand erneut rapide zu verschlechtern. Am 9. Mai 1945 vernahm er noch die Nachricht von der Kapitulation Hitler-Deutschlands, zwei Tage danach, am 11. Mai, dem Morgen nach Christi Himmelfahrt, verstarb er. Die Mitbrüder im Österreich der „Stunde Null“ erfuhren von Fischers Tod interessanterweise durch zwei Söhne der Salzburger Sängerfamilie Trapp, die durch den Film „Sound of Music“ später weltweite Berühmtheit erlangen sollte. Die beiden kamen im Frühjahr 1945 als alliierte Soldaten in ihre österreichische Geburtsstadt Salzburg. Durch einen Feldpostbrief ihrer Mutter hatten sie vom Tod des mit der Familie befreundeten Franziskaners erfahren und brachten diese Nachricht in die Sakristei der Salzburger Franziskanerkirche.[25]

Fischer hinterließ einen umfangreichen schriftlichen Nachlass. Dieser enthielt teilweise brisantes Material, zum Beispiel über die so genannte

24 Fischer, Wie sieht der Katholik das jüdische Volk.

25 Vgl. Archiv der (ehemaligen) Tiroler Franziskanerprovinz, 34-Z-37, Nachrichten aus Salzburg, 18.06.1945.

„Wiener Arbeitsgemeinschaft für den religiösen Frieden“[26]. Während der 1930er Jahre war diese ein Sammelbecken „nationalkatholischer Brückenbauer“ gewesen. Bekanntester Vertreter von „Brückenbauern“ war wohl der aus der Steiermark stammende Bischof und damalige Rektor des als Nationalstiftung geführten Priesterkollegs „Santa Maria del‘ Anima“ in Rom, Alois Hudal (1895–1963). In einigen Manuskripten, deren Publikation Fischer als Exilösterreicher in den USA leider nicht gelang, hatte er deren unheilvolles Wirken dargestellt. Dieser Nachlass umfasste unter anderem auch acht versperrte Metallboxen mit der Aufschrift „confidential“. Schon 1946 erwähnte Robert Braun in einem Nachruf auf Fischer in der österreichischen Wochenzeitung „Die Furche“ die Existenz dieses Materials[27], das sich damals unter der Obhut Fr. Patrick Roddys in der Old Mission befand. 1949 kam Roddy dann bei einem tragischen Autounfall ums Leben, und die „Fischer Collection on Nazism and Communism“, wie sie nun genannt wurde, landete in der hauseigenen Archive Livrary der Old Mission.

Am 1. März 1973 erschien schließlich in einer Beilage des Wiener Diözesanblattes ein neuerlicher Nachruf.[28] Darin wurde ausdrücklich zur Erforschung des Nachlasses Fischers eingeladen und dessen Aufbewahrungsort genannt. Knapp ein Jahr darauf geschah etwas Seltsames: In der Archive Library der Old Mission gab sich ein gewisser William Longstreth fälschlicherweise als Professor der UCLA[29] aus und erwarb nach längeren Verhandlungen mit dem dortigen Archivar Fr. Maynard Geiger (1901–1977) das Material um den Preis von 2000 Dollar. Im August 1974 zeigte der für die Vatikanischen Archive mit Forschungen über Kirche und Nationalsozialismus beschäftigte P. Robert A. Graham (1912–1997) Interesse für die „Fischer-Collection“, wie sie mittlerweile im Briefverkehr genannte wurde. Als er von Fr. Maynard vom Verkauf erfuhr, versuchte er erfolglos Kontakt mit Longstreth aufzunehmen.

Ab 1989 bemühte sich der österreichische Hobbyhistoriker Karl Lugmayer (1926–2014) jahrelang, an das Material heranzukommen. Über

26 Zu dieser „nationalkatholischen“ Gruppe siehe: Loidl, Arbeitsgemeinschaft für den religiösen Frieden; des Weiteren Liebmann, Innitzer.
27 Braun, Ein Kämpfer der Feder.
28 Loidl, P. Cyrill Fischer OFM.
29 University of California, Los Angeles.

einen Mittelsmann[30] bahnte sich schließlich ein Kontakt mit dem rätselhaften Longstreth an, und der Rückkauf des Materials schien in erreichbare Nähe gerückt zu sein. Doch plötzlich ließ Longstreth verlauten, das Material sei unauffindbar und wohl bei seinem Umzug von Kalifornien nach Massachusetts verloren gegangen.

Was P. Zyrill Fischer der Nachwelt noch zu sagen gehabt hätte, scheint also durch eine Mischung aus Naivität und Zufall verloren gegangen zu sein. Aber auch eine andere Version über das Verschwinden des Nachlasses ist denkbar: In Österreich könnte es 1973, als der Aufruf zur Aufarbeitung des Materials im Wiener Diözesanblatt erging, noch Personen, etwa aus dem Kreis der „Arbeitsgemeinschaft für den religiösen Frieden" gegeben haben, die unangenehme Enthüllungen über ihre eigene Vergangenheit zu befürchten hatten. Sollte so jemand Longstreth mit der Beseitigung des Materials beauftragt haben? Die zeitliche Nähe von einem knappen Jahr zwischen dem öffentlichen Aufruf in Österreich und dem ominösen Verkauf der Sammlung in den USA lässt einen solchen Verdacht nicht ganz unbegründet erscheinen. Noch ist jedenfalls die Hoffnung nicht ganz verloren, dass der Nachlass Fischers eines Tages doch noch auftauchen könnte.

Quellen und Literatur

Archiv der (ehemaligen) Wiener Franziskanerprovinz, Mappe zu P. Zyrill Fischer OFM, Persönliche Erinnerung von P. Michael Weiss OFM [1938 Präfekt der in Budapest studierenden Kleriker], 1 Seite, handschriftlich in Eisenstadt am 01.08.1977.

Archiv der ehemaligen Tiroler Franziskanerprovinz im Franziskanerkloster Hall, Dokumente von und über P. Zyrill Fischer.

Braun Robert: In memoriam: „Ein Kämpfer der Feder", in: Die Furche 31, 03.08.1946.

Brief Fischers an Werfel, 14.04.1941, in: University of Pennsylvania, Van Pelt-Dietrich Center, Annenberg Rare Book and Manuscript Library, Collection 575 (Alma Mahler-Werfel Papers), Folder 709.

Chronik des Wiener Franziskanerklosters, März 1938.

---

30 Joel Newkirk.

Fischer Zyrill: The Gestapo arrived too late, Archiv der ehemaligen Tiroler Franziskanerprovinz im Franziskanerkloster Hall, Dokumente von und über P. Zyrill Fischer, ungedruckter Lebensrückblick, 30 Seiten maschingeschrieben.

Fischer Zyrill: Die Hakenkreuzler, Wien 1932.

Fischer Zyrill: Wie sieht der Katholik das jüdische Volk, in: Sonderdruck aus Dr. Lugmayers „Neue Ordnung" 1935, Folge 1 und 2, Wien 1934.

Franciscan Friars of the St. John the Baptist Province (Hg.): Sendbote des göttlichen Herzens Jesu. Zeitschrift für deutschsprachige Mitglieder des damaligen Dritten Ordens des Heiligen Franziskus in den USA.

Jungk Peter Stephen: Franz Werfel. A Live in Prague, Vienna and Hollywood, New York 1990.

Kitzmüller Stefan: „... ein unangenehmer Rufer in der Wüste". Der publizistische Widerstand des österreichischen Franziskaners Zyrill Fischer (1892–1945) gegen den Nationalsozialismus. Theol. Diplomarbeit, Karl-Franzens-Universität Graz 2012.

Kitzmüller Stefan: Franziskaner/innen im Widerstand gegen den Nationalsozialismus. Am Beispiel des Publizisten Pater Zyrill Fischer OFM (1892–1945), in: Sohn-Kronthaler Michaela / Zahner Paul (Hg.): Pax et Bonum. Franziskanische Beiträge zu Frieden und interreligiösem Dialog (= Theologie im kulturellen Dialog 23), 163–173.

Liebmann Maximilian: „Heil Hitler" – Pastoral bedingt, Vom Politischen Katholizismus zum Pastoralkatholizismus, Wien 2009.

Liebmann Maximilian: Kardinal Innitzer und der Anschluss. Kirche und Nationalsozialismus in Österreich 1938, Graz-Wien 1982.

Loidl Franz: „Arbeitsgemeinschaft für den religiösen Frieden", Miscellanea aus dem kirchenhistorischen Institut der katholisch-theologischen Fakultät, Wien 1973.

Loidl Franz: P. Cyrill Fischer OFM. (gest. 1945). Schuldiger Kurznachruf, in: Beiträge zur Wiener Diözesangeschichte. Beilage des Wiener Diözesanblattes, 111. Jg., Nr. 2, 01.03.1973.

Plöchl Gerhardt: Willibald Plöchl und Otto Habsburg in den USA. Ringen um Österreichs „Exilregierung" 1941/42, Wien 2007.

Werfel Franz: Das Lied von Bernadette, Los Angeles 1941.

Werfel Franz: Jakobowsky und der Oberst, Los Angeles 1942.

Werfel Franz: Stern der Ungeborenen. Ein Reiseroman, Los Angeles 1945.

Ansgar Brehm OFMConv und Leopold Moosbrugger OFMCap im Fadenkreuz nationalsozialistischer Verfolgungsbehörden

Christof Müller

Selten wird davon gesprochen, dass die Zahl von allein 168 verhafteten steirischen Priestern in den ersten drei Jahren nach dem „Anschluss" – ganz zu schweigen von jenen, die mit Gauverweisen, Schikanen, Predigt- und Unterrichtsverbot bedacht wurden – im Verhältnis viel höher war als jene Zahl von Geistlichen, die vor allem um das „Anschluss"-Jahr 1938 dem Nationalsozialismus nahe standen oder sogar eifrige Vertreter desselben waren.[1] Von hoher Zahl sind nämlich jene Priester, die während der nationalsozialistischen Herrschaft in der Steiermark nicht schwiegen, sich nicht „arrangierten" und sich in irgendeiner Form kritisch äußerten, meist ahnungslos über die oft fatalen Konsequenzen.[2]

So hatte beispielsweise schon der NSDAP-Reichsleiter Martin Bormann in einem offiziellen Rundschreiben im Jahr 1938 erklärt, dass „die nationalsozialistische Idee unvereinbar mit der christlichen Lehre" sei. Und in seinem Geheimerlass vom 6. Juni 1941 monierte er:

> „Immer mehr muss das Volk den Kirchen und ihren Organen, den Pfarrern, entwunden werden. [...] Die Einflussmöglichkeit der Kirche muss restlos beseitigt werden. Erst wenn das geschehen ist, hat die Staats-

---

1 Laut Michaela Sohn-Kronthaler wurden bislang rund fünf Prozent steirische Kleriker eruiert, die sich im Kontext des „Anschlusses" 1938 mit dem Nationalsozialismus arrangierten. Siehe Sohn-Kronthaler, Katholische Kirche und Nationalsozialismus, 176.

2 In meinem Dissertationsprojekt am Grazer Institut für Kirchengeschichte und Kirchliche Zeitgeschichte (Betreuerin: Michaela Sohn-Kronthaler) erforsche ich die durch den Nationalsozialismus verfolgten steirischen Priester. Bislang konnten bereits 186 Geistliche namentlich eruiert werden, die mit dem NS-Regime in Konflikt gerieten.

> führung den vollen Einfluss auf die einzelnen Volksgenossen. Erst dann sind Volk und Reich in ihrem Bestand gesichert.“[3]

Unter den verfolgten Geistlichen befanden sich auch zahlreiche Ordensleute. Der folgende Beitrag widmet sich zwei Angehörigen der franziskanischen Ordensfamilie, nämlich dem dem Minoritenorden angehörenden P. Ansgar Brehm sowie dem Kapuzinerpater Leopold Moosbrugger, die von den Nationalsozialisten wegen ihres nicht systemkonformen Verhaltens verurteilt und in Haft gesetzt wurden. Beide wurden bislang wenig erforscht und sind bis vor kurzem der Öffentlichkeit kaum bekannt gewesen. Deren Schicksal während der NS-Zeit soll hier nun näher vorgestellt werden.

1. P. Ansgar Brehm OFMConv (1890–1987)

P. Ansgar Brehm, geboren am 20. Juli 1890 in Theilheim (Bayern) als Kind einer gläubigen Bauernfamilie, trat mit 22 Jahren in den Minoritenorden in Würzburg ein. Nach seinem Noviziat absolvierte er die theologischen Studien großteils in Freiburg in der Schweiz, wo er 1921 zum Priester geweiht wurde. Wegen des Ersten Weltkrieges, in dem er als Krankenpfleger eingesetzt war, erfolgte die feierliche Profess erst im Jahre 1921. Bereits ein Jahr später ging er auf Wunsch seines Provinzials in Würzburg nach Österreich.

Von 1922 bis 1929 wirkte er als Kaplan in der Ordenspfarre Neunkirchen, seit 1929 war seine neue Wirkstätte die Ordenspfarre Mariahilf in Graz. Hier entwickelte er als Kaplan und später als Pfarrvikar einen großen seelsorglichen Eifer. In seiner stillen Art und durch seine große Bescheidenheit verstand er es, rasch das Vertrauen der Menschen, die mit seelischen, geistigen oder materiellen Nöten zu ihm kamen, zu gewinnen. Er baute in Mariahilf den Dritten Orden als Laienorganisation aus, um dadurch vor allem in den Notzeiten der dreißiger Jahre vielen helfen zu können. Aus Aufzeichnungen geht hervor, dass die Bevölkerung ihn das „Herz von Mariahilf“ nannte. Er wurde ein über die gut besuchte Wallfahrtskirche und Pfarre Mariahilf hinaus geschätzter Beichtvater. Ebenso weit über die Pfarrgrenze erstreckte sich seine Sorge um die Ar-

3 Zit. in: Adolph, Im Schatten des Galgens, 21.

men und die Kranken. Unter seiner Leitung als Drittordensdirektor blühte die franziskanische Drittordensgemeinde auf.

In der Zeit des Nationalsozialismus sprach er sich öffentlich gegen das unmenschliche System aus. Er wurde das Opfer eines Spitzels, der ihn im Februar 1941 im Kreuzgang des Minoritenklosters Graz ansprach und vorgab, Soldat zu sein, sich aber jetzt unglücklich fühle, da er aus der Kirche ausgetreten sei. In der Zeit von Februar bis Mai 1941 fand laut Urteilsabschrift jeden Sonntag ein Treffen zwischen den beiden statt, wobei P. Ansgar öfters dem Soldaten kritische Äußerungen gegenüber dem „Führer", der damaligen Regierung und dem Krieg gemacht haben dürfte. So habe Ansgar geäußert, dass Hitler für ihn nichts anderes als ein Mann mit vielen Fehlern sei, ein Tyrann, der wie Napoleon Europa zu unterjochen versuche. Weiters habe P. Ansgar behauptet, dass Priester und Nationalsozialisten sich nicht vereinbaren lassen, da die Priester den Frieden predigen, der Nationalsozialismus aber Hass unter das Volk streue.[4] Bei einem Ausflug nach Mariatrost im März 1941 habe der Pater des Weiteren gesagt:

> „Hitler ist für mich nicht der Führer, sondern der Verführer seines Volkes. Ich habe daher auch bei der Volksabstimmung im Jahre 1938 mit ‚nein' gestimmt. Die Blutschuld, die sich die verantwortlichen Männer durch den Krieg auf sich laden, ist furchtbar. Ich kann nicht verstehen, dass die verantwortlichen Männer ihre Rechte zum Schaden des Volkes so missbrauchen."[5]

Die Volksabstimmung im Jahre 1938, behauptete der Geistliche, sei ein Schwindel gewesen, denn beim Beichthören in seinem Dorf hätte ihm eine Reihe von Leuten anvertraut, dass sie mit „Nein" gestimmt hätten, was im Widerspruch zu dem Wahlergebnis stand, da ihm allein in der Beichte schon mehr „Nein"-Stimmen anvertraut wurden, als im Wahlergebnis bekannt gegeben worden waren.

P. Ansgar wurde am 23. Juli 1941 nach einer Hausdurchsuchung von der Gestapo verhaftet. Erst am 2. Jänner 1942 fand die Verhandlung statt, bei der er zu drei Jahren schweren Kerkers wegen Vergehens nach § 2 des „Heimtückegesetzes" verurteilt wurde. Die Zeit der Untersuchungs-

---

4 Diözesanarchiv Graz, Personalakt P. Ansgar Brehm.
5 Ebd.

haft wurde ihm schließlich angerechnet, so dass er am 1. August 1943 aus der Haft entlassen werden konnte.[6]

Seine Erfahrungen und Erlebnisse mit den Nationalsozialisten hielt der Ordensmann in einem persönlichen Rückblick in der Chronik der Pfarre Mariahilf fest:

> „Am 23 Juli 1943 morgens 7h kam d. Geheime Staatspolizei morg. 7 Uhr zu mir (P. Ansgar) visitierte das Zimmer u. nahm mich dann mit. Ich hatte schon einige Tage Darmkatarrh, was meinen Zustand noch bedeutend erschwerte. Morgen u. nachm. wurde ich von 2 Gestapo-Polizisten verhört. Ein Soldat N. N.[7] aus Innsbruck, der im Frühjahr mehrmals bei mir war mit der fälschlichen Angabe von der katholischen Kirche abgefallen zu sein und wieder zur Kirche zurückkehren zu wollen, hatte sich in mein Vertrauen eingeschlichen und Jüngerschaft geheuchelt, alles aufgeschrieben, was ich sagte, auch Manches verwechselt und mich dann denunziert. Ich hatte ein Herz für den jungen, verwaisten Mann und unterstützte ihn mit Erlaubnis von P. Guardian auf allerlei Weise. Wie ich später bei der Verhandlung erfuhr war [er] mein Verräter bei der H.J. und wollte zur SS und da sollte ich ihm als Sprungbrett dienen. 14 Tage war ich im Polizeigefängnis (von Wanzen gequält, sodass ich wenig schlafen konnte. Ein Trost war mir, dass durch meine Verhaftung niemand anderer hineingezogen wurde. Vom 6. August 1941 bis 15.I.1942 war ich im Landesgericht, meist mit Kommunisten zusammen, die aber alle anständig gegen mich waren und mich wegen meinen religiösen Übungen niemals ausspotteten, sondern es baten sogar mehrere um Gebetshilfe). Am Heiligen Abend 1941 erhielt ich die Anklageschrift, worin unter anderem stand, dass ich mich geweigert habe, mich einem ‚nützlichen Beruf‘ zuführen zu lassen; dann waren Gerichtsferien, sodass ich am Tag der Verhandlung kaum eine ½ Stunde vorher mit meinem Advokaten über meinen Straffall reden konnte. Am 2. Jänner 1942 war meine Verhandlung durch das Sondergericht (3 Richter) unter Ausschluss der Oeffentlichkeit. Mein Advokat war für Freispruch, aber nach dem ‚Annahmegesetz‘ wurde ich zu 3 Jahren Gefängnis verurteilt. Ich konnte erst nur die Worte beten: ‚Gott, mein Gott, warum hast du mich verlassen?‘, aber gottlob bekam ich bald wieder das seelische Gleichgewicht und fand wieder im vielen Beten Trost und Kraft. Oft küsste ich mein Brevier und wie lieb war mir mein Rosenkranz. Im Sondergericht (als Untersuchungsgefangener) durfte ich

6 Diözesanarchiv Graz, Personalakt P. Ansgar Brehm.

7 Name wird aufgrund des Datenschutzes nicht veröffentlicht.

niemals den Gottesdienst besuchen, nicht einmal am hohen Weihnachtsfeste. Am 15. Jänner 1942 kam ich zur Abbüßung meiner Strafe in die Strafanstalt Karlau. 1 ¼ Jahre war ich in Einzelhaft, eine Herzschule der Gedanken und des Gebetes. Mit dem Hl. Paulus konnte ich sprechen: ‚Ich bin voll des Trostes und überreich an Freude bei all meiner Traurigkeit.' Am 1. Feb. 1942 konnte ich seit 23.7.1941 wieder einmal dem Heiligen Messopfer beiwohnen. Meine ersten Tränen in der Gefangenschaft, Tränen der Rührung, der Freude. Ich verfertigte Papiersäcke. Am 1. August 1943 (Petri Kettenfeier) wurde ich ‚bedingter Weise' begnadigt. Da fühlte man etwas von Auferstehung."[8]

In seiner langjährigen Tätigkeit leitete er als Guardian in zwei Amtsperioden die Geschicke des Minoritenkonventes. Unter Diözesanbischof Ferdinand Stanislaus Pawlikowski wurde P. Brehm zum Geistlichen Rat ernannt. Er verblieb bis zu seinem Tod am 8. März 1987 in Graz und hat laut Auskunft eines Mitbruders nie mehr über seine Verfolgung während der Zeit des Nationalsozialismus gesprochen. Stellvertretend für das Schicksal katholischer Priester, die als Widerstandskämpfer im Nationalsozialismus verfolgt wurden, wurde im Gedenken an P. Ansgar Brehm im Jahr 2014 ein Stolperstein vor der Grazer Mariahilferkirche am Mariahilferplatz 3 verlegt.[9]

2. P. Leopold Moosbrugger OCap (1875–1948)

Am 20. November 1875 wurde Karl Hugo Moosbrugger in Thüringen in Vorarlberg geboren. Als Spätberufener trat er am 6. Jänner 1899 in der steirischen Provinz in den Kapuzinerorden in Schwanberg ein und erhielt den Ordensnamen Leopold. Was ihm an humanistischer Bildung noch fehlte, wurde in der damaligen Hauslehranstalt in Wolfsberg ergänzt. Die theologischen Studien absolvierte er in Klagenfurt, wo er auch am 19. Juli 1903 die Priesterweihe empfing. Der Wiener Provinzbote beschrieb in einem Nachruf seine typischen charakterlichen Merkmale und seine seelsorglichen Stärken als Priester:

„Sein Charakter kann durch drei Worte bestimmt werden: er war Vorarlberger, er war Priester und Kapuziner. Den Menschen dieses Landes ist

8 Aus der Chronik der Pfarre Maria Hilf, Graz.

9 http://www.stolpersteine-graz.at/stolpersteine/brehm-ansgar-pater-ofm-conv/. Bei der Feier der Stolpersteinverlegung referierte ich über das Leben von P. Ansgar Brehm.

> eine gewisse Charakterfestigkeit eigen. P. Leopold machte darin keine Ausnahme. Bei ihm vermählte sie sich mit echt franziskanischer Liebenswürdigkeit, so dass er leicht die Herzen aller gewann. Er war Priester und dies mit der ganzen Glut seines Herzens. Man konnte ihn hinstellen, auf welchen Posten man wollte, immer bemühte er sich, seine Pflichten in echt priesterlichem Geiste zu erfüllen. Mit besonderer Freude ging er auf frei gewordene Pfarren, um dort als Provisor das hinterlassene Erbe zu verwalten und für den neuen Pfarrherren vorzubereiten. Seine besondere Liebe aber galt den Kranken. Wo er nur jemand wusste, dass er nicht zur Kirche kommen kann, da scheute er keine Mühe, um den Heiland ans Krankenbett und mit ihm Trost, Freude und Stärkung zu bringen. Als Kapuziner war er von tiefer Liebe zur Provinz erfüllt. Als er während des vergangenen Regimes infolge seiner Offenheit und Charakterfestigkeit einigemale in Haft gesetzt wurde, hat er alle Mühen dieser Zeit für die Provinz dem Herrgott zum Opfer gebracht. Unzählige Rosenkränze betete er in dieser erzwungenen Freizeit und erwies sich so als treuer Sohn der von ihm innigst verehrten Patronin unserer Provinz."[10]

Als Aushilfskaplan in Kobenz vom 1. April 1938 bis November 1938 wurde er am 26. November 1938 von der Gendarmerie in Seckau in Haft genommen und dem Bezirksgericht in Knittelfeld überstellt. Ihm wurde vorgeworfen, den „Führer" beleidigt zu haben, zudem habe er seit

> „März 1938 zu wiederholten Malen, insbesondere Ende Oktober 1938 in Rassnitz vor mehreren Leuten durch Schmähungen die Entscheidungen der Behörden herabzuwürdigen und andere zum Hasse und zur Verachtung gegen Staatsbehörden aufzureizen gesucht".[11]

P. Leopold wurde zu drei Monaten Arrest aufgrund des Vergehens „gegen die öffentliche Ruhe und Ordnung" nach § 300 STG verurteilt und war inklusive Schutzhaft vom 26. November 1938 bis 6. April 1939 in Haft. Was dessen Äußerung über Hitler anbelangte, wurde nach einer entsprechenden Erklärung Moosbruggers, wie dieselbe aufzufassen sei, und einer Entschuldigung die Sache vom „Führer" als hinfällig erklärt.[12]

---

10 Vgl. Wiener Provinzbote, Heft 1, 15.03.1948, 18.

11 StLA, LG Leoben, Strafgerichtsbarkeit: Strafakt gegen Hugo Moosbrugger, 18.01. 1939; 9 Vr 1784/38.

12 Provinzarchiv der Kapuzinerprovinz Österreich-Südtirol, Abteilung Wien, Personalakten, P. Leopold Moosbrugger, Erklärung vom 15.08. 1940.

Laut Zeugenaussagen sollte der Kapuziner folgendes bei einem Hausbesuch der Familie N.[13] gesagt haben:

„[...] Im Gegenstande vernommen, gab N. N. an: Der Kapuzinerpater Moosbrugger ist glaublich zweimal in unserem Hause gewesen. Bei seinem ersten Besuch kam ich gleich in Streit mit ihm, weil ich ihn mit Heil Hitler! begrüßte. Er sagte darauf: ‚Es ist eine Schmach für einen Priester, der mit Heil Hitler! begrüßt wird.' So gegen Ende Oktober 1938 ist der Pater Moosbrugger abermals in unserem Hause gewesen. [...] Ich habe dem Pater vorgehalten, dass Hitler doch schon viel geleistet hat und dabei auf die Arbeitsbeschaffung hingewiesen. Darauf gab mir der Pater zur Antwort: ‚Hitler ist Dreck und bleibt Dreck!' [...] Der Pater hat überhaupt recht ausgehaut über den Führer. Auf meinen weiteren Vorhalt, das jetzt doch wieder Arbeit und Verdienst geschaffen worden ist, meinte der Pater: ‚Ach, was, erhungert ist ja früher auch niemand.' [...] Weiters sagte der Pater: Da wird immer gepredigt von Bolschewismus. Ist das nicht Bolschewismus wenn man die Kinder nicht in die Religionsstunde gehen lässt? Dass die Juden so verfolgt werden, wäre auch nicht notwendig!' Ich habe verschiedenes gegen die Reden des Paters einwenden wollen, er hat mich aber gar nicht zu Wort kommen lassen. [...]"[14]

Moosbrugger soll in einer Zeugenaussage am 14. Dezember 1938 zu Protokoll gegeben haben:

„Ich fühle mich einer strafbaren Handlung nicht schuldig. Ich erinnere mich, dass ich mit einer Frau die glaublich N. N.[15] hieß, einen Disput hatte, da ich mich über die Haltung des gegenwärtigen Staates in Bezug auf den Religionsunterricht an der Schule aufgeregt habe. [...] Ich erinnere mich, dass ich nach meinem Standpunkte als Priester, dem die religiöse Erziehung der Kinder anvertraut ist, gesagt habe, dass es von den Eltern vor Gott unverantwortlich ist, wenn sie ihre Kinder nicht in den Religionsunterricht gehen lassen. Der Hitler ist ‚Dreck', dürfte ich nicht gesagt haben. Ich habe vielmehr vor dem Führer eine große Hochachtung, ich habe auch ausdrücklich gesagt, dass ich mit vielem, was der Führer angeordnet hat, einverstanden sei. Dass ich mit einer Frau Namens N. N.[16] gesprochen hätte, weiß ich nicht. Ich weiß nicht, wer diese Frau

13 Siehe Anm. 7.

14 StLA, LG Leoben, Strafgerichtsbarkeit: Strafakt gegen Hugo Moosbrugger, 18.01. 1939; 9 Vr 1784/38

15 Siehe Anm. 7.

16 Siehe Anm. 7.

> ist. Ich muss sagen, dass ich in letzter Zeit unter einem gewissen Druck wegen des kirchlichen Lebens stand, weil so wenig Leute in die Kirche kamen. Es war eine gedrückte Seelenstimmung. Es ist schon möglich, dass ich vielleicht in einem zweiten Falle mit einer Frau über diese Dinge gesprochen habe. Den Gruß ‚Heil Hitler' habe ich insofern ausgestellt, als ich den Kindern in der Schule sagte, sie sollen den Priester mit ‚Gelobt sei Jesus Christus' oder mit ‚Grüß Gott' begrüßen. Auch zu Erwachsenen dürfte ich dies möglicherweise gesagt haben. [...] Ich erinnere mich, dass ich die Arbeitsbeschaffung eher gelobt habe und bin auch für den Zusammenschluss des deutschen Volkes. Bolschewismus habe ich nicht im politischen Sinne, sondern im geistigen Sinne gemeint. Ob ich auch wegen der Juden etwas gesagt habe, kann ich mich nicht recht erinnern. Die Angaben des N. N.[17] sind jedenfalls nicht richtig."[18]

Gegen das Ausmaß der verhängten Strafe wurde von der Staatsanwaltschaft Leoben Berufung eingelegt, die jedoch vom Oberlandesgericht Graz als unzulässig zurückgewiesen wurde. Nach seiner Schutzhaft vom 26. November 1938 bis zum 6. April 1939 war P. Moosbrugger in Schwanberg tätig, jedoch bereits im November 1939 wurde er aus der Steiermark ausgewiesen und nach Klagenfurt versetzt.[19]

Am 1. Februar 1948 stürzte er beim Verlassen der Straßenbahn derart unglücklich, dass er sich einen Schädelbasisbruch und eine Gehirnblutung zuzog und daran noch am selben Abend im Krankenhaus verstarb. Groß war die Anteilnahme der Bevölkerung an seinem Begräbnis am 4. Februar 1948, das von Fürstbischof Josef Köstner geleitet wurde und an dem sich auch das gesamte Domkapitel, der Abt von Tanzenberg sowie über 50 Ordensleute und Priester beteiligten.[20]

3. Schlussbemerkungen

Bis heute hat die Frage nach dem Verhältnis von Nationalsozialismus und katholischer Kirche im Dritten Reich nichts an Brisanz und gesellschaftspolitischer Relevanz eingebüßt. Wie spärlich kritische Forschungsergebnisse nach wie vor sind, zeigt der Mangel an differenzierten, aber um-

---

17 Siehe Anm. 7.
18 StLA, LG Leoben, Strafgerichtsbarkeit: Strafakt gegen Hugo Moosbrugger, 18.01. 1939; 9 Vr 1784/38.
19 Personalbogen P. Leopold Moosbrugger, Provinzarchiv der Kapuziner, Wien.
20 Vgl. Wiener Provinzbote, Heft 1, 15.03.1948, 18.

fassenden Projekten und Publikationen insbesondere auf regionaler Ebene in Österreich, die nicht zuletzt dadurch bedingt sind, dass die nun schon seit Jahrzehnten geforderte Aufarbeitung kaum stattgefunden hat. Im Zentrum meines Projekts steht die historisch-kritische Erforschung und Analyse des Verhaltens von Priestern, die aufgrund ihres seelsorglichen Wirkens in politischen Konflikt mit dem NS-Staat kamen, ohne dass sie sich oft der Tragweite ihres Handelns bewusst wurden – was auch die Ausführungen über P. Ansgar Brehm und P. Leopold Moosbrugger deutlich machen. Umso wichtiger ist es, nach nun schon mehr als sieben Jahrzehnten zu untersuchen und aufzuzeigen, wie viele Priester nicht dem Vorwurf der Kollaboration und des Schweigens gerecht wurden.

Quellen und Literatur

Adolph Walter: Im Schatten des Galgens, Berlin 1953.

Chronik der Pfarre Maria Hilf, Graz.

Diözesanarchiv Graz, Personalakt P. Ansgar Brehm.

Landesarchiv Steiermark, Strafakt gegen Hugo Moosbrugger.

Provinzarchiv der Kapuzinerprovinz Österreich-Südtirol, Abteilung Wien, Personalakten.

Sohn-Kronthaler Michaela: Katholische Kirche und Nationalsozialismus in der Steiermark – Forschungsstand und Forschungsdesiderate, in: Halbrainer Heimo [u. a.] (Hg.): NS-Herrschaft in der Steiermark. Positionen und Diskurse, Wien-Köln 2012, 165–193.

Wiener Provinzbote, Heft 1, 15.03.1948.

http://www.stolpersteine-graz.at/stolpersteine/brehm-ansgar-pater-ofm-conv/ (abgerufen am 30.11.2016).

Das todeswürdige Vergehen des Provinzials Dr. Angelus Steinwender OFM und des P. Guardians DDDr. Kapistran Pieller OFM sowie der Freispruch von P. Hartmann Staudacher OFM

Maximilian Liebmann

Drei Wochen nach dem misslungenen Attentat des Oberst Claus Schenk Graf von Stauffenberg am „Führer" und Reichskanzler Adolf Hitler in der Wolfsschanze tagte in Wien der fünfte Senat des Volksgerichtshofes. Er dauerte vom 8. bis 11. August 1944 und endete mit acht Todesurteilen: „Wegen Vorbereitung zum Hochverrat und Feindbegünstigung." Zwei Todesurteile betrafen Franziskanerpatres: den Provinzial P. Dr. Angelus Steinwender (1895–1945) aus Wien, gebürtig aus der Steiermark, und den Guardian von Eisenstadt DDDr. Kapistran Pieller (1891–1945), gebürtig aus Wien.

Der dritte mitangeklagte Franziskaner P. Hartmann Staudacher (1901–1975) aus Maria Enzersdorf, gebürtig aus Ranten bei Murau in der Steiermark, mit dem bürgerlichen Vornamen Karl, wurde freigesprochen. Außer diesen drei gab es noch einen vierten Angeklagten aus dem Orden der Franziskaner: Fr. Benno, ein Theologiestudent, aber nur Novize, mit dem bürgerlichen Namen Eduard Pumpernig, im obersteirischen Scheifling 1920 geboren. Bei all den todbringenden Vorgängen war er als Informant bzw. Zeuge die Zentralfigur. Das Urteil über ihn wörtlich:

> „Es wird verurteilt der Angeklagte Pumpernig zu zehn Jahren Zuchthaus und Ehrenrechtsverlust für die gleiche Zeitdauer; und zwar weniger deswegen, weil er zur Tatzeit als vermindert zurechnungsfähig anzusehen war, sondern vor allem deshalb, weil er durch sein umfassendes Geständnis wesentlich zur Aufklärung der ganzen Vorgänge beigetragen hat."

Da diese Vorgänge eine hinreichende historisch-wissenschaftliche Aufarbeitung und detaillierte Darstellung samt Belegen erfahren haben,[1] sei hier nur die Causa P. Hartmann bzw. sein Freispruch als Ergänzung nachgereicht.

Aus Staudachers Anklageschrift des Oberreichsanwaltes (vom 24. Juni 1944):

> „In den Jahren 1940 bis 1943 hat der Franziskanerpater Karl Staudacher in Wien und Maria Enzersdorf von den hochverräterischen Bestrebungen des [...] angeklagten Unteroffiziers und Theologiestudenten Pumpernig glaubhafte Kenntnis erhalten und eine Anzeige hierüber bei der Behörde unterlassen.
> Während seiner Tätigkeit als Volksmissionär in Wien, lernte Karl Staudacher im Franziskanerkloster in Wien den damaligen Theologiestudenten und jetzigen Unteroffizier der Luftwaffe Eduard Pumpernig kennen. Im Herbst 1941, als Pumpernig sich besuchsweise im vorgenannten Kloster (Wien) aufhielt, traf Staudacher mit diesem wieder zusammen. Bei diesem Anlaß wurde Staudacher von Pumpernig unterrichtet, daß er (Pumpernig) einer in Kärnten bestehenden reaktionären Gruppe angehöre, die sich den Sturz der nat.-soz. Staatsführung und in der Folge die Selbständigkeit Österreichs bzw. die Wiedererrichtung der Habsburger-Monarchie zum Ziele gesetzt hat. Staudacher wurde von Pumpernig auch informiert, daß diese Gruppe bereits Propagandaaktionen durch Anmalen von staatsfeindlichen Parolen an öffentlichen Orten durchgeführt hat und bestrebt sei, im Verfolg ihrer politischen Ziele, sämtliche ‚gutgesinnte Österreicher' in Gruppen zu erfassen bzw. in einer Organisation zusammenzuschließen [...].
> Karl Staudacher, der sich infolge seiner weltanschaulichen Gesinnung mit den von Pumpernig dargelegten Zielen dieser reaktionären Gruppe einverstanden erklärte, stellte zum Zwecke der Finanzierung dieser Geheimorganisation dem Pumpernig einen Geldbetrag von insgesamt etwa 450,- RM in mehreren Teilbeträgen zur Verfügung."

So die gleich gravierende wie todeswürdige Anklage des Oberreichsanwaltes.

Im diametralen und alles entscheidenden Gegenteil zu seinen Mitbrüdern Kapistran Pieller und Angelus Steinwender gesteht Karl Staudacher

1 Wegleitner, Franziskaner und Nationalsozialismus; Liebmann, Antifaschistische Freiheitsbewegung und Planungen; Ders., Hitlers Richterstuhl; Ders., Andreas Rohracher.

nicht nur nicht, sondern dreht den Spieß um und wird zum Ankläger der Anklage und somit des Informanten und Zeugen Pumpernig.

Staudachers Verteidigung bzw. umfangreiche Verteidigungsschrift[2] sei hier zitiert:

> „Schon wegen der Kürze der drei Gespräche, die ich mit Pumpernig führte, war es ihm nicht möglich, mich über seine Pläne oder die seiner Organisation zu informieren. Jede dieser Besprechungen dauerte nur einige Minuten. Ich bot ihm nicht einmal einen Sitz an. Der Inhalt der ersten Besprechung im September 1941 war Pumpernigs Bitte um Unterstützung hilfsbedürftiger Leute, die er in Kärnten kennen gelernt habe, ich gab ihm damals RM 80.- […] Bei der zweiten Besprechung erbat er sich einen Betrag für eine Reise nach München, ich gab ihm RM 100.-. Dann fragte ich ihn, ob er mir einen Revolver verschaffen könne, es sei doch möglich, daß es um unser Kloster einmal zu einem Wirbel komme und ich möchte mich für eine solche Gefahr schützen. Schließlich sprach er eine Bitte um Matrizen aus [...].
> Die dritte Unterredung, die kürzeste, die kaum 2 Minuten dauerte, bestand darin, daß er mir den Revolver übergab und als Preis RM 300.- nannte; ich gab ihm als erste Rate RM 200.- [...] ich fragte ihn, ob er Matrizen erhalten habe, worauf er antwortete, er habe sie bekommen, aber nicht brauchen können."

Staudacher weiter:

> „Dann hatte er schon Eile, mich zu verlassen. Einerseits fühlte ich mich überhalten, anderseits behagte mir Pumpernigs Einstellung nicht, sodaß ich beschloß, für ihn nicht mehr zu sprechen zu sein […]. Alle Briefe und Karten, in denen er mich im Laufe des Jahres 1942 um eine Besprechung in Wien bat, gingen unbeantwortet in den Papierkorb. […] Dazu komme, daß Pumpernig ihn, [Staudacher] völlig falsch eingeschätzt habe, denn ein Einverständnis mit hochverräterischen monarchistisch-separatistischen Plänen kann mir auch aus inneren Gründen unmöglich zugemutet werden. Denn nicht nur vor dem Umbruch, sondern ebenso nach dem Umbruch habe ich antimonarchistisch gedacht und für die Idee des neuen Großdeutschen Reiches gearbeitet. Ich betonte immer wieder: Die Habsburgerei sei ein für allemal vorüber und das Großdeutsche Reich sei der wertvollste Gewinn der Gegenwart und müsse unter allen Umständen erhalten werden."

---

2 Das maschingeschriebene Original der Verteidigungsschrift befindet sich im Franziskanerkloster Maria Enzersdorf, im Kloster Graz wird eine Ablichtung aufbewahrt.

Zum Schluss dieser seiner fulminanten Verteidigungsrede holte Staudacher zum Schlag gegen Fr. Benno, Eduard Pumpernig, aus und griff ihn direkt und persönlich an:

> „Ich glaube auch auf Grund meiner drei persönlichen Gespräche mit ihm und meines Eindruckes bei der Gegenüberstellung auf der Gestapo, daß Pumpernig nicht ganz normal sein kann. Er hat ja durch einen alpinen Absturz schwere Kopfverletzungen erlitten. Er machte auf mich den Eindruck eines hysterischen politischen Wichtigmachers. Männerhysterie zeigt sich ja meistens in einem aufgeblähten Machtdünkel. Die Veränderlichkeit seiner politischen Ansichten zeigt, daß sie nicht auf Überzeugungen begründet waren."

Karl Staudacher, d. h. P. Hartmann, schloss mit den Worten:

> „Durch diese ausführliche und wahrheitsgetreue Verteidigung glaube ich, den gegen mich ausgesprochenen Verdacht unhaltbar gemacht und meine Bitte um Freispruch hinreichend begründet zu haben."

Staudacher hatte den Volksgerichtshof überzeugt, dementsprechend lautete das Urteil:

> „Daß auch der Angeklagte Staudacher von dem staatsfeindlichen Treiben seiner Mitangeklagten Kenntnis gehabt hat, ist nicht festgestellt. Vielmehr hat die Hauptverhandlung seine Unschuld ergeben. Der Angeklagte Staudacher wird freigesprochen."

Resümee

Warum wurden also Steinwender und Pieller zum Tode verurteilt und Staudacher nicht? Die Antwort scheint gleich einfach wie überzeugend zu sein: Angelus Steinwender und Kapistran Pieller hatten ihre Taten bzw. Anklagepunkte gestanden (Kapistran Pieller im Wesentlichen), Staudacher hat nicht nur nicht gestanden, er hat glaubwürdig die Gravamina, die ihm zur Last gelegt wurden, als unhaltbar darstellen können.

Schlusswort

Angelus Steinwender und Kapistran Pieller wurden ins Gefängnis zurückgeführt und bezogen im Todestrakt der „Köpfler" ihre Zellen. „Köpfler" nannte man die zum Tode Verurteilten, die auf ihre Hinrichtung durch das Fallbeil warteten.

P. Hartmann Staudacher konnte in sein Kloster zurückkehren. Eduard Pumpernig trat seine zehnjährige Haftstrafe an. Je länger die Haftstrafe bzw. die Wartezeit auf die Hinrichtung dauerte, desto mehr stieg ob des nahen Kriegsendes die Hoffnung auf Befreiung bzw. Entlassung.

Stattdessen mussten die beiden Todeskandidaten Pieller und Steinwender am 5. April 1945 zu zweit aneinander gekettet von Wien aus ihren tagelangen Leidensweg über Stockerau nach Stein an der Donau antreten. In Stein angekommen, wurden sie am 15. April 1945 von der SS paarweise erschossen und alsbald in einem Massengrab verscharrt.

Pumpernig wurde am 19. April 1945 gemäß der Verfügung des Generalstaatsanwaltes entlassen. Für seine Heimfahrt nach Gaal bei Seckau erhielt er 75 RM ausgehändigt sowie Lebensmittelmarken für vier Tage. Heimgekehrt wurde er Gründungsmitglied der Steirischen Volkspartei und 1974 als Mitglied des Österreichischen Bundesrates vereidigt; schließlich war er von Jänner bis Juni 1985 dessen Präsident. Am 7. April 1992 ist Eduard Pumpernig als em. Bundesratspräsident in Graz verstorben.

Quellen und Literatur

Wegleitner Thomas: Franziskaner und Nationalsozialismus. Zwei Beispiele bewusster Gegnerschaft zum NS-Regime. Theol. Diplomarbeit, Wien 1998.

Liebmann Maximilian: „Die antifaschistische Freiheitsbewegung Österreichs“ und „Planungen und Aktionen der Antifaschistischen Freiheitsbewegung Österreichs sowie von Einzelnen ihrer Anhänger“, in: Kronthaler Michaela [u. a.] (Hg.): Kirche in Gesellschaft und Politik. Von der Reformation bis zur Gegenwart. Festgabe für Maximilian Liebmann zum 65. Geburtstag, Graz 1999, 318–357.

Liebmann Maximilian: Die antifaschistische Freiheitsbewegung Österreichs vor Hitlers Richterstuhl, in: Mikrut Jan (Hg.): Österreichs Kirche und Widerstand 1939–1945, Wien 2000, 47–71.

Liebmann Maximilian: Erzbischof Andreas Rohracher und die Antifaschistische Freiheitsbewegung Österreichs, in: Hintermaier Ernst [u. a.] (Hg.): Erzbischof Andreas Rohracher. Krieg, Wiederaufbau, Konzil, Salzburg 2010, 95–113.

Franz und Franziska Jägerstätter. Beispiele religiösen Glaubens in der NS-Zeit

Erna Putz

1. Unterschiedliches Elternhaus[1]

1.1. Franz

Am 20. Mai 1907 gebar im oberösterreichischen St. Radegund Rosalia Huber ihren Sohn Franz. Er war ein lediges Kind, seine Eltern, ein Bauernknecht und eine Magd, waren zu arm, um eine Familie gründen zu können. Franz wurde von seiner tiefgläubigen Großmutter erzogen und besuchte in St. Radegund die einklassige Volksschule. Dort wurde er wegen seiner Armut benachteiligt. 1917 konnte die Mutter von Franz einen Bauern heiraten, der ihren Sohn adoptierte; später erbte er den Hof. Vorher hatte er aber noch drei Jahre auf dem steirischen Erzberg gearbeitet. Dort verdiente er Geld für ein Motorrad – und machte eine seelische Krise durch. Seinen Glauben hatte er einige Zeit aufgegeben, dann aber neu entdeckt. Wieder zu Hause wurde er 1933 Vater der ledigen Tochter Hildegard.

1.2. Franziska

Am 4. März 1913 wurde Franziska in eine große Bauernfamilie hineingeboren. Der Spraiter-Hof gehört zur Pfarre Hochburg und liegt auf der österreichischen Höhe über der Salzach gegenüber der oberbayrischen Stadt Burghausen. Für ihren Vater Lorenz Schwaninger war Franziska das siebte Kind, seine erste Frau war im Kindbett zum fünften Kind gestorben. Die Mutter Maria Schwaninger hatte ihr 1912 geborenes erstes Kind nach wenigen Monaten verloren. Nach Franziska brachte sie noch drei weitere Kinder zur Welt, von denen Rosa und Theresia das Er-

1 Zur Biografie von Franz und Franziska Jägerstätter vgl. Putz, Franz Jägerstätter.

wachsenenalter erreichten. Die Eltern des Vaters lebten ebenfalls auf dem Hof. Ab 1919 besuchte Franziska die Volksschule Hochburg und war eine sehr gute Schülerin. Bereits in der Schulzeit wurden die Kinder zu Mithilfe im Haushalt und im Stall und auf dem Feld herangezogen. Gebet und Glaube spielten im Leben der Familie eine wichtige Rolle, daneben gab es lebhaftes Interesse am Zeitgeschehen. Der Vater abonnierte eine Tageszeitung und mehrere Zeitschriften und las jeden Abend der Familie die Zeitung einschließlich des Fortsetzungsromans laut vor. Nach der Schulzeit arbeitete Franziska auf dem elterlichen Bauernhof. Als die um fünf Jahre jüngere Schwester Resi ebenfalls die Schule verließ, nahm Franziska eine Stelle im nahen Maria Ach im Gasthof „Zur Reib“ an. Sie arbeitete in der Küche und relativ selbstständig in Stall und Feld.

In der Pfarre Hochburg leitete Pfarrer Josef Lindinger eine lebendige Jugendgruppe und regte durch Einkehrtage und Bibelkreise die jungen Menschen zu religiöser Vertiefung an. Zusammen mit einer Mitarbeiterin im Gasthof überlegte Franziska den Eintritt bei den Vöcklabrucker Schulschwestern, die im Bezirk Braunau mehrere Niederlassungen hatten.

2. Eine glückliche Ehe

Um ein paar Groschen dazuzuverdienen, stellte Franziska während ihrer Freizeit in der Kegelbahn die Kegel auf. Hier sah Franz Jägerstätter das Mädchen. Bei einer der ersten Begegnungen fragte es ihn vorsichtig, was er denn am Sonntag-Vormittag mache. Franziska war beruhigt, als er sagte, dass er in die Kirche ginge. Die beiden hatten nur eine kurze Verlobungszeit, da Franz aufgrund der Krankheit seiner Mutter und Ziehschwester nahezu allein zur Arbeit auf seinem Hof in St. Radegund war. Franz und Franziska Jägerstätter heirateten am Gründonnerstag, dem 9. April 1936, am frühen Morgen und machten sich anschließend sofort auf Hochzeitsreise nach Rom.

Das junge Ehepaar bewirtschaftete gemeinsam den Bauernhof, schwere Handarbeit war zu leisten. Die Mutter von Franz, Rosalia Jägerstätter, betreute weiter den Haushalt.

Franz besaß ein Motorrad, und Franziska war begeistert von den gemeinsamen Ausflügen. Er schätzte es, wenn seine Frau gut angezogen war. Die beiden verstanden es, die gegenseitige Zuneigung mit viel Phantasie auszudrücken. Franziska lud ihren Mann zum gemeinsamen Bibellesen und Beten ein. Er fand Geschmack daran und hielt auch daran fest, als Franziska später der kleinen Kinder wegen abends zu müde dazu war. 1937, 1938 und 1940 wurden die Töchter Rosalia, Maria und Aloisia geboren. Franz befasste sich viel mit ihnen und scheute sich nicht, sie im Kinderwagen durch das Dorf zu fahren, was in St. Radegund damals sonst kein Mann wagte. Er sagte einmal zu seiner Frau, er habe sich nie vorstellen können, dass Verheiratetsein so schön sein könne. Franziska meint über diese Zeit ihrer Ehe: „Wir haben eins dem anderen weiter geholfen im Glauben.“[2]

3. Wach von Anfang an

Das Glück der Familie wurde im März 1938 durch den Einmarsch der Nationalsozialisten erstmals getrübt. In St. Radegund hatte es im Unterschied zu den umgebenden Gemeinden keine illegalen Nationalsozialisten gegeben, und Franz wurde unmittelbar nach dem Einmarsch gefragt, ob er nicht Bürgermeister werden wolle. Verwundert erzählte er seiner Frau, dass die anderen Männer nicht begriffen hätten, dass dies mit religiösem Glauben unvereinbar sei. Franz nutzte die Öffnung der Grenze zu Informationsfahrten ins nahe Bayern und befragte dort in Gasthäusern Menschen nach ihren Erfahrungen mit den Nationalsozialisten. An der Volksabstimmung über den „Anschluss“ Österreichs an das Deutsche Reich wollte er mit folgender Begründung nicht teilnehmen: „Das ist doch keine Wahl, wenn die schon mit den Panzern hier sind.“[3] Franziska nahm den politischen Druck wahr, aus allen Dörfern waren bereits Gegner verhaftet worden. Sie hatte Angst um ihren Mann und sagte: „Wenn du nicht zur Wahl gehst, mag ich dich nicht mehr.“[4] Franz erschrak. Beide konnten einander ihre Position verständlich machen. Die junge Frau begriff, dass es Bereiche gab, in denen sie ihren Mann nicht unter Druck setzen durfte. Sie stellte sich später nicht gegen seine Gewissensentscheidung, auch wenn deren tödlicher Ausgang unausweichlich war.

---

2 So Franziska Jägerstätter im persönlichen Gespräch mit der Verfasserin des Beitrages während der Jahre 1980 bis 1983.

3 Ebd.

4 Ebd.

Die Briefe Franziskas an ihren inhaftierten Mann bewegen in dem, was sie enthalten, und durch das, was man nicht in ihnen findet. Sie sorgte sich um seine seelische Verfassung, wußte, wo er Trost fand, respektierte aber seine Entscheidung. Nicht einmal Passagen wie „Denk doch an mich und unsere Kinder“ finden sich. Franz nahm am 10. April 1938 an der Abstimmung teil, stimmte mit „Nein“, die Gemeinde St. Radegund meldete allerdings 100 Prozent „Ja“-Stimmen. Franziskas Sorgen wurden nicht kleiner. Ihr Mann machte keinen Hehl aus seiner ablehnenden Haltung zum Nationalsozialismus.

Ab Oktober 1940 war Franz Jägerstätter Soldat der Deutschen Wehrmacht und wurde in Enns in Oberöstereich zum Kraftfahrer ausgebildet. Durch den Kameraden Rudolf Mayr[5] lernte er den Dritten Orden des hl. Franziskus kennen. Beide Soldaten wurden am 8. Dezember 1940 in der Ennser Franziskanerkirche in feierlicher Form in die Gemeinschaft aufgenommen.

Im April 1941 wurde Jägerstätter auf Betreiben seiner Heimatgemeinde unabkömmlich gestellt und konnte wieder auf den Hof zurückkehren. Franz war zwar während einer eher ruhigen Phase des Krieges Soldat, erfuhr aber während dieser Zeit Details über die Praxis der Armee und der NS-Partei. In einem Brief berichtete er seiner Frau über die Morde an psychisch Kranken aus der Anstalt Ybbs. Mehrere befreundete Priester waren in Gestapohaft.

4. Er hätte sonst niemanden gehabt

Nach seiner Rückkehr von der Armee erklärte Franz, dass er einer neuerlichen Einberufung nicht folgen würde, er würde nicht Menschen töten wollen und dadurch mithelfen, dass Hitler die ganze Welt regieren könne. Franziska antwortete auf die Frage, warum ihr Mann nicht wieder in den Krieg gezogen sei: „Weil sie [die Nationalsozialisten] die Kirche so verfolgt haben.“[6] Der Preis der Entscheidung war dem Ehepaar klar. Anfangs versuchte die Frau, ihren Ehemann umzustimmen. Doch als es zu heftigen Auseinandersetzungen mit der Verwandtschaft kam, trat sie an

---

5 Siehe dazu Kapitel 5.
6 Siehe Anm. 2.

seine Seite: „Er hätte ja sonst gar niemanden gehabt, wenn ich nicht zu ihm gehalten hätte.“[7]

Der Überfall Deutschlands auf Russland bestärkte den jungen Bauern in der Ablehnung des Kriegsdienstes. Er durchschaute die Propaganda von der angeblichen Befreiung des russischen Volkes vom Bolschewismus und nannte den Feldzug einen Raubkrieg, in dem es um „Erze, Ölquellen und einen guten Getreideboden“ ginge.[8] Franz beriet sich mit befreundeten Priestern, die genauso wenig wie Bischof Joseph Calasanz Fließer (1896–1960) seine Argumente entkräften konnten. Er intensivierte sein Beten und die Bibellektüre. Die Spiritualität der Franziskanischen Gemeinschaft mit dem Schwerpunkt der liebenden Hingabe an den gekreuzigten und auferstandenen Christus prägten Franz und seine Frau, die ebenfalls in den Orden eintrat. Die Ordensregel empfahl täglichen Messbesuch. Franz befolgte dies und wurde deshalb vom Ortspfarrer gebeten, den Mesnerdienst zu übernehmen.

5. Der Ordensbruder Rudolf Mayr

Die Überzeugungskraft der Entscheidung Franz Jägerstätters wird in seiner Beziehung zu seinem Ordensbruder und Freund Rudolf Mayr[9] deutlich.

Die beiden blieben auch nach der Unabkömmlich-Stellung Jägerstätters in Verbindung. Rudolf berichtet Franz in etwa 30 Briefen von seinen Erfahrungen an den verschiedenen Fronten und von seinen Beziehungen zu Kameraden.[10]

Seit 2010 ist der schriftliche Nachlass von Rudolf Mayr zugänglich.[11] Neben dessen Briefen an seine Frau Maria sind auch solche von Franz und Franziska an das Ehepaar erhalten. Franz und Rudolf teilten religiöse Erfahrungen, sandten einander Bücher und Schriften, u. a. über Thomas

7 Siehe Anm. 2.

8 Vgl. Putz, Briefwechsel, 243.

9 Rudolf Mayr, geb. 1906 in Peuerbach, OÖ, als Wehrmachtssoldat in Russland, vermisst seit August 1943.

10 Die Originale befinden sich seit 2016 bei der Jägerstätter-Tochter Maria Dammer in St. Radegund, Kopien bei der Autorin.

11 Bischofsvikar Josef Mayr, Linz, erhielt diesen vom Stiefsohn seines Onkels 2010 während der Vorbereitung zur Feier des 70. Jahrestages der Einkleidung in den Dritten Orden; der Nachlass ist seitdem bei der Verfasserin des Beitrags.

Morus. Franz fragte seinen Ordensbruder in einem Brief vom 8. Mai 1942, ob er die letzte „Führerrede" gehört habe. Es dürfte sich um die Rede Hitlers vor dem Reichstag in der Kroll-Oper gehandelt haben.

Noch im selben Monat musste Jägerstätter Mayr vom Plan zu verweigern geschrieben haben; Rudolf antwortete, dass der Freund Recht habe, er selbst aber noch nicht bereit sei zu sterben.[12] Während eines Heimaturlaubs von Rudolf im Sommer 1942 trafen sich die beiden Ehepaare. Die Männer überlegten zu desertieren, unterließen dies aber aus Rücksicht auf die Familien und in Hinblick auf das noch nicht absehbare Ende der NS-Herrschaft.

Angesichts der Erfahrungen im Russlandfeldzug näherte sich die Haltung Mayrs immer mehr der Jägerstätters an. In einem der letzten Briefe Rudolfs an seine Gattin Maria vom 13. Juni 1943 wird erkennbar, dass er als Christ nicht mehr weiter kämpfen könne.

Jägerstätter erhielt in den letzten Tagen vor seiner Hinrichtung noch einen Brief von seinem Freund, den er im Schreiben an Franziska als „trostreich" bezeichnete.[13] Rudolf gab zu, dass Franz so wie Maria, die Schwester Marthas, den besseren Teil erwählt habe.[14]

6. Halt in der Anfechtung

Im Februar 1943 wurde Jägerstätter erneut einberufen; er wollte der Familie den Anblick der Verhaftung ersparen und fuhr zu seiner Einheit nach Enns. Einer der bittersten Momente im Leben von Franz und Franziska war der Abschied auf dem Bahnhof Tittmoning. Die beiden konnten sich nicht voneinander trennen, und der anfahrende Zug riss sie gewaltsam auseinander. Aus einem Brief, den Franz noch in Freiheit schrieb, wird deutlich, wie stark Franziska die Entscheidung ihres Mannes mittrug. Sie sollte denen verzeihen, die sie beleidigen werden, und der Schwiegermutter nicht zürnen, wenn diese sie beide nicht verstünde. In den nächsten Briefen verwiesen die Eheleute einander auf Christus am Ölberg und am Kreuz, allerdings auch auf den Auferstandenen. Die ersten Wochen der Haft waren für Franz die schwierigsten. Er wusste von

12 Rudolf Mayr an Franz Jägerstätter am 12.05.1942.
13 Vgl. Franz an Franziska vom 08.08.1943, Putz, Briefwechsel, 180f.
14 Text siehe unten.

der Versuchung, das quälende Warten auf den Tod selbst zu beenden. Glaubenszweifel blieben ihm nicht fremd. In dieser Situation war seine Frau Franziska der entscheidende Halt. Er schrieb ihr anlässlich des Hochzeitstages, dass die Erfahrung des Glückes und der Liebe in den sieben gemeinsamen Jahren die Antwort auf seine Frage nach der Existenz Gottes war.[15]

Während der Untersuchungshaft in Linz bat Franz, zum Sanitätsdienst zugelassen zu werden.[16] Seiner Frau brachte der Brief mit dieser Nachricht große Freude und die Hoffnung auf ein Wiedersehen. Anfang Mai 1943 wurde Jägerstätter allerdings an das Reichskriegsgericht in Berlin überstellt und von diesem am 6. Juli wegen „Wehrkraftzersetzung“ zum Tode verurteilt. Pflichtverteidiger Feldmann lud über den Pfarrer von St. Radegund dessen Familie nach Berlin ein, um seinen Mandanten, der „den Dienst mit der Waffe in der Hand verweigert“, umzustimmen. Franziska reiste in Begleitung von Pfarrer Ferdinand Fürthauer nach Berlin und fragte den Anwalt, ob man ihren Mann nicht zum Sanitätsdienst hätte geben können. „Das hätten wir schon tun können, aber das haben wir nicht getan“, war dessen Antwort.[17]

Die Reise nach Berlin ermöglichte dem Ehepaar ein letztes Wiedersehen. Franziska wartete an einem Fenster im Gang des Gerichtsgebäudes, als ein Lastauto in den Hof fuhr. Die Bordwand wurde aufgerissen und ein gefesselter Mann auf das Steinpflaster gestoßen. Franziska schrie auf: „Franzl“. Dieser sagte ihr bei der folgenden Begegnung, dass ihm ihre Stimme wie die eines Engels vom Himmel gewesen sei. Wenn auch die Versuche des Pfarrers, Franz zum Wehrdienst zu bewegen, den Großteil der knappen Gesprächszeit beanspruchten, konnten die Eheleute einander doch ein letztes Mal umarmen und sich verabschieden. Am 9. August, zum Zeitpunkt des Todes ihres Mannes, spürte Franziska eine starke Verbindung zu ihm, sie merkte sich die Uhrzeit.

15 Vgl. Franz Jägerstätter an Franziska vom 09.04.1943; Putz, Briefwechsel, 144f.
16 Vgl. Franz Jägerstätter an Franziska vom 11.03.1943; Putz, Briefwechsel 128f.
17 Vgl. Putz, Franz Jägerstätter, 230ff.

7. Texte[18]

7.1. Franz Jägerstätter: Über die Verantwortungslosigkeit

„Man kann in der heutigen Zeit gar häufig hören das kann und darf man ruhig tun die Verantwortung darüber tragen ja andre und so wird die Verantwortung hinaufgeschoben von einem zum andren, keiner will für etwas verantwortlich sein und so müsste nach menschlicher Beurteilung über die ganzen Verbrechen und Schrecklichkeiten denen man gerade in der jetzigen Zeit zur genüge begeht einmal nur einer oder höchstens zwei dafür büßen?
Zeigt das noch von christlicher Nächstenliebe wen ich eine Tat begehe die ich zwar für schlecht und höchst ungerecht halte sie aber trotzdem begehe weil ich sonst am eigenen Körper oder an der Wirtschaft schaden leiden könnte?
Die Verantwortung darüber sagt man trägt ja ein Andrer? Es wird ja sein das manche führende Persönlichkeiten ob geistlich, oder weltlich eine sehr große Verantwortung zu tragen haben. Aber anstatt ihnen die Verantwortung leichter zu machen, will man ihnen das eigene Binkerl Schulden das man selbst leicht ertragen könnte auch noch aufladen, damit es solche einmal ganz tief hinunterzieht! Tragen solch führende Persönlichkeiten vor Gott einmal wirklich eine solch große Verantwortung wie wir manchmal glauben, oder sind wir auch immer so verantwortungs-los (ohne Verantwortung) wie man uns manchmal sagt oder uns oft vielleicht nur selbst einbilden? Wird nicht Gott einmal mehr nach dem Verstande jedes einzelnen Menschen Urteilen als über seine Stellung die er in seinem Leben innegehabt?“[19]

7.2. Bolschewismus – oder Nationalsozialismus

„Es ist eben sehr traurig wen man immer wieder von Katholiken hören kann dass dieser Krieg den Deutschland jetzt führt vielleicht doch nicht so ungerecht ist weil doch damit der Bolschewismus ausgerottet wird. Es ist wahr, dass gerade jetzt die meisten unsrer Soldaten im ärgsten Bolschewistenlande stecken, um alle die in diesem Lande sich befinden und sich zur Wehr setzen einfach unschädlich oder wehrlos machen wollen. Und

---

18 Die Texte Franz Jägerstätters und Rudolf Mayrs folgen den handschriftlichen Originalen.

19 Siehe Putz, Franz Jägerstätter, 247f.

nun eine kurze Frage? Was bekämpft man in diesem Lande, den Bolschewismus – oder das russische Volk? Wenn unsre katholischen Missionäre hinauszogen in ein Heidenland um sie zu Christen zu machen sind die auch mit Mg. und Bomben vorgegangen um sie durch diese Mittel zu bekehren und zu bessern? die meisten dieser edlen Kämpfer für das Christentum schrieben in die Heimat wenn sie nur genug Mittel hätten zum austeilen dann ging es halt viel schneller vorwärts, natürlich baten sie auch sehr viel um das Gebet den die größten Fortschritte und Bekehrungen verdankten sie doch dem zu ihrem Werke sie begleitenden Gebete. Wen man ein wenig in der Geschichte Rückschau hält so muss man immer wieder fast dasselbe feststellen: Hat ein Herrscher ein andres Land mit Krieg überfallen, so sind sie gewöhnlich nicht in das Land eingebrochen um sie zu bessern oder ihnen vielleicht gar etwas zu schenken, sondern sich für gewöhnlich etwas zu holen. Kämpft man gegen das russische Volk so wird man sich auch aus diesem Lande so manches holen was man bei uns gut gebrauchen kann, den kämpfte man bloß gegen den Bolschewismus so dürften doch diese andren Sachen wie Erze, Ölquellen oder ein guter Getreideboden doch gar nicht so stark in Frage kommen?“[20]

7.3. Franz Jägerstätter an Franziska Jägerstätter

„Linz, 5. 3. 1943

Herzallerliebste Gattin!

Sei mir vor allem herzlichst gegrüßt. Da morgen Einer diesen Brief mit hinausnehmen wird und so ohne Zensur bei dir ankommen wird, so muss ich dir doch einige Zeilen schreiben. Es wird euch vielleicht bald einer besuchen, der in unsrer Bude war und Heute ganz plötzlich entlassen wurde.

Solltest du noch keine Zeugenaussage zu machen gebraucht, so kann ich dir nur das eine sagen, wenn man dich frägt, ob du mit dem einverstanden, dass ich nicht mehr kämpfen will, so sage ganz ehrlich aus, wie es dir am liebsten gewesen, denn für mich glaub ich, kannst nichts erleichtern und auch kaum beschweren, denn würde ich vor Lügen und Schwindeln keinen so großen Schrecken haben, dann würde ich ohnedies nicht hier sitzen, und will mir auch weiterhin durch keine Lüge das Leben retten. Man wollte mich auch in Enns mit allen Tricks fangen und mich doch wieder zum Soldaten zu machen. Es war nicht so leicht, bei meinem

20 Ebd., 243.

Entschluss zu bleiben. Es kann auch weiterhin noch schwer werden, aber ich vertraue doch auf Gott, wenn es anders besser wäre mir doch noch eine Weisung zu geben. Wurde natürlich auch gefragt was der Herr Pfarrer dazu gesagt hat, hätte ich seine Aussage verschweigen müssen so würde er kaum mehr lange in Freiheit sein, so konnte ich aber ruhig sagen, dass er mir auch zum Einrücken zugeredet hat, da kommt man erst am besten darauf, was das für einen Priester heißen würde, wenn einer anders sagen würde, wenn man um so etwas frägt. Kann Dir auch mitteilen, dass es in Enns eine Bäuerin gibt, die ihre Kinder noch nicht zur Heijot[21] hat gehen lassen, ist auch eine Seltenheit. So erfährt man halt allerhand, dass es auch anderswo noch Menschen gibt, die sich nicht von der Masse mitreißen lassen. Ich kann dir auch mitteilen, dass ich hoffe, hier in den Zellen in religiöser Hinsicht mehr ausrichten zu hoffe als beim Militär. Ja es gäbe hier viel zu trösten, man trifft bitter enttäuschte Menschen, bin hier auch unter Illegale. Es ist furchtbar, was die alles erzählen, was die schon diese 5 Jahre mitgemacht und gelitten haben wegen der geringsten Sachen sperrt man sie Monate ein. Monate und Jahre werden einem nachgelassen, wenn sich einer an die Front meldet. Was wird das noch für bittere Enttäuschungen geben, wenn sich die gleich alle bekehren würden, wäre es ja recht. Es gibt schon SS-Männer auch wie ich erfahren habe, die sich vor ihrem Sterben noch bekehrt haben. Grüße mir auch unsern Herrn Pfarrer und sage ihm, die Menschen sind oft nicht so schlecht wie man glaubt, aber es fehlt so weit an religiöser Unwissenheit. Er soll sich nur die größte Mühe geben mit den Christenlehren, wenn auch der Besuch schlecht ausfällt und auch die Wirkungen oft zwecklos scheinen. Aber seine Seele kann er sich doch retten. Es grüßt dich herzlich dein Gatte.“[22]

7.4. Franziska Jägerstätter an Franz Jägerstätter

„St. Radegund, 7. 3. 1943

Vielgeliebter Gatte!

Habe gestern deinen Brief erhalten, wofür ich mich bestens bedanke. Als ich vor zirka 2 Jahren dir Briefe schrieb, war mir auch sehr wehmütig ums Herz, dass du nicht bei uns sein konntest, aber ich hatte wenigstens eine Vorfreude auf ein Wiedersehen wenn du Urlaub bekommst, aber dieses Schreiben in deiner jetzigen Lage macht mich schrecklich traurig. Wir

21 HJ, Hitlerjugend.
22 Putz, Briefwechsel, 125f.

wissen zwar dass der liebe Gott seine himmlische Mutter auch nicht verschonte vom Leiden, die rein und ohne Sünde war, so dürfen wir sündhafte Menschen auch nicht murren, wenn die Leiden immer größer werden, die der liebe Gott uns schickt. Verzagen wir nicht und vertrauen wir auf den lieben Gott, er wird alles zum Besten lenken wie wir am leichtesten in den Himmel gelangen können. Gottes Wille, er geschehe, tut es auch noch so wehe, Gottes Wille er geschehe, wenn ich es auch nicht verstehe. Hatte noch immer eine kleine Hoffnung, vielleicht könntest dich auf der Fahrt noch anders entschließen, weil du mir fürchterlich erbarmst und ich gar nicht helfen kann, werde die liebe Gottesmutter schon recht innig bitten, das sie dich wieder zu uns heimführen wird, wenn es der Wille Gottes ist. Deine 3 Mädl fragen so immer um dich, besonders die kleine Loisi, sie frägt dann ganz harmlos „Wann kommt Vater einmal heim?“ Sie nimmt es als ganz selbstverständlich hin, dass du bald heimkommst und Wursti mitbringst, die Größeren verstehen es schon besser, dass du nicht so schnell vom Einrücken zurückkommen könntest, Maridi betet auch immer recht gerne, und die Rosl kann auch schon kleine Opfer fürs Jesukind bringen, das unsern lieben Vater wieder heimkommen lässt, sie hat schon einigesmal kein Fleisch gegessen, (du weißt wie gerne sie das Fleisch isst) für sie war es eine große Überwindung, hätte es ihr aber nicht angeschafft und andre Sachen die sie recht gerne isst, hat sie sich auch schon manchesmal versagt, beten tut sie untertags auch öfter, ich kann dir zur Freude nur Gutes von deinen Kindern schreiben, die schlimmen Eigenschaften, die sie haben, weißt du so auch selber noch. Die Rosi ist auch schon recht besorgt um dich, alles was in den Briefen stand, die du bis jetzt geschrieben hast, möchte sie genau wissen, wir haben es aber den Kindern noch nicht gesagt, dass du eingesperrt bist, die Radegunder sind auch noch der Meinung, du bist bei den Verein, nur Pfarrer hab ich es gesagt. Karobath und Krenn haben mir geschrieben, habe ihnen schon deinen Aufenthaltsort verraten. Sie sind auch recht besorgt um dich, dass du dir so Schweres auferlegt hast. Nach Enns hätte ich auch noch sonntags einen Brief geschrieben, werden ihn dir vielleicht einmal schicken, wenn sie deine Adresse wissen. Wie geht es denn mit den Briefen? Kann man dir jederzeit schreiben? Werden sie geöffnet? Am 1.III. ist Breinbauer gestorben. Die Mutter fährt morgen nach Braunau, der Lobauerschoschl ist in dem Spital drunten er hat so ähnliches Leiden wie es Breinbauer hatte, und da nimmt sie den Brief und das Packl mit, dass du beides bald bekommst. Heute wirst mit Wehmut daran gedacht haben, dass es Herz-Jesu-Sonntag ist, wäre es in den Kirchen überall feierlich gewesen, bei uns war es schon um 7 Uhr, weil hier Scharfschießen war und da durfte von 9 Uhr niemand mehr aus dem Hause gehen und der Segen ist auch erst um 7 Uhr abends. Wie befindest du dich jetzt im Seelischen, bist noch getröstet, ich hab immer so angst wenn du nicht mehr in ...

[Es fehlt die untere Hälfte dieser Briefseite, Fortsetzung Rückseite:]

Viele Grüße auch von Mutter, Resi und von deinen 3 Lieblingen.
Behüt dich Gott auf Wiedersehen! Werde schon für dich recht fleißig beten.“[23]

7.5. Rudolf Mayr an Maria Mayr

„Liebe Frau, wenn ich schon früher Gefahren ausgesetzt war durch Flieger und Partisanen, so ist's mir doch schwer jetzt. Ich mein, wenn mich wer schwer ärgert und ich aufgeregt bin, so hätt ich's doch nicht übers Herz gebracht, ihm das Leben zu nehmen, wie viel weniger einem Menschen das antun, den man nie gesehen, der dich nicht geärgert. Jene sagen, sie verteidigen ihr Land und sind auch gezwungen und haben Angst, was man ihnen antut, bei uns ist's dasselbe. Ist das ganze Evangelium nimmer wahr? Ist's doch so, wie Jägerstätter sagt, der Weg ist heute so verweht, dass man sich nimmer auskennt. Es hieß, wer zum Schwerte greift, kommt durch das Schwert um? Das mindeste, was du dem Nächsten tust, hast du mir getan? Menschenliebe, Barmherzigkeit ist nimmer geduldet. Es heißt im Evangelium, es wird eine Zeit kommen, wo die Lieblosigkeit seinen Triumph feiert, wen sie auch töten werden, sie glauben ein gutes Werk getan zu haben. Bei den Erscheinungen in Fatima hat die Gottesmutter gesagt, wenn die Menschen wüssten, würden sie traurig sein. Warum wohl traurig, sicher weil alle Häuser und Kirchen zerstört, die Menschen für Leib und Seele verarmt und der größte Teil sterben muss und sehr viele eines sehr grausamen Todes. Sie sagt, wenn die Menschen die Sünd nicht verlassen, geht die Welt in Trümmer. Um Worte vom Himmel kümmern sich wohl wenige, heute gibt's nur noch Recht und Kraft. Es ist nimmer wahr, wer ohne Gott will bauen, wird anstatt Glück nur Unheil schauen.
Es ist nicht mehr gut, wenn du das tust, wie Christus sagt: Ich war fremd, ihr habt mich beherbergt. Ich war gefangen, ihr habt mich besucht, ich war hungrig und ihr habt mir zu essen gegeben. Heute sucht man immer einem andern Leid zu tun.

23 Ebd., 126–128.

Im Alten Testament heißt es: Kain wo ist dein Bruder Abel? Weil du das getan hast, sollst du ruhelos flüchtig durch die Erde ziehen. Heut geschieht an Millionen viel Grausameres als erschlagen. Das soll Recht sein? Hat Gott seine Ansicht geändert oder werden wir immer wüster? Das größte und wertvollste ist in dieser Zeit die Gnade Gottes. Christus sagt: Fürchtet den nicht, der euch tötet, fürchtet vielmehr den, der Leib und Seele töten kann für ewig. Ich bete auch für dich, liebe Frau und du bete auch zum Herzen Jesu, dass ich nichts tu oder unternimm, was uns die Freundschaft Gottes entzieht. Du hast im Nordabschnitt einmal geschrieben, ich hab's nicht vergessen: Wenn ich tot wär, soll ich zu dir kommen. Ich glaub, ich hab dir's nicht beantwortet. Es ist das schon oft geschehen, jedoch muss es in Gottes Wille sein, sonst wird das nicht sein können! Wenn's sein kann, besuch ich dich auf eine Art, wo du nicht erschreckst, wir werden sehen, ob ich Wort halten kann? Es kann sein, dass ich mich nicht entschließen kann.

Ich steh jetzt vor der Tatsache, wenn die Russen oder wir angreifen, dass ich scheitere. Wir gedenken uns in Liebe und Gebet auch nach dem Tode. Aber für dich wird's dann besser sein, wenn man an dich geht, wenn du sagst: Ich hatte einen schweren Charakter, wir hätten uns schlecht verstanden, du sollst keinen Nachteil haben.

Wenn Arme Seelen schon oft geholfen haben in vielen Anliegen, sicher die im Himmel noch mehr. Daher werden wir uns in Liebe gegenseitig helfen nach dem Tod. Was wir für die Armen Seelen tun, tun wir für uns. Diese können nicht zusehen, dass wir verloren gingen.

Herzliche Grüße dein Mann Rudolf.“ [24]

Ende Juni 1943 schreibt er auf einen kleinen Papierstreifen:

„Heut ist der 26. Juni, das Fest des hl. Johannes und Paulus, sie weigerten sich, dem Julian, den Abtrünnigen zu dienen.“ Auf der Rückseite: „Der Hl. Geist erleuchte uns auf allen verwehten Wegen, dass wir den rechten immer erkennen.“

7.6. Rudolf Mayr an Franz Jägerstätter

„12. Juli 1943

Lieber Bruder,

Hab von deinem Aufenthalt gehört, es sind viele Monat, seit wir uns nie geschrieben. Du wirst dich wundern, bin nicht mehr bei den Kraftf. Son-

---

24 Blatt in Feldpostbrief mit Poststempel 13.06.1943.

dern bei Infanterie, es wurden welche ausgezogen und mit Russen ersetzt und kamen zur Infanterie. Das es mir auch nicht mehr so leicht ankommt, kannst dir denken, bin ja auch 6er Jahrgang, dazu fehlt der rechte Zeigefinger und wie du weißt, bevor ich einrückte 5 ½ Monate im Spital an Gelenksentzündung, mit dem Arm kann ich halt nimmer so hantieren. Aber wir sind in 4. Kriegsjahr und was ich nie geglaubt, seh ich als Tatsache, weißt, so wie es früher bei uns war, ist's nimmer, dass man 2 Stund Posten steht und dann sich ausruht, hier geht man abends im Graben und morgens ein paar Stund in Bunker, alle 3. Tag ist auch vormittags ganzen Vormittag Wache. Zwischenzeiten gibt's noch Arbeitsdienst, Bunkergraben oder Graben tiefer machen. Die Füß tun mir oft weh, so müd wird man, aber man ist allgemein in der Meinung, dass der Krieg dieses Jahr zu Ende geht und das ist Trost, wenn man auf Besseres hoffen kann.
Wir haben ja zu Haus auch nix als Arbeit in unserem Leben, aber man ist zufrieden, wenn man nachts schlafen kann und von diesem Schrecken nichts mehr sieht. Ich hab dich nicht vergessen, wenn auch lange nicht geschrieben. Bitte dich um dein Gebet, dass der Wille Gottes in uns erfüllt wird, denn ohne Gnade kommen wir immer auf Abwege. Du hast Zeit, es ist so viel zu tun für die Rettung der Welt, der Seelen zu beten. Täglich sterben so viele in bitteren Leiden, die dir in Ewigkeit danken für dein Gebet. Das will Gott, dass wir den andren in den Himmel helfen, bei denen der Glaube erloschen oder durch Leidenschaften erstickt ist. Du weißt, dass Christus sagte im Evangelium: Maria hat den besten Teil erwählt, der ihr nicht genommen werden kann. Wie es schon Gott wohlgefällig ist, den Nächsten zu helfen in diesem Leben, so war Maria Magdalena doch wohlgefälliger in seiner Andacht. Du weißt, dass in Fatima die Gottesmutter sagte, wir sollen viel beten, damit der Krieg aufhöre, denn der Krieg, sagte sie, ist nichts als Strafe für die Sünden. Besonders, sagte sie, sollten die Menschen von der Unzucht ablassen, sonst geht die Welt in Trümmer. Wenn die Gottesmutter 5.000 Menschen es kundtut, muss doch wahr sein, dass die Sünden schuld sind am Kriege und wir beten sollen, dass Christus uns den Segen wieder gibt und wir wieder glücklich werden.
Behüt dich Gott.
Dass wir einmal einen schönen Sterbetag bekommen.
Herzliche Grüße
Rudolf"

Quellen und Literatur

Putz Erna: Franz Jägerstätter: „... besser die Hände gefesselt als der Wille ...", Grünbach [3]1997.

Putz Erna (Hg.): Franz Jägerstätter. Der gesamte Briefwechsel mit Franziska. Aufzeichnungen 1941–1943, Wien [u. a.] 2007.

Provokateurin des Glaubens – Die Franziskanerin Sr. Restituta Kafka im Widerstand

Ruth Beinhauer SFCC

1. Einleitung

1.1. Sr. Restituta und die Stadt Graz

Die Einladung zu einem Vortrag über Sr. Restituta in Graz hat mir sofort wieder eindringlich präsent gemacht, dass es in Sr. Restitutas Biografie gleich drei markante und schwerwiegende Beziehungspunkte zu dieser Stadt gibt:

- Sr. Restitutas Denunziant Dr. Lambert Stumfohl verbrachte seine letzten Lebensjahre zur Zeit des Diözesanprozesses des Selig- und Heiligsprechungsverfahrens (1988–1990) in Graz (gest. 1992).
- Ein ganz seltener Ausnahmefall: Eine überlebende Mitgefangene aus der Todeszelle, Frau Gertrude Heinzel, stammt aus Graz. Mit ihr hat der Grazer Universitätsprofessor Dr. Stefan Karner 1989 als einmalige authentische Quelle ein Videointerview geführt.
- Der Grazer Kirchenhistoriker Universitätsprofessor Dr. Maximilian Liebmann war historischer Sachverständiger im Diözesanprozess des Selig- und Heiligsprechungsverfahrens für Sr. Restituta und führte in dieser Funktion 1989 ein äußerst aussagekräftiges Gespräch mit Sr. Restitutas Denunzianten.

1.2. Zum Titel „Provokateurin des Glaubens“

Das zu „Provokateurin“ gehörige Verb ist „provozieren“, von lateinisch „provocare“ = „heraus-, hervorrufen; herausfordern, reizen“.[1]

1 www.duden.de, Stichwort „provozieren“.

Als Provokateurin des Glaubens forderte Restituta im Namen des Glaubens zum Handeln heraus – sowohl die Nationalsozialisten als auch deren Gegner. Im Grunde ist hier das handelnde Subjekt der Glaube selbst, der provozierend wirkt.

Kritisch interpretiert war sie aber auch eine, die den Glauben (als Objekt) provoziert, die den Glauben der Gläubigen und damit die Gläubigen – auch sich selbst! – kritisch herausfordert, hinterfragt: Was ist euer/mein Glaube wert? Wie weit geht er? Wie bewähren wir uns in der Prüfung? Zu welchem Opfer sind wir bereit? Was in unserem Leben ist Fakt, und was ist Fake?

Sr. Restituta musste sich selbst diesen Fragen stellen, als sie den Widerstand gegen den Nationalsozialismus in ihrem Wirkungskreis wagte und – noch existenzieller – als sie später im Gefängnis und in der Todeszelle ihre Entscheidungen überdachte.

Als Provokateurin des Glaubens war und ist Restituta auch eine, die im positiven Sinn Glauben provoziert, d. h. die in anderen Glauben hervorruft oder zumindest die Bereitschaft, Glauben zuzulassen.

Das „pro" in „pro-vocare" könnte ich aber auch deuten als „für, zum Schutz oder zur Verteidigung von etwas oder jemandem". Man argumentiert „pro und contra" usw. In diesem Sinn provoziert Sr. Restituta, indem sie für den Glauben und zu Schutz und Verteidigung des Glaubens ruft, ihre Stimme erhebt, apologetisch auftritt gegenüber denen, die gegen den Glauben oder sogar aus „odium fidei", aus Glaubenshass, handeln. In einem Martyriumsprozess ist einer der vor einer Seligsprechung unerlässlich zu erbringenden Beweise der des Glaubenshasses als Motiv der Verfolger.

Das Provozieren aus dem (christlichen) Glauben – 1. andere, aber auch sich selbst herausfordern, 2. Glauben oder Offenheit für den Glauben hervorrufen, 3. Glauben fördern, schützen und verteidigen – ist nicht an eine Epoche oder bestimmte Diktaturen und Terror-Regimes (Nationalsozialisten, Kommunisten, IS, Boko Haram etc.) gebunden. Immer aber stellt es in einem glaubensfeindlichen oder – schlimmer – indifferenten oder – am schlimmsten – fanatisierten Umfeld ein prophetisches Zeichen des Widerspruchs dar, wie Sr. Restitutas Leben und Sterben bezeugen.

2. Lebensbild

2.1. Helene – Restituta – „Resoluta"

„Fremd!" Dieser Vermerk hinter dem Namen der elfjährigen Helene Kafka im Klassenbuch der ersten Klasse Bürgerschule[2] bezeugt, dass die spätestens 1896 als Arbeitsmigranten von Brünn nach Wien übersiedelte Schusterfamilie Kafka im September 1905 in der Reichshaupt- und Residenzstadt noch kein Heimatrecht besaß. Am 1. Mai 1894 in Brünn-Husovice als sechstes von sieben Kindern geboren, lernte Helene im Arbeiter- und Zuwandererbezirk Brigittenau schon früh soziale Not und die Nichtexistenz von Chancengleichheit kennen.

1913 gelang ihr nach einem Intermezzo als Tabakverkäuferin der Berufswechsel vom Dienstmädchen der Reichen und Schönen zur Hilfskrankenschwester der weniger schönen Armen im neu eröffneten Städtischen Krankenhaus Wien-Lainz, wo die Krankenpflege damals in den Händen unserer Mitschwestern der „Franziskanerinnen von der christlichen Liebe" lag, die in Wien nach der Mutterhausadresse im 5. Bezirk auch unter „Hartmannschwestern" bekannt sind.

Im Bürgerschulzeugnis ein schmachvoller Vierer in Religion[3] empfahl Helene nicht unbedingt für das Ordensleben, und doch provozierte sie als noch nicht Volljährige ihre Eltern, indem sie von zu Hause ausriss, um 1914 in unseren Orden einzutreten, wo sie den Ordensnamen „Sr. Maria Restituta" erhielt, lat. = die (von/in Gott) Wiederhergestellte, die (Gott) Zurückerstattete. Zu ihrem geradlinigen, wahrheitsliebenden, mutigen, bei Bedarf energischen und kämpferischen Charakter passte freilich ebenso gut ihr Spitzname „Sr. Resoluta".[4]

Seit 1919 im Krankenhaus Mödling bei Wien, wurde die bald fachlich Souveräne und in ganz Mödling und Umgebung Beliebte erste (d. h. leitende) Operationsschwester und Narkotiseurin[5], die zur Nachbetreuung auch in die Häuser ihrer Patienten ging – aber nach anstrengenden Opera-

---

2 Aus der damaligen Bürgerschule wurde die Hauptschule, heute Neue Mittelschule.

3 Im österreichischen Schulnotensystem die zweitschlechteste Note vor dem „Fünfer" = „Nicht genügend" und im Fach Religion eine absolute Rarität.

4 Auch Papst Johannes Paul II. ließ diesen Spitznamen nicht unerwähnt (Seligsprechungsmesse 21.06.1998; Audienz 28.10.1999).

5 Sr. Restituta durfte als kompetente Krankenschwester die damals üblichen Äthernarkosen geben. Bei ihr kam es nie zu einem Zwischenfall.

tionen ebenso ins nahe Gasthaus Mader zur befreundeten Wirtin auf ein Gulasch und ein Krügel Bier![6] Als rechte Hand des chirurgischen Primars Dr. Stöhr war sie unumschränkte Herrscherin über Operationssaal und Chirurgie und durfte es sich erlauben, selbst bei den Ärzten auf „Law and Order“ zu schauen und darüber zu wachen, dass das Geschehen in ihrem Wirkungskreis auch mit dem christlichen Glauben, mit Recht und Menschenwürde im Einklang stand.

2.2. Provokateurin für Glauben und Österreich

1938 war daher der Konflikt mit dem NS-Regime vorprogrammiert, das nach der staatlichen Auslöschung Österreichs sofort auch im Mödlinger Krankenhaus mit rassistischen und religionsfeindlichen Schikanen die Auslöschung von Glauben und Kirche betrieb, was Sr. Restituta-Resoluta nicht hinnehmen konnte. Dazu ihr Beichtpriester, der berühmte Völkerkundler P. Paul Schebesta SVD:

> „Sie trat unerschrocken für den Glauben und das Recht ein. [...] So, wie sie für die Religion eintrat, so auch für Österreich. Sie war begeisterte Österreicherin. [...] Kriecherei oder selbst schlaue Diplomatie war ihr verhasst. Dieses ihr intransigentes Wesen machte ihr manche Feinde und war Anlass zu Hass und Abneigung. Aus diesem Grunde hatte sie ihre geschworenen Feinde besonders unter den Nazis, die nur den Augenblick abpassten, um ihr einen Denkzettel zu geben.“[7]

Zum „Kampf um das Kreuz“, „Kreuz gegen Hakenkreuz“ kam es, als Restituta, wahrscheinlich Ende 1939, in einem neuen Spitalstrakt trotz Verbots Kruzifixe aufhängte und deren Abnahme kategorisch verweigerte. Da sie im Operationssaal unentbehrlich war, mussten die Nazis zunächst zurückstecken, lauerten aber auf eine Gelegenheit, diese unbeugsame Provokateurin loszuwerden.

Am 8. Dezember 1941 wurde Sr. Restituta beim Diktat eines pazifistischen österreich-patriotischen „Soldatenlieds“ und eines Berichts über die von der Hitlerjugend gestörte „1. Bekenntnisfeier“ deutscher katholischer Jugend im Freiburger Münster abgehorcht, tags darauf las sie das „Solda-

6 Zu diesem sympathischen Detail s. Zeugenaussage des Sohnes der Wirtin, DP 3, 238 (= Diözesanprozess, Index III, 238).

7 RHKArch (= Restituta-Helene-Kafka-Archiv der Franziskanerinnen von der christlichen Liebe, Wien), maschinschriftliche Erinnerung von P. Paul Schebesta SVD.

tenlied" im Operationssaal nur zwei Mitschwestern und einer „weltlichen" Angestellten[8] vor. Diktat und Vorlesen wurden Restitutas „Intimfeind", dem jungen SS-Arzt und Gestapo-Spitzel Dr. Lambert Stumfohl, hinterbracht, der Sr. Restituta schließlich denunzierte und die Mordmaschinerie der Gestapo gegen sie in Gang setzte.

2.3. Märtyrerin – auch für Kommunist/inn/en!

Am 18. Februar 1942 – Aschermittwoch – von der Gestapo abgeholt, verbrachte Helene Kafka als Häftling 13 Monate im Wiener Landesgericht, davon nach dem Todesurteil am 29. Oktober 1942 „wegen landesverräterischer Feindbegünstigung und Vorbereitung zum Hochverrat" fünf Monate in der Todeszelle, wo jeder sich nahende Schritt bedeuten konnte: „Jetzt holen sie mich!"

In dieser Zeit größter Bedrängnis wurde Restituta zur Mutmacherin für ihre Mitgefangenen, die zunächst gar nicht wussten, dass sie Ordensschwester war. Sie fütterte eine kranke Kindesmörderin, die die anderen lieber hätten verrecken lassen, gab ihre Kartoffeln einer Schwangeren, sorgte für Milch und Butter auch für Jüdinnen und Ausländerinnen u. a. m., v. a. aber stärkte sie in jener unmenschlichen Zeit ihre Mitgefangenen in ihrer menschlichen Würde und geistigen Widerstandskraft.

Das bezeugt Restitutas beste Freundin in der Haft, die, wie sie selbst sagt, weltanschaulich „ultrakonträr"[9] eingestellte konfessionslose kommunistische Parteifunktionärin Anna Haider:

> „Sr. Restituta war wirklich eine Heilige: dieses großartige Beispiel ihrer Haltung in einer unmenschlichen Zeit, in einer unmenschlichen Umgebung und unter unmenschlichen Bedingungen! Sie hatte eine Ausstrahlung; was sie gesagt hat, hat man geglaubt; ihre Ehrlichkeit, Offenheit und reine Geradlinigkeit waren ganz einfach einmalig! Ihre Hilfsbereitschaft, ihr Mut und ihre Tröstungen waren unbeschreiblich großartig. Sie war ein wunderbarer Kerl."[10]

---

8 Sie war außerdem eine leibliche Schwester einer der beiden Ordensschwestern.
9 Kretschmer, Weder Angst noch Tränen.
10 DP 6, 519.

Und:

> „Ich habe sie erlebt, ihre Stärke und ihren Mut, ihr Vertrauen und ihren Glauben – ihre Menschlichkeit über alle Grenzen der Weltanschauungen und der Parteien hinweg. Das verpflichtet mich, der Welt zu sagen, welches Beispiel Schwester Restituta für alle ist!“[11]

Die Grazer Widerstandskämpferin Gertrude Heinzel, am 1. Februar 1941 wegen kommunistischer Betätigung verhaftet und am 27. November 1942, also rund einen Monat nach Sr. Restituta, wegen „Vorbereitung zum Hochverrat“ zum Tod verurteilt, saß sogar mit ihr in der Todeszelle – auch am 30. März 1943, als unsere Mitschwester mit weiteren zwei Frauen und sechzehn Männern, darunter mehrere Kommunisten, als einzige Ordensfrau nach einem offiziellen NS-Gerichtsurteil tatsächlich enthauptet wurde.[12] Alle zwei bis drei Minuten fiel ein Kopf.[13]

Als eine der ganz wenigen Überlebenden einer Todeszelle gab Heinzel 1989 dem Grazer Historiker Universitätsprofessor (damals noch Universitätsdozent) Dr. Stefan Karner – nicht im Rahmen des Seligsprechungsverfahrens, aber auch als Christin – ein prägnantes Videointerview u. a. über Sr. Restituta, für die sie in langsam akzentuierendem Ton ganz ähnliche Worte wie die Kommunistin Haider fand:

> „Wie ich sie kennengelernt habe, war sie eine Heilige, denn sie hat in dieser Situation alle Menschen aufgerichtet, a l l e Menschen aufgerichtet, hat Stärke ausgestrahlt, Positives ausgestrahlt, Vertrauen ausgestrahlt, nicht: glauben, tu beten und es wird alles gut werden. Nein, als Mensch zum Menschen ihm Stärke geben, dass er als Mensch würdig hinübergehen kann.“[14]

---

11 Ebd., 518.

12 Außer dem Todesurteil Sr. Restitutas wurde jenes der belgischen Ordensfrau Gabriele (Sr. Angelina) Vanderhallen bekannt. Dieses Detail hob Benedicta Maria Kempner, die Frau des stellvertretenden amerikanischen Hauptanklägers bei den Nürnberger Kriegsverbrecherprozessen, schon in den sechziger Jahren des 20. Jahrhunderts hervor: „Schwester Gabriele Vanderhallen von den ‚Barmherzigen Schwestern‘ ist neben Schwester Restituta die einzige Nonne, von der ein Todesurteil bekanntgeworden ist.“ Kempner, Priester vor Hitlers Tribunalen, 482. Kempner fügte aber auch hinzu, dass Sr. Angelina zu acht Jahren Zuchthaus begnadigt wurde und überlebte.

13 Siehe Liste der Hingerichteten des 30.03.1943 in den Aufzeichnungen des Gefängnisseelsorgers Oberpfarrer Eduard Köck. Diözesanarchiv Wien, Handschriften, Dienst-Tagebuch Köck, Blätter 86v–87r.

14 Oral-History-Archiv des Instituts für Wirtschafts-, Sozial- und Unternehmensgeschichte der Karl-Franzens-Universität Graz, 961-11/89.

Mit dieser unvoreingenommenen, stärkenden Wirkung von Mensch zu Mensch hat Sr. Restituta die Herzen auch und gerade der Kommunist/in-n/en und anderer Nichtkatholik/inn/en geöffnet, die von der „Amtskirche“ und von katholischen Institutionen damals meist wie eine ansteckende Krankheit auf Distanz gehalten und als Gesprächspartner/innen abgelehnt wurden. So, wie Restituta einerseits durch Widerstand und zum Widerstand provozierte, provozierte sie auch durch Versöhnung und zur Versöhnung, und zwar in der urfranziskanischen Lebenshaltung der „Buße“ im ursprünglichen Sinn des Wortes.

3. Zwei franziskanische Aspekte des Widerstands der seligen Restituta

3.1. Buße – Metánoia

Die ersten Gefährten des hl. Franziskus nannten sich „Büßer von Assisi“. Das diesem Begriff zugrunde liegende griechische Wort ist μετάνοια (metánoia) mit dem Verb μετανοέω (metanoéo), „hinterher bedenken, seinen Sinn ändern, bereuen, (christlich) umkehren[15]“ und in der Folge „büßen“, also der Umkehr entsprechend handeln. Die Umkehr zum Evangelium[16] mit all ihren Folgen war die Triebfeder unseres Ordensvaters.

3.1.1. Franziskus und Franziskanerin

Im Reliquienraum der Basilika des hl. Franziskus in Assisi berührt mich immer wieder das ihm 1219 vom ägyptischen Sultan geschenkte Horn. Entgegen der Kriegshetze der Kreuzritter suchte Franziskus die friedliche Konfrontation, „änderte“ nach Betrachtung der Situation „seinen Sinn“, kehrte um und kehrte sich wörtlich zum islamischen Sultan nicht mehr hin wie zu einem Feind, sondern mit Worten und Gesten des Respekts und der Versöhnung, die auch so erwidert wurden. Wären die Christen damals dem Beispiel des hl. Franziskus gefolgt, hätten sich die Beziehungen zwischen Okzident und Orient, Christentum und Islam vielleicht ver-

---

15 So in Jesu erstem Satz im Markusevangelium, Mk 1,15: „Kehrt um (griech. μετανοεῖτε), und glaubt an das Evangelium!“. Vgl. Mt 4,17.

16 Siehe Anm. 15.

ständnisvoller und friedvoller entwickelt. Was für Franziskus die Moslems waren, waren für die Franziskanerin Restituta die Kommunist/inn/en.

Sie war schon vor ihrer Haft und dann noch intensiver im Gefängnis eine, die – gegen den Mainstream in den katholischen Reihen – nicht eingefahrenen Klischees und Ressentiments folgte. Im Sinn der franziskanischen Metánoia hörte und schaute sie ihre Mitmenschen und kommunistischen Mitgefangenen vielmehr mit respektvoller Offenheit an, bedachte alles hinterher, änderte gegebenenfalls ihren Sinn, bereute unter Umständen manches Vorurteil, kehrte um, schlug eine neue Richtung ein, schuf eine neue Begegnungsbasis auf gleicher Augenhöhe und brachte dort, wo eben etwa zwischen Kommunist/inn/en und Katholik/inn/en durch Missverständnisse, Fehler, falsche Handlungen und Sünden (auf beiden Seiten) „Sand ins Getriebe" oder die Kommunikation überhaupt zum Stillstand gekommen war, den Kreislauf der Liebe wieder in Gang. Diese positive Dynamik von „Buße" zeigt das Reinigende, Neuanfang Ermöglichende und die kommunikative Kraft dieser Haltung auf: den Kreislauf der Liebe wieder in Gang bringen.

3.1.2. Die Restituta-Skulptur von Alfred Hrdlicka als „Provokateurin des Glaubens"

Der gemeinsame ökumenische Lernprozess zwischen Sr. Restituta (bzw. Kirche) und Kommunisten endete nicht mit ihrem Tod. Seine Früchte durfte ich symbolhaft 66 Jahre danach am 27. Mai 2009 erleben, als in der Barbarakapelle des Wiener Stephansdoms in Anwesenheit des Künstlers die vom kommunistischen Bildhauer Alfred Hrdlicka kurz vor seinem Tod geschaffene, auf der Einladung zu diesem Grazer Symposium abgebildete Restituta-Skulptur gesegnet wurde, die in der Öffentlichkeit im positiven wie im negativen Sinn selbst als „Provokateurin des Glaubens" empfunden wurde.

Mit vernichtender Kritik wurde besonders seitens traditionsverbundener KatholikInnen nicht gespart, die lieber eine „brave“, „hübsche“ und nur ja nicht beunruhigende Büste gesehen hätten. Jede(r) hat das legitime Recht, Person und Werk des Alfred Hrdlicka zu schätzen oder auch nicht. Eines darf ihm aber niemand geifernd absprechen: dass er sich auf seine „archaische“ Weise, aber doch in ehrlichem Ringen vom christlichen Glauben an sich und hier konkret vom Glauben der seligen Restituta provozieren und inspirieren ließ.

Wenn sich also jemand entsetzt oder empört: „Is des oba schiach![17] Frechheit! Das Monster da soll die selige Restituta sein???“, so antworte ich:

– „Schiach“? Abstoßend?
  Ja, ihr habt Recht, ein gewaltsamer Tod *ist* hässlich, abstoßend, brutal, monströs.
– Die Haare zerwühlt und zottig? Medusenhaupt?
  Vor der Guillotine wurde niemand zum Friseur zur Dauerwelle geschickt, und geköpft zu werden *ist* haarsträubend!

17 Dialekt, hochdeutsch: „Ist das aber hässlich!“

- Der Gesichtsausdruck verzweifelt?
  Die Augen sind nicht verkrampft wie bei Verzweiflung üblich, sondern intensiv-ruhig geschlossen, sie drücken intensive Verarbeitung und Verinnerlichung des Schmerzes aus, sind wie zwei Brennpunkte, in denen sich ihr letztes Beten im Angesicht des Todes konzentriert, zwei geschlossene Augen, die dem/der Betrachter/in die Augen öffnen.
- Der Mund mit gefletschten Zähnen und geschwollenen Lippen zu weit aufgerissen?
  Wenn die geschlossenen Augen der innere Ausdruck des Leidens sind, so ist der Mund sein äußerer Ausdruck: Restituta schreit ihren Schmerz hinaus über die Gräuel der Nazis, Unmenschlichkeit, Ungerechtigkeit, Heuchelei, Sünde …
  Aber vielleicht schreit sie auch ihre Angst heraus, die ihrem Mut und ihrem Gottvertrauen nicht entgegensteht, sondern sie noch wertvoller macht. Am Kreuz „rief Jesus laut: […] Mein Gott, mein Gott, warum hast du mich verlassen?“[18] So beginnt der gebetete Psalm, aber er endet mit der geradezu triumphierenden Gewissheit: „Vom Herrn wird man dem künftigen Geschlecht erzählen, seine Heilstat verkündet man dem kommenden Volk; denn er hat das Werk getan.“[19]
  Seht euch in der Kunstgeschichte Darstellungen des Ecce Homo, Christus am Kreuz oder der Grablegung an, Christus mit offenem Mund, beide Zahnreihen sichtbar zwischen vom Tod gezeichneten grünblauen Lippen … – in der langen künstlerischen Tradition der realistischen Darstellung menschlichen, fleischgebundenen Schmerzes und Todes.
  Zugleich jedoch zeugt der aufgerissene Mund auch von Widerstand, von der Provokation einer starken Frau, die sich nicht mundtot machen lässt, sich nicht der Gewalt beugt, die vom Schafottkreuz herab noch ihrer kommunistischen Freundin und Widerstandskämpferin Anna

18 Mt 27,46; vgl. Mk 15,34. Beide zitieren Ps 22,2 (Einheitsübersetzung). Die Lutherbibel (1984) übersetzt Mt 27,46 „schrie Jesus laut“.
19 Ps 22,31f.

Haider stellvertretend für viele andere zuruft: „Bleib so, wie du bist, so etwas, was wir jetzt erleben, darf nie wiederkommen!“[20]

– Die Arme:
  Seht ihr, dass sie Teil eines waagrechten Kreuzbalkens sind mit der Faserzeichnung des Holzes, „an dem das Heil der Welt gehangen“[21]? Der langgezogene waagrechte rote Schnitt zeigt, dass Sr. Restituta Christus nachfolgte in einer Kreuzigungsform des NS-Terrors: der Enthauptung. Restituta wird hier eins mit dem Kreuz Christi, wird seine Blutzeugin, Märtyrerin.
– Die Brust fast entblößt und zu üppig? Ein richtiger „Balkon“?
  Geht ein paar Meter zurück, der Büste gegenüber, dann habt ihr die echten Proportionen. Übrigens keine Sorge, in natura hatte Restituta noch mehr zu bieten, da hat sich Hrdlicka fast selbst verleugnet.
  Und außerdem: Dann müsstet ihr in der Sixtinischen Kapelle die Fresken Michelangelos herunterkratzen, denn bei der Erschaffung der Pflanzen zeigt vom Deckengewölbe herab dem Papst darunter und den im Konklave versammelten Kardinälen sogar der Allerhöchste den nackten Allerwertesten (unter einem ganz transparenten Hemd exakt wie beim Busen der Hrdlicka-Restituta). Und der Papst akzeptierte diese Provokation. Seien wir also im 21. Jahrhundert nicht päpstlicher als der Papst Anfang des 16. Jahrhunderts, vor einem halben Jahrtausend!
  Vor allem aber: Sr. Restitutas große Brust steht für ihr großes Herz, in das sie alle Menschen hineinnahm, in besonderer Weise die leidenden und diejenigen, die mit ihr gemeinsam enthauptet wurden, darunter die kommunistische Widerstandskämpferin Marie Fischer und – exemplarisch herausgenommen – die sechs kommunistischen Straßenbahner, die wörtlich in ihre Brust, in ihr Herz geschrieben, ja eingegraben stehen.[22]

---

20 Kretschmer, Weder Angst noch Tränen, vgl. DP 6, 527.

21 Aus der Karfreitagsliturgie.

22 Der mit freiem Auge nicht leicht lesbare Text lautet: „SR. M. RESTITUTA WURDE AM 30.3.1943 UNTER ANDEREM MIT FOLGENDEN KOMMUNISTEN HINGERICHTET: FRIEDRICH STIX, LUDWIG KUPSKY, LEOPOLD SLABY, JOSEF FRIEDL, JOHANN PLOCEK, JOSEF KREMARIK“ (sic! Richtig: KRCMARIK). Da hier nur allgemein von „Kommunisten“ und nicht von „Straßenbahnern“ die Rede ist,

Das Schönste an dieser Skulptur ist für mich jedoch, dass sie im Charisma der seligen Restituta Menschen zusammengeführt hat, deren Wege sonst eher getrennt verlaufen. Sr. Restitutas respektvoller und verständnisvoller Umgang mit Andersdenkenden hat über Jahrzehnte hinweg bis heute seine Resonanz im respektvollen und verständnisvollen Umgang Andersdenkender mit Restituta bzw. mit der Art von Kirche, für die Restituta steht.

Für die Einstimmung der Anwesenden sorgten damals nicht mystische Klänge katholischer Chorknaben, sondern eine im ganzen Dom unüberhörbare flotte Blaskapelle der Straßenbahner. Neben Dompfarrer Toni Faber sprachen mit besonders bewegenden Worten über die Christin und katholische Ordensfrau Restituta nicht kirchliche Insider, sondern u. a. der ehemalige SP-Zentralsekretär Rechtsanwalt Dr. Heinrich Keller, der auch in Vorstand und Stiftungsrat des Dokumentationsarchivs des österreichischen Widerstandes tätig ist, sowie der kommunistische Grazer Sozialpolitiker und damalige Landtagsabgeordnete Ernest Kaltenegger, der über Parteigrenzen hinweg wegen seiner sehr konkreten Initiativen für Bedürftige geschätzt wird. Tage wie jener 27. Mai 2009 sind gute Tage für den Aufbau einer besseren Gesellschaft.

3.2. Der Umgang mit Verfolgung

In Sr. Restitutas Briefen aus der Haft, an deren Herausgabe ich arbeite, berühren mich peinlich die Briefpassagen, in denen sie sich bei Mitschwestern und Oberinnen für die Sorgen und Probleme, die sie ihnen

---

hätte der u. a. über die NS-Opfer der Gruppe 40 des Wiener Zentralfriedhofs forschende kommunistische Historiker Willi Weinert gern – und da stimme ich ihm grundsätzlich zu – auf der seitens der Erzdiözese Wien in Auftrag gegebenen Büste auch den Namen der kommunistischen Widerstandskämpferin und bedeutenden Zeugin des weiblichen Widerstands Marie Fischer gesehen. Sie wurde zwei Monate nach ihrem ebenfalls im kommunistischen Widerstand aktiven Mann Rudolf hingerichtet und litt sehr darunter, ihre junge Tochter Erika als Vollwaise zurücklassen zu müssen. Die Nichtnennung der Marie Fischer hat aber bloß den praktischen Grund, dass hier exemplarisch die einheitliche Gruppe der kommunistischen Straßenbahner aus Sr. Restitutas Wiener Heimatbezirk Brigittenau (Remise Wexstraße, wo es auch eine Gedenktafel gibt) herausgegriffen werden sollte, was nur leider aus dem Text selbst nicht hervorgeht, und Marie Fischer war zwar Kommunistin, aber eben keine Straßenbahnerin. Josef Friedls Tochter Gertrude war Zeugin im Selig- und Heiligsprechungsverfahren für Sr. Restituta.

durch ihr widerständiges Verhalten bereitet, mit geradezu demütigem Nachdruck entschuldigt. Diese Passagen sind u. a. als Antwort zu lesen auf unterschwellige und teils auch ausgesprochene Vorwürfe seitens des Ordens, dass Restituta die gesamte Gemeinschaft in die Schusslinie der Nationalsozialisten gebracht habe. Die Parole der Generaloberin lautete auch noch nach Restitutas Tod: „schweigen – schweigen“.[23] Dabei hatte die Kirche schon 1938 die Erfahrung machen müssen, dass Schweigen und sogar vorauseilendes Wohlverhalten das Regime in keiner Weise zu irgendwelchen Rücksichten bewog.

Sr. Restituta beugte sich dem internen Druck der Oberinnen nicht, schwieg nicht, gehorchte nicht, hörte dabei aber auf die „Ermahnungen“ des hl. Franziskus:

> „Wenn aber der Obere [dem Untergebenen] etwas gegen seine Seele befehlen würde, so darf er ihm zwar nicht gehorchen, soll ihn aber nicht verlassen. Und wenn er deshalb von einigen verfolgt würde, soll er sie um Gottes willen noch mehr lieben. Denn wer eher Verfolgung erträgt, als dass er von seinen Brüdern getrennt werden wollte, der verharrt wahrlich im vollkommenen Gehorsam, weil er ‚sein Leben einsetzt‘ (vgl. Joh 15,13) für seine Brüder.“[24]

Sr. Restituta wollte nicht von ihren Mitschwestern getrennt werden und widerstand auch der Versuchung durch die Nazis, mit einem Ordensaustritt ihr Leben zu retten. Sie hat aber nicht nur unschuldig um Verzeihung gebeten, sie hat auch selbst denen verziehen, die an ihr schuldig geworden sind, bis hin zu ihrem Denunzianten Dr. Stumfohl. Zu einem Martyriumsprozess gehört wesentlich auch der Beweis, dass der Diener/die Dienerin Gottes seinem/ihrem Verfolger bzw. seinen/ihren Verfolgern vergeben hat. Wir sind in der glücklichen Lage, dass diese Vergebung handschriftlich im ersten Brief Sr. Restitutas nach dem Todesurteil[25] und in einem Brief des Gefängnisseelsorgers P. Johann Ivanek CSsR aus dem Jahr 1957[26] über Sr. Restitutas letzte Lebensstunde festgehalten ist.

---

23 Aussendung der Generaloberin an die Mitschwestern mit der Mitteilung von Sr. Restitutas Tod, Wien o. D., RHKArch.

24 Franziskus v. Assisi, Erm 7–9: Vom vollkommenen Gehorsam.

25 Brief vom 01.11.1942, nur drei Tage nach dem Todesurteil vom 29.10.1942, RHKArch, aufgenommen in DP 9, 929.

26 Brief von P. Johann Ivanek CSsR, 30.09.1957, RHKArch, aufgenommen in DP 9, 965.

4. Aspekte von Widerstand und Erinnerungskultur

4.1. Widerstand gegen den Widerstand gegen den Widerstand!

4.1.1. Selber schuld?

Ich bin Herrn Universitätsprofessor em. Dr. Maximilian Liebmann ganz besonders dankbar für die klaren Worte, mit denen er immer wieder die mangelhafte Auseinandersetzung der katholischen Kirche mit ihren ermordeten, aber auch mit ihren überlebenden Vorbildern und Märtyrer/inne/n aus dem Widerstand sowie die zögerliche Würdigung ihrer Leistungen durch die Kirche thematisierte.

So seien Priester, die vom KZ heimkehrten, sehr oft zu Außenseitern gestempelt worden:

> „Warum hat er sich denn so unklug verhalten, warum hat er so unvorsichtig, so unangepasst geredet? Solche Fragen wurden gestellt, die letztlich nichts anderes waren als der unausgesprochene Vorwurf: selber schuld.“[27]

Sr. Restituta, die den NS-Terror nicht überlebt hat, ist es genauso ergangen, und zwar in ausgesprochenen Vorwürfen. Es soll sogar ein Priester gewesen sein, der den von vielen geteilten, wenig feinen Kommentar hinwarf: „Hätt's die Gosch'n g'halt'n!“ (Ergänzung: „Dann könnt's heut' no leb'n!“)[28] Dazu passte übrigens das – auch heute noch nicht überall überwundene – autoritäre Kirchenbild, in dem für das katholische Fußvolk (und da besonders für das weibliche) die von Kritiker/inne/n boshaft so formulierte Forderung galt: „Hände falt'n, Gosch'n halt'n!“[29]

4.1.2. Patriotische contra christlich-katholische Motive des Widerstands?

An anderer Stelle (im Jahr 2000) „erlaubt“ sich Professor Liebmann – u. a. im Zusammenhang mit der Ermordung zweier Franziskaner, des Grazer Studentenseelsorgers P. DDDr. Kapistran Pieller OFM und des Provinzials der damaligen Provinz „zum hl. Bernhardin“ (mit Provin-

---

27 Liebmann, Katholischer Widerstand, 50.

28 Dialekt. Hochdeutsch: „Hätte sie den Mund gehalten!“ „Dann könnte sie heute noch leben!“

29 Dialekt. Hochdeutsch: „Hände falten, Mund halten!“

zialat in Wien), P. Dr. Angelus Steinwender OFM – einige „Anmerkungen, Bemerkungen und Fragen“ zum halbherzigen Umgang bzw. Nicht-Umgang der katholischen Kirche mit ihren „wahren Helden und Märtyrern“, so etwa: „Ist ihre Vermischung von patriotischen Motiven mit den christlich-katholischen der Grund für ihr Vergessenwerden?“[30] Trotz aller Fortschritte in den vergangenen fünfzehn Jahren: Auch bei Sr. Restituta ist es genau diese Vermischung von patriotischen Motiven (Stichwort „Soldatenlied“) mit den christlich-katholischen (Stichwort „Kreuzaufhängen“), die hartnäckig über Jahrzehnte und sogar über die Seligsprechung hinaus bis heute peinlich berührte bis ablehnende Kommentare unter Katholik/inn/en hervorruft, Kommentare wie: „Die Sache mit dem Soldatenlied war doch politisch!“, die nicht unwidersprochen bleiben dürfen. Für diese Kritiker/innen gilt: Patriotismus, also Restitutas Liebe zu Österreich, ist politisch, und politisch, da nicht katholisch, ist gleich unpassend und kein Wert, sondern ein wertmindernder, zu eliminierender „Fleck“ auf der weißen Weste sogenannten lupenrein katholischen Widerstands.

Darum bleibe ich Professor Liebmann dankbar für seine klaren Worte der „Rechtfertigung“, die ein leider auch heute noch notwendiger verbaler Widerstand gegen jene sind, die gegen diesen doppelt motivierten Widerstand Restitutas – für Glauben *und* Österreich – verbal Widerstand leisten. Auch mehr als siebzig Jahre nach Restitutas Tod ist er also immer noch gefragt, der Widerstand gegen den Widerstand gegen den Widerstand.

4.2. Auch Erinnern ist Widerstand

Glauben lebt auch von der Erinnerung, der Gemeinschaft stiftenden und stärkenden Gegenwärtigsetzung des eucharistischen Opfers. Im übertragenen Sinn lebt auch Widerstand von der Erinnerung und von der Gemeinschaft stiftenden und stärkenden Gegenwärtigsetzung der Opfer – der Opfer, die Menschen gebracht haben und der Menschen, die *sich* zum Opfer gebracht haben. Sr. Restituta ist nicht nur Provokateurin des

30 Liebmann, Antifaschistische Freiheitsbewegung, 70.

Glaubens, als Märtyrerin aus dem Widerstand ist sie zugleich bleibende Provokateurin der Erinnerung.

Am Ende des Vorworts zu ihrem 1985 erschienenen Buch über „Frauen im Widerstand Österreich 1938–1945" danken die Herausgeberinnen allen interviewten Widerstandskämpferinnen, „die mit ihrer Bereitschaft dazu beitrugen, dass unsere Vergangenheit nicht länger vergessen, unsere Gegenwart nicht unverständlich und manipulierbar bleibt. Auch ihr *Erinnern* ist Widerstand."[31] Heute, mehr als dreißig Jahre danach, folgen die letzten überlebenden Zeitzeuginnen, von denen ich einige große Frauen kennenlernen durfte, ihren von den Nazis ermordeten Kameradinnen in die ewige Heimat nach. Menschen wie wir, die wir uns in Veranstaltungen wie dieser versammeln, treten jetzt ihr Erbe und heute konkret auch das Erbe der seligen Restituta an, damit „*unsere* Gegenwart nicht unverständlich und manipulierbar bleibt".[32] So sei auch *unser* Erinnern Widerstand! – Doch dabei soll es nicht bleiben.

4.3. Ein 11. Gebot

Anlässlich des 70. Jahrestags der Befreiung des Konzentrationslagers Auschwitz am 27. Jänner 2015 sagte der Auschwitz-Überlebende und Präsident des Internationalen Auschwitz-Komitees, Roman Kent, wenn er könnte, würde er ein 11. Gebot hinzufügen: „You should never, never be a bystander"[33] – „Du solltest nie, niemals nur teilnahmsloser Zuschauer sein."

Lassen wir uns von der seligen Restituta zum Mut motivieren, wie sie aus der Sicherheit der anonymen Masse der „bystander" herauszutreten, das jeweils bessere Handeln zu riskieren – und andere Menschen dabei mit auf den Weg zu nehmen.

Die überlebende mitgefangene Grazerin Gertrude Heinzel gibt uns Sr. Restitutas Wunsch und Auftrag aus der Todeszelle für unseren ganz einfachen alltäglichen Widerstand mit: „Man muss dagegen arbeiten, man kann [...] das Böse nicht unwidersprochen geschehen lassen."[34]

31 Berger, Der Himmel ist blau, 9.
32 Ebd.
33 Kent, Rede zum 70. Jahrestag der Befreiung.
34 Siehe Anm. 14.

Quellen und Literatur

Berger Karin [u. a.] (Hg.): Der Himmel ist blau. Kann sein. Frauen im Widerstand Österreich 1938–1945, Wien 1985.

Beinhauer Edith Ruth: Selige Sr. Restituta Helene Kafka – Märtyrerin in Proexistenz, Protest und Prophetie, in: Karner Stefan / Duffek Karl (Hg.): Widerstand in Österreich 1938–1945. Die Beiträge der Parlaments-Enquete 2005, Graz-Wien 2007 (= Veröffentlichungen des Ludwig Boltzmann-Instituts für Kriegsfolgen-Forschung Sonderband 7), 87–100.

Beinhauer Edith Ruth: Die selige Sr. Restituta Kafka – ein Vorbild auch vieler Nichtglaubender, in: Pfarrblatt Dompfarre St. Stephan (Wien), Ostern 2010, 38f.

Beinhauer Edith Ruth: Selige Maria Restituta Helene Kafka – Märtyrerin aus dem Widerstand. Reflexionen zum Gedenken an eine katholische NS-Gegnerin, in: Arnberger Heinz / Kuretsidis-Haider Claudia (Hg.): Gedenken und Mahnen in Niederösterreich. Erinnerungszeichen zu Widerstand, Verfolgung, Exil und Befreiung, Wien 2011, 128–143.

Diözesanarchiv Wien, Handschriften, Dienst-Tagebuch Köck, 1. Jänner bis 31. Mai 1943.

Dokumentationsarchiv des österreichischen Widerstandes (Hg.): Opferschicksale. Widerstand und Verfolgung im Nationalsozialismus. 50 Jahre Dokumentationsarchiv des österreichischen Widerstandes, Wien 2013.

DP (= Diözesanprozess) = Vindobonen. Causa Beatificationis et Canonizationis Servae Dei Sr.is M. Restitutae (Helenae Kafka) e Congregatione Sororum Tertii Ordinis S. Francisci a Caritate Christiana. Processus super Martyrio, Wien 1988–1990.

Franziskanerinnen von der christlichen Liebe (Hg.): Schwester Maria Restituta Kafka – Märtyrin aus dem Widerstand. Dokumentation, Innsbruck 1998.

Johannes Paul II.: Ansprache in der Audienz für die Franziskanerinnen von der christlichen Liebe, 28. Oktober 1999 (Original deutsch, erschienen im „Osservatore Romano" am 29.10.1999), http://w2.vatican.va/content/john-paulii/de/speeches/1999/october/documents/hf_jp-ii_spe_28101999_suore-carita.html (abgerufen am 22.07.2016).

Johannes Paul II.: Homilie der Seligsprechungsmesse auf dem Wiener Heldenplatz, 21.06.1998, http://w2.vatican.va/content/john-paul-ii/de/homilies/1998/documents/hf_jp-ii_hom_19980621_austria-beatification.html (abgerufen am 22.07.2016).

Kapp Benedicta: Eine größere Liebe hat niemand ..., Mödling 1958.

Käßmann Margot (Hg.): Gott will Taten sehen. Christlicher Widerstand gegen Hitler, München 2013.

Kempner Benedicta Maria: Priester vor Hitlers Tribunalen, unveränderter Nachdruck der 2. Aufl. von 1967, München ^{4}1996.

http://auschwitz.org/en/museum/news/dont-be-a-passive-bystander-70th-anniversary-of-the-liberation-of-auschwitz-,1136.html (abgerufen am 13.06.2016).

Kretschmer Anna Maria: „Weder Angst noch Tränen“. Der Todesweg einer Wiener Nonne unter dem NS-Regime. Manuskript zur Radiosendung ÖR (Wien, NÖ, Bgl.) vom 24.03.1978.

Liebmann Maximilian: Die „Antifaschistische Freiheitsbewegung Österreichs“ vor Hitlers Richterstuhl, in: Mikrut Jan (Hg.): Österreichs Kirche und Widerstand 1938–1945 (fehlerhaft auf dem Einband: 1939–1945), Wien 2000, 47–71.

Liebmann Maximilian: Katholischer Widerstand – der Umgang mit Priestern, die aus den KZs zurückkamen, in: Karner Stefan / Duffek Karl (Hg.): Widerstand in Österreich 1938–1945. Die Beiträge der Parlaments-Enquete 2005, Graz-Wien 2007 (=Veröffentlichungen des Ludwig Boltzmann-Instituts für Kriegsfolgen-Forschung, Sonderband 7), 39–51.

Maimann Helene: Schwester Restituta. Versuch über eine Unbequeme, in: Konrad Helmut / Neugebauer Wolfgang (Hg.): Arbeiterbewegung – Faschismus – Nationalbewusstsein, Wien [u. a.] 1983, 201–212.

Neugebauer Wolfgang: Der österreichische Widerstand 1938–1945, Wien 2008.

OHA-WISOG Graz = Oral-History-Archiv des Instituts für Wirtschafts-, Sozial- und Unternehmensgeschichte der Karl-Franzens-Universität Graz, 961-11/89.

RHKArch = Restituta-Helene-Kafka-Archiv der Franziskanerinnen von der christlichen Liebe, Wien (= RHKArch).

Rhomberg Hans-Peter: Heilige und die Kunst des Heilens. Heilige, Selige und Ordensgründer in der Medizin, Lindenberg im Allgäu 2008.

Riccardi Andrea: Salz der Erde, Licht der Welt. Glaubenszeugnis und Christenverfolgung im 20. Jahrhundert. Aus dem Italienischen übers. und bearb. v. Ingrid Stampa, Freiburg 2002.

Sagardoy OCD P. Antonio: Gelegen und Ungelegen. Die Lebenshingabe von Sr. Restituta, Wien ^{2}2001.

Weinert Willi: „Mich könnt ihr löschen, aber nicht das Feuer.“ Wiener Zentralfriedhof – Gruppe 40. Ein Führer durch den Ehrenhain der hingerichteten WiderstandskämpferInnen, Wien 2004.

Weinzierl Erika: Kirchlicher Widerstand gegen den Nationalsozialismus, in: Dokumentationsarchiv des österreichischen Widerstandes (Hg.): Arbeiterbewegung – NS-Herrschaft – Rechtsextremismus. Ein Resümee aus Anlass des 60. Geburtstags von Wolfgang Neugebauer, Wien 2004 (= Themen der Zeitgeschichte und der Gegenwart 4), 76–85.

„Die Welt ist ein gefährliches Pflaster.
Nicht wegen denjenigen, die Böses tun,
sondern wegen denjenigen, die
wegschauen und nichts tun.“
Albert Einstein[1]

„Nein“ sagen lernen. Psychologische und pädagogische Anmerkungen zu Mut und Zivilcourage

Anton A. Bucher

Leider kommt es immer wieder vor: In der S-Bahn attackieren ältere Jugendliche fremdländische Kinder und erpressen von ihnen Geld. Die meisten Mitfahrer/innen, die die Angstrufe der Bedrängten nicht überhören können, schauen weg. Nur ein einziger interveniert und versucht die Kinder zu schützen, die Gewalttätigen in Schach zu halten. Am 19. September 2009 war dies in der S-Bahn von München nach Wolfratshausen Dominik B., 50 Jahre alt und auf dem Weg zu seiner Freundin. Er zahlte dafür mit dem Leben. Die Jugendlichen schlugen ihn zusammen und traten mit ihren schweren Lederstiefeln 22-mal auf den am Boden Liegenden ein, woraufhin er innerlich verblutete.

Warum schauen in solchen Situationen, in denen Menschen Unrecht geschieht, sie schikaniert und bedroht werden, so viele weg? Und warum legen nur so wenige Männer und Frauen Zivilcourage an den Tag? Verfügen diese Held/inn/en des Alltags über besondere Persönlichkeitseigenschaften? Wurden sie spezifisch erzogen, etwa dahingehend, auch „Nein“ sagen zu lernen? Solche Fragen sind psychologischer Natur. Psychologie ist bekanntermaßen die Wissenschaft des menschlichen Verhal-

1 Zit. nach: Lachman, Strategies Necessary for Moral Courage, 1.

tens und Erlebens und versucht dieses zu beschreiben, zu verstehen und zu erklären. Im ersten Teil werde ich darlegen, welche Antworten PsychologInnen auf die Frage gefunden haben, was Menschen an Mut und Zivilcourage hindert: Insbesondere Autoritarismus, blinder Gehorsam, wie er auch in der Kirche gelegentlich eingefordert wurde (und wird), sowie Konformismus. Sodann ist zu erörtern, welche psychologischen Faktoren (etwa Persönlichkeitseigenschaften) dem Mut und der Zivilcourage förderlich sind. Diese Thematik wurde bisher seltener untersucht, weil sich die Psychologie des 20. Jahrhunderts stärker auf das Defizitäre und Negative fokussierte. Abschließend wird skizziert, was Erziehung dazu beitragen kann, dass Menschen, wenn in einer S-Bahn Unschuldige angerempelt und bedroht werden, nicht wegschauen, sondern beherzt und vereint eingreifen.

1. Was Mut und Courage behindert: Autoritarismus und Konformismus

Im Wort „Zivilcourage" steckt etymologisch „Herz" (lateinisch „cor"). Zivilcourage ist denn auch als „Beherztheit" zu würdigen und besteht darin, dass Menschen für ihre Überzeugungen eintreten und gemäß diesen handeln, auch wenn dies mit Nachteilen verbunden ist und in Gefahr bringen kann, im Extremfall in tödliche. Zivilcourage wurde von vielen Philosophen in hohen Tönen gelobt, insbesondere von Aristoteles, der sie mit dem Zorn in Verbindung brachte. Dieser, obschon er später in der christlichen Tradition zu den sieben Todsünden gezählt werden sollte, ist besonders angemessen, wenn Ungerechtigkeit konstatiert wird. „Denn wer nicht zürnt, wo er soll, gilt als einfältig", ja als „sklavisch", weil er sich nicht wehre, sei es für sich selbst, sei es für die Seinigen.[2] Auch Thomas von Aquin würdigte den Mut, der sich aber an der Klugheit ausrichten müsse. Verwerflich sei Kleinmut, weil der Mensch jeweils nicht das vollbringe, wozu er seinem Vermögen nach fähig wäre.[3]

Ohne weitere philosophisch-theologische Belege für das hohe Ansehen von Mut und Zivilcourage auszubreiten – was wissen die empirischen Sozialwissenschaften über diese beiden Tugenden? Zunächst: Es

2 Aristoteles, Nikomachische Ethik, 1126 a 5.
3 Thomas von Aquin, Summa theologica, II–II, q. 133, a. 1c.

ist nicht leicht, mit den gängigen empirischen Erhebungsmethoden, speziell Befragungen, valide Daten zu erhalten. Psychologen in der Forschergruppe um Stefan Schulz-Hardt, Professor in Göttingen und auf Zivilcourage spezialisiert, taten Folgendes: Sie ließen Studierende per Fragebogen folgende Situation beurteilen:

> „Sie sitzen in einem Seminarraum der Uni und füllen gemeinsam mit einem anderen Studenten einen Fragebogen aus. Plötzlich steht dieser auf, schnappt sich einen Computerstick, der am Jackenständer hängt, und fragt: ‚Ist das Ihrer? Nein? Dann ist es jetzt meiner!' Tun Sie was dagegen? Melden Sie den Diebstahl dem Versuchsleiter, wenn er wiederkommt?"

Gut jeder zweite behauptete auf dem Papier, zu intervenieren. Als einige Wochen später diese Situation faktisch inszeniert wurde, zeigte sich: Nur fünf Prozent der Studierenden taten etwas, um den Diebstahl zu verhindern oder den Dieb zu stellen.[4] „Auf dem Papier ist jeder mutig", aber nur wenige mitten im Leben, wenn sie fürchten müssen, Nachteile einstecken zu müssen oder sich anderen gegenüber zu sehr zu exponieren.[5]

Ist zu tolerieren, in einem wissenschaftlichen Experiment über Gedächtnisleistungen Menschen schmerzhafte Stromschläge zu verabreichen, nachdem diese sich an eine Zahlenreihe falsch erinnert hatten? Die meisten Zeitgenoss/inn/en dürften verneinen, weil es zu den unbedingten Pflichten gehört, keinem Menschen Schmerzen zuzufügen – es sei denn, es ist aus medizinischen Gründen induziert. Ganz andere Erfahrungen machte, erstmals 1961 in New Haven, der Sozialpsychologe Stanley Milgram.[6] Per Zeitungsannoncen motivierte er Freiwillige, an einer wissenschaftlichen Studie zu Lernen und Gedächtnis teilzunehmen, eine Stunde zu vier Dollar. Die Proband/inn/en wurden in ein Labor gebeten, in dem zum einen der Versuchsleiter saß, zum anderen der ins Experiment eingeweihte Schüler, an dessen Händen Elektroden befestigt waren. Sobald dieser einen Memorierfehler machte, forderte der Versuchsleiter den Probanden/die Probandin auf, einen Stromschlag zu verabreichen, bei jedem weiteren Fehler zusätzliche 15 Volt mehr. Der Schüler war instruiert, bei 75 Volt zu seufzen, bei 120 zu schreien, bei 150 aus dem Experiment

---

4 Dazu die Dissertation: Voigtländer, Hilfeverhalten und Zivilcourage.
5 Paulus, Auf dem Papier ist jeder mutig.
6 Milgram, Milgram-Experiment.

aussteigen zu wollen und nach 330 Volt still zu werden und Ohnmacht zu mimen. Beim ersten Durchlauf gingen von vierzig Teilnehmenden 26 (deutlich mehr als die Hälfte) bis zur maximalen Spannung von 450 Volt, kein/e einzige/r brach unter 300 Volt ab.

In der Folge wurde die Versuchsanordnung teils raffiniert verändert. Wenn der Versuchsleiter nicht physisch anwesend war, sondern seine Aufforderungen wie „Das Experiment erfordert, dass Sie weitermachen!" per Fernsprecher gab, erhöhte sich die Anzahl der Abbrecher/innen um das Dreifache. Niedriger war die Gehorsamsrate auch dann, wenn er zwar anwesend war, aber nicht einen weißen Kittel, sondern biedere Alltagskleidung trug. Waren zwei Versuchsleiter anwesend, die Uneinigkeit über das weitere Vorgehen vorspielten, brachen alle ab. Frauen waren nicht obrigkeitsgläubiger als Männer. War der Schüler nicht zu sehen, weil in einem anderen Raum, aber sein Schmerzgeschrei zu hören, verminderte sich die Quote der Abbrecher/innen drastisch. Im Versuchslabor der Yale University spielten sich teils dramatische Szenen ab. Ein Geschäftsmann betrat dieses selbstsicher und lächelnd, aber innerhalb von zwanzig Minuten war aus ihm ein stotterndes Wrack geworden, das sich rasch einem Nervenzusammenbruch näherte. „O Gott, lass uns doch aufhören!", aber er gehorchte weiter, bis zu 450 Volt.[7]

Die ersten Publikationen zu diesen ethisch umstrittenen Experimenten – Milgram wurde derentwegen für ein Jahr aus der APA, der amerikanischen Psychologenvereinigung, ausgeschlossen – erregten enormes Aufsehen. Dies auch deswegen, weil nahezu zeitgleich Hannah Arendts aufrüttelndes Buch über den Prozess Eichmanns in Jerusalem erschien[8] und die These von der Banalität des Bösen ebenso rege diskutiert wurde wie die „Germans-are-different"-These, gemäß der Deutsche über einen besonders obrigkeitshörigen Charakter verfügten. Zumindest letztere konnte als widerlegt gelten. Auch in den USA und in zahlreichen anderen Ländern, in denen das Experiment repliziert wurde, zeigte sich, was Milgram so formulierte: „Die extreme Bereitschaft von erwachsenen

7 Ebd., 86.
8 Arendt, Eichmann in Jerusalem.

Menschen, einer Autorität fast beliebig weit zu folgen, ist das Hauptergebnis der Studie und eine Tatsache, die dringendster Erklärung bedarf.“[9]

Massiv erschwert wird Zivilcourage durch Autoritarismus bzw. den „autoritären Charakter“, wie er Ende der 1940er Jahre zumal von dem in die USA emigrierten Sozialforscher und Philosophen Theodor Adorno an der renommierten Universität von Berkeley untersucht wurde.[10] Geprägt hat diesen Begriff, bereits in den 1930er Jahren, der Psychoanalytiker und Sozialphilosoph Erich Fromm, der 1939 leider aus dem Institut für Sozialforschung in Frankfurt (Leitung Max Horkheimer) hinausgedrängt wurde.[11] Fromm belegte, dass autokratische Erziehung zu blinder Autoritätshörigkeit und kritiklosem Konformismus im Erwachsenenalter führen kann. Ausgangspunkt für Adornos Forschung war der Holocaust, zumal die Frage, warum so viele nicht „Nein“ gesagt und keinen Widerstand geleistet hatten. Gibt es „ein potentiell faschistisches Individuum“?[12] Wie ist dessen Denken strukturiert, für welche Ideologien ist es anfällig? Und wie entwickelt es sich im Gang von Erziehung und Sozialisation? Die Sozialforscher führten viele Interviews und konstruierten, um das Ausmaß an Autoritarismus bzw. antidemokratische Züge in der Charakterstruktur zu erheben, mehrere Skalen, am bekanntesten die Faschismusskala, die Items wie folgende enthält: „Gehorsam und Respekt gegenüber der Autorität sind die wichtigsten Tugenden, die Kinder lernen sollten“, „Wer unsere Ehre beleidigt, muss auf jeden Fall bekämpft werden“.[13]

Die autoritäre Persönlichkeit wird insbesondere durch folgende Merkmale geprägt:

- Konventionalismus: starres Festhalten an konventionellen Wertvorstellungen speziell des Mittelstandes, das im Fragebogen u. a. mit folgendem Item abgetestet wurde: „Wenn die Menschen weniger reden und mehr arbeiten würden, könnte es uns allen besser gehen.“
- Autoritäre Unterwürfigkeit: „Was dieses Land vor allem braucht, mehr als Gesetze und politische Programme, sind ein paar mutige, unermüd-

9 Milgram, Perils of Obedience.
10 Adorno, Studien zum autoritären Charakter.
11 Fromm, Autorität und Familie.
12 Adorno, Studien zum autoritären Charakter, 2.
13 Ebd., 81f.

liche, selbstlose Führer, denen das Volk vertrauen kann." – Fast zwölf Jahre funktionierte es: „Führer, befiehl, wir folgen dir!"

- Autoritäre Aggression: die Tendenz, Menschen, die konventionelle Normen verletzen, auszugrenzen und zu bestrafen: „Die meisten unserer gesellschaftlichen Probleme wären gelöst, wenn man die Asozialen, Gauner und Schwachsinnigen loswerden könnte."
- Anti-Intrazeption, konkretisiert als Abwehr des Subjektiven, Phantasievollen und Schöngeistigen: „Der Geschäftsmann und der Fabrikant sind viel wichtiger für die Gesellschaft als der Künstler und der Professor."
- Stereotype: „Die Menschen kann man in zwei Klassen einteilen: die Schwachen und die Starken."
- Rigide Ingroup-Outgroup: Orientierung mit der Tendenz, andere Menschen – sei es in ihrer Gesinnung, ihrem Verhalten – auszugrenzen und sie rigider zu verurteilen, wenn sie eine Norm übertreten.
- Macht und Robustheit: Ausgeprägtes Denken in den Dimensionen stark – schwach, Herrschaft – Unterwerfung: „Jeder urwüchsige Amerikaner wird kämpfen, um sein Eigentum zu verteidigen."

Die bisher geschilderten Wesenszüge korrelieren hoch mit der Ausgrenzung und Diskriminierung von Minderheiten, speziell Homosexuellen, die unnatürlich, kriminell und zu bestrafen seien, mehr noch den Juden. Stark autoritäre Persönlichkeiten unterstellten diesen in den Interviews, „dass sie doch alle gleich sind", zumal geldgierig und konspirativ, und ein Interviewpartner verstieg sich gar zur Behauptung: „Ich glaube, was Hitler mit den Juden machte, war ganz in Ordnung."[14]

Wodurch wird diese autoritäre Persönlichkeitsstruktur, die sich kaum zu Zivilcourage durchringen kann, sondern in solcher eine Bedrohung der Ordnung, ja der Welt wittert, begünstigt? Ursächlich ist zumal autokratische Erziehung bzw. schwarze Pädagogik, deren primäres Ziel es ist, den angeblich chaotisch-selbstsüchtigen Eigensinn der Kinder zu brechen, wenn er nicht zu biegen sei. Katharina Rutschky hat in ihrer Sammlung „Schwarze Pädagogik" erschütternde erzieherische Ratschläge aus den drei letzten Jahrhunderten zusammengetragen,[15] wie dies bewirkt werden

14 Ebd., 149.
15 Rutschky, Schwarze Pädagogik.

soll: durch Strafen, Liebesentzug, Disziplinierung und der Einforderung von absolutem Gehorsam. Ein erschütterndes Fallbeispiel, das traditionell katholische Erziehung unangenehm herausfordern muss, ist Rudolf Höss, 1900 in Baden geboren, von seinem streng gläubigen Vater zum Priester bestimmt, aber 1915 in den Kriegsdienst eingerückt, in dem er Karriere machte (mit 17 Jahren Unteroffizier und Eisernes Kreuz), später in der SS, zumal als Kommandant von Auschwitz-Birkenau. Nach seiner Enttarnung und Verhaftung wurde er 1946 an Polen ausgeliefert, wo er im Gefängnis von Krakau seine Autobiografie schrieb, mit Kindheitserinnerungen an Marienwallfahrten nach Einsiedeln und Lourdes, aber auch daran:

> „Ganz besonders wurde ich immer darauf hingewiesen, dass ich Wünsche oder Anordnungen der Eltern, der Lehrer, Pfarrer usw. ja aller Erwachsener bis zum Dienstpersonal unverzüglich durchzuführen bzw. zu befolgen hätte. [...] Was diese sagten, sei immer recht. Diese Erziehungsgrundsätze sind mir in Fleisch und Blut übergegangen."[16]

Der amerikanische Gerichtspsychiater Gustave Gilbert, der im Rahmen seiner Charakterstudien zu Kriegsverbrechern Höss in Nürnberg eingehend befragen konnte, attestierte ihm, geistig normal zu sein, kein Sadist, sondern durchaus naturverbunden und tierliebend, aber mit wenig Einfühlungsvermögen bzw. einer extremen vorauseilenden Gewissenhaftigkeit und Sorgfalt.[17]

Erziehung, wie sie Höss zuteil wurde – der übrigens noch während seines Kriegseinsatzes an der Irakfront daran dachte, Priester zu werden[18] –, wurde und wird auch von einzelnen Gruppierungen in der Katholischen Kirche propagiert und praktiziert. Das Kirchenrecht aus dem Jahre 1983 schreibt vor, die Alumnen (Priesteramtskandidaten) seien „so zu bilden, dass sie [...] dem Papst als Nachfolger Petri in demütiger und kindlicher Liebe ergeben sind".[19] Gemeint ist damit Gehorsam, der bezeichnenderweise als kindlich (infantil) charakterisiert wird.[20] Gewiss, viele Priester und Nonnen leisteten in den dunkelsten Jahrzehnten des 20. Jahrhun-

---

16 Broszat, Kommandant in Auschwitz, 25.
17 Gilbert, Nürnberger Tagebuch, 253.
18 Broszat, Kommandant in Auschwitz, 34.
19 Can. 245 § 2 CIC 1983.
20 Zur Infantilisierung auch und gerade in der Kirche: Bucher, Mutter Kirche.

derts unerschrockenen Widerstand und legten bewundernswerte Zivilcourage an den Tag. So Sr. Maria Restituta, die sich weigerte, dass aus dem Krankenhaus Mödling die Kruzifixe entfernt wurden, und sich regimekritisch äußerte: Sie starb unter dem Fallbeil. Oder der Augustiner Chorherr Roman Karl Scholz, der die Österreichische Freiheitsbewegung mitbegründete, verraten wurde, vier Jahre eingekerkert blieb, bevor er hingerichtet wurde.[21] Dennoch: Wären Männer und Frauen zu solchen HeldInnen geworden, wenn sie im Einflussbereich des Opus Dei groß geworden wären, einer erzkatholischen Personalprälatur, die das besondere Wohlwollen von Papst Johannes Paul II. genoss? Immerhin schrieb Josemaria Escrivá de Balaguer:

> „Gehorchen […], sicherer Weg. – Blind dem Vorgesetzten gehorchen […] Weg der Heiligkeit. Gehorchen in deinem Apostolat […], der einzige Weg: weil in einem Werk Gottes der Geist vorherrschen muss, entweder zu gehorchen oder wegzugehen."[22]

Klaus Steigleder, in der „kirchlichen" Jugendarbeit durch das Opus angeworben und viele Jahre Mitglied, bis er sich nach langen inneren Kämpfen zu befreien vermochte, schildert ein Klima freundlicher Servilität und Unterwürfigkeit, in dem kein Widerspruch geduldet wurde. Denn der gottgefällige Mensch soll sich auch „die bewährte Einsicht vor Augen halten, dass der eigene Verstand ein schlechter Ratgeber […] ist".[23] Diese Doktrin ist der Aufklärung – „Habe Mut, dich des eigenen Verstandes zu bedienen", unabdingbar für Zivilcourage – diametral entgegengesetzt. Vielmehr sollen Erwachsene Kinder bleiben: „Suche nicht, ein Erwachsener zu sein. – Kind, immer Kind, auch wenn du vor Alter umfällst."[24]

Der Zivilcourage abträglich ist auch Konformismus. Dieser besteht darin, dass persönliche Sichtweisen und Einstellungen an die bestehenden (Macht-)Verhältnisse angepasst werden. Am drastischsten untersucht wurde Konformität im weltbekannt gewordenen Stanford-Prison-Experiment von Philipp Zimbardo.[25] Zuvor ebenbürtige Studierende ließen sich

21 Weinzierl, Kirchlicher Widerstand gegen den Nationalsozialismus.
22 Zit. nach: Steigleder, Opus Dei, 115. Die Übersetzung bei Escrivá de Balaguer, Der Weg, Nr. 941, sei insofern beschönigend, als „blind" mit „rückhaltlosem Vertrauen" wiedergegeben worden ist.
23 Escrivá de Balaguer, Der Weg, Nr. 59.
24 Ebd., Nr. 870.
25 Zimbardo, Stanford Gefängnis Experiment.

für ein mehrtägiges Rollenspiel freiwillig entweder der Gruppe der Häftlinge oder der Wärter zuweisen. Erstere wurden eines Tages verhaftet, mit verbundenen Augen in die Zellen – im Kellergeschoß der Universität – gebracht, bekamen Häftlingskleidung und eine Nummer. Die Wärter wurden mit Polizeiuniformen, Knüppeln und Sonnenbrillen ausgestattet. Schon nach wenigen Tagen eskalierte die Situation. Die Wärter wurden dermaßen mit ihrer Rolle konform, dass sie auch vor sadistischen Übergriffen nicht zurückschreckten. Von den Gefangenen erlitten einige Nervenzusammenbrüche – sie wurden vorzeitig entlassen –, die verbleibenden versuchten die Situation durch blinde Unterwürfigkeit zu meistern. Zimbardo bilanzierte, dass wir weit weniger die souveränen Subjekte unserer Lebensgestaltung sind, sondern eher die Opfer der Situationen und Rollenerwartungen, mit denen wir konform gehen.

Konformität wird auch begünstigt, wenn Personen voll und ganz mit ihren Rollen verschmelzen, aber auch, wenn ihr Selbstwert niedrig ist, was Verhaltensunsicherheit auslöst, die durch ein strikt angepasstes Verhalten kompensiert werden kann. Personen, wenn sie in ihrer sozio-moralischen Entwicklung weiter vorangeschritten sind – wie von Lawrence Kohlberg und seiner Schule untersucht – sind weniger konformistisch und eher disponiert, Zivilcourage zu leben.[26] Wie schon Autoritarismus, kann auch Konformismus durch Erziehung begünstigt werden, zum einen durch unsicher-ambivalente Bindungen, wenn sich Kinder genötigt fühlen, durch angepasstes Verhalten die Zuwendung der wichtigsten Bezugspersonen nicht aufs Spiel zu setzen, bzw. durch einen Erziehungsstil, der Liebe davon abhängig macht, ob Kinder die an sie gerichteten Erwartungen erfüllen oder nicht. Nachdem – ohne Anspruch auf Vollständigkeit – anskizziert wurde, was Zivilcourage behindern kann, ist im Folgenden – positiv – zu erörtern, was sie begünstigt.

2. Was Zivilcourage und Mut begünstigt

In den letzten Jahrzehnten vollzog die Psychologie, im angelsächsischen Bereich stärker als hierzulande, einen Paradigmenwechsel: Positive Psychologie.[27] Anstatt mehr oder weniger ausschließlich psychische Beein-

---

26 Dazu nach wie vor das Lehrbuch: Oser / Althof, Moralische Selbstbestimmung.
27 Snyder / Lopez, Handbook of Positive Psychology.

trächtigungen zu untersuchen und Menschen von ihnen zu heilen, sollen auch die leuchtenden Seiten der Psyche ins Blickfeld gerückt werden, positive Emotionen, speziell Glück, aber auch Stärken wie die philosophisch-theologisch traditionsreichen Tugenden. Besondere Verdienste erwarben sich Christopher Peterson und Martin Seligman (letzterer ist das Sprachrohr der Positiven Psychologie), die in einem mehrjährigen Forschungsprojekt, in das Psychologen ebenso eingebunden waren wie Theologen, spirituelle Meister und Philosophen, die klassischen Tugenden katalogisierten: Weisheit, Mut, Menschlichkeit, Gerechtigkeit, Mäßigung und Transzendenz.[28] Diesen ordneten sie konkretere Stärken zu, dem „Mut" die Tapferkeit und den Wagemut, aber auch Beharrungsvermögen, Integrität (einschließlich Ehrlichkeit) sowie Vitalität. Wie bereits dargelegt, sind solche Stärken nicht leicht valide zu messen, zumal dann nicht, wenn Männer und Frauen gefragt werden, wie sie in hypothetischen Situationen reagieren würden, beispielhaft: „Was würden Sie tun, wenn in der U-Bahn Ausländer von Einheimischen angepöbelt werden?"[29] Dass Menschen vielfach nicht in Übereinstimmung mit denjenigen Prinzipien handeln, die sie für plausibel halten und als für sie selber zutreffend ausgeben, wurde noch und nöcher erwiesen, beispielhaft im „Experiment zum barmherzigen Samariter" von Darley und Batson.[30] Studierende wurde gebeten, sich auf dem Campus von ihrem Seminarraum aus zur Kapelle zu begeben, wofür eine Passage zu durchschreiten war, in der ein Strohmann mit vorgetäuschter Kreislaufschwäche am Boden lag. Eine Gruppe der Versuchspersonen sollte in der Kapelle eine kurze Predigt zum Barmherzigen Samariter halten, eine andere über das Theologiestudium berichten. Entgegen der Hypothese leisteten jene, die auch auf dem Weg sicherlich an den Samariter dachten, über den sie zu predigen vorhatten, nicht häufiger Hilfe: 53 Prozent schritten, wie der Levit in der biblischen Geschichte, am Bedürftigen vorbei.

Obschon methodologisch fehleranfällig, haben viele Korrelationsstudien zu subjektiv beteuertem couragiertem Verhalten bedenkenswerte Ergebnisse zutage gebracht. Zivilcourage scheint umso wahrscheinlicher,

28 Peterson / Seligman, Character Strengths and Virtues.
29 Z. B.: Szagun / Schauble, Children's and Adults' Understanding.
30 Darley / Batson, From Jerusalem to Jericho.

- je ausgeprägter die prosoziale Orientierung von Menschen ist; [31]
- zu je mehr Empathie sie in der Lage sind;[32]
- je stärker sie den Wert der Freiheit hochhalten;[33]
- je ausgeprägter ihr Selbstvertrauen ist bzw. je mehr Selbstwirksamkeit sie sich zutrauen;[34]
- je besser sie in der Lage sind, persönliche Bedürfnisbefriedigung aufzuschieben;[35]
- je inniger sie die Einheit mit anderen, ja der gesamten Menschheit erfahren können, was als tiefe Spiritualität gewürdigt werden kann.[36]

Im Hinblick auf Zivilcourage viel aussagekräftiger sind jedoch Studien mit Personen, die solche an den Tag gelegt hatten, auch wenn dadurch ihr Leben gefährdet wurde. In besonderem Maße gilt dies für Männer und Frauen, die im Nazireich Juden retteten, indem sie solche versteckten, ihnen zur weiteren Flucht verhalfen oder sie mit gefälschten Dokumenten ausstatteten. Yad Vashem, die Behörde der Holocaust-Gedenkstätte, anerkennt 23.788 solche Retter, von denen Oskar Schindler, ein sudetendeutscher Industrieller, der wohl bekannteste ist, Albert Göring, der Bruder des Reichmarschalls, weniger, obschon er Lastwagen in Konzentrationslager schickte, um Arbeiter in seine Skoda-Fabrik zu holen, denen dann zur Flucht verholfen wurde. Während es auf deutschem Staatsgebiet nicht lebensgefährlich war, Juden zu helfen, so sehr wohl im besetzten Osten: Allein um die südpolnische Stadt Kielce wurden während der Besatzung zweihundert Polen, weil sie Jüdinnen und Juden beistanden, erschossen oder lebendig verbrannt, oft mit den von ihnen Versteckten zusammen.[37]

Warum riskierten Menschen für verfolgte Jüdinnen und Juden ihr Leben, andere nicht? Weggeschaut hat die weit überwiegende Mehrheit: ca. 99,5 Prozent.[38] In den einzelnen besetzten Ländern war der Altruis-

31 Shepela, Courageous Resistance.
32 Chun, Ethical Character.
33 Ebd.
34 Finfgeld, Courage as a Process.
35 Goldberg / Simon, Toward a Psychology of Courage.
36 Bucher, Psychologie der Spiritualität.
37 https://en.wikipedia.org/wiki/Rescue_of_Jews_by_Poles_during_the_Holocaust [abgerufen am 18.05.2016].
38 Midlarsky, Personality Correlates, 930.

mus den Juden gegenüber unterschiedlich ausgeprägt. Besonders unermüdlich halfen die Dänen, die die Mehrheit der Juden ins sichere neutrale Schweden überschifften, aber auch die Belgier und Niederländer, weniger jedoch die Ukrainer und Litauer. Eine der ersten Studien führte Ende der 1960er Jahre Paul London durch.[39] Er interviewte 27 Judenhelfer und Judenhelferinnen und fand, dass diese nicht nur eine stark altruistische Einstellung hatten, sondern auch einen Hang für das Abenteuerliche und Gefährliche. Darüber hinaus identifizierten sich die meisten mit mindestens einem moralisch exzellenten Elternteil (Modelllernen), und nicht zuletzt waren etliche Helfer und Helferinnen selber sozial marginalisiert. Allerdings: London deklarierte seine Untersuchung als „Pilotstudie", spätere Arbeiten brachten mehr und differenziertere Argumente zutage.

Die zu Recht am häufigsten zitierte Studie führte Samuel Oliner durch, selber Jude, 1930 in Polen geboren, mit seiner Familie ins Ghetto gesteckt. Er konnte fliehen und bei einer polnischen Bäuerin untertauchen, während seine Angehörigen vergast wurden. In den USA machte er als Soziologe Karriere und veröffentlichte 1988 sein Hauptwerk mit dem Titel „Die altruistische Persönlichkeit": Charakterstudien mit 400 überlebenden Judenrettern aus Deutschland, Polen und Frankreich, dies im Vergleich mit einer randomisierten Kontrollgruppe von Nichthelfern.[40] Er konstatierte, dass Helfer/innen und Nichthelfer/innen gleichermaßen darüber Bescheid wussten, wie sehr das Leben der Juden gefährdet war. Auch verfügten sie über vergleichbare Ressourcen, speziell Lebensmittel und Räumlichkeiten (mögliche Verstecke). Sie lebten zu gleichen Teilen in der Stadt und auf dem Lande, wo das Risiko, entdeckt zu werden, geringer war. Und sie hatten im Schnitt gleich viele Kinder, die durch Hilfeleistungen auch gefährdet wurden. Differenzen ließen sich bei psychologischen und religiös-spirituellen Variablen nachweisen: Helfer/innen empfanden mehr Verantwortungsgefühl für das Leben anderer, sie hatten wahrscheinlicher einen internalen „locus of control" (machten also für die Lebensumstände weniger das Schicksal, sondern vielmehr sich selber verantwortlich), vor allem aber waren sie zutiefst überzeugt, dass alle Menschen letztlich gleich und human zu behandeln sind, wenn sie sich

39 London, The Rescuers.
40 Oliner / Oliner, The Altruistic Personality.

auch so verhalten. In der Tat: Ein Verbrechen wie der Holocaust wird erst dann möglich, wenn Menschen zuvor systematisch dehumanisiert wurden: Ungeziefer, Untermenschen.[41] Und nicht zuletzt: Retter waren häufiger religiös, speziell traditionell katholisch, indem sie den unbedingten Gehorsam gegenüber Gott hoch hielten, aber auch die unbedingte Einheit von Gottes- und Nächstenliebe.

Oliner rekonstruierte auch die Kindheit der späteren Retter. Die meisten berichteten von warmherzigen familiären Banden und erinnerten sich, dass ihre Eltern oft selbstlos und altruistisch handelten, Bettlern Geld oder Nahrung gaben, den Nachbarn beistanden, wenn sie Hilfe benötigten. Auch berichteten nur die wenigsten, als Kinder körperlich gezüchtigt worden zu sein. Darüber hinaus wurden sie früh zur Selbstständigkeit erzogen bzw. wurde ihnen diese positiv zugemutet (Mut zusprechen).

Besonders rührend sind Kinder und Jugendliche, die für jüdische Mitmenschen ihr Leben riskierten. So die elfjährige Manya in Polen, deren Eltern antisemitisch eingestellt waren. Von der Brutalität eines Pogroms auf dem Marktplatz entsetzt, versteckte sie einen zwanzigjährigen Überlebenden im Keller eines benachbarten verlassenen Hauses und versorgte ihn zwei Jahre lang mit Essen, das sie sich vom eigenen Mund absparen musste.[42] Dermaßen ethisch hochstehende Kinder lassen sich nicht qua Sozialisationstheorie erklären, sondern sind letztlich ein Mysterium.

Eine gründliche persönlichkeitspsychologische Studie zu Judenhelfer/inne/n führte Elizabeth Midlarsky mit Mitarbeiter/inne/n durch.[43] Unterstützt vom Yad Vashem, rekrutierten sie 80 Judenhelfer/innen, die bereit waren, umfangreiche Fragebögen auszufüllen. Besonders aufschlussreich sind die Vergleiche mit einer randomisierten Kontrollgruppe. Judenhelfer/innen erlebten sich als autonomer und verantwortlicher, sowohl für sich selber als auch andere (interner „locus of control“), sie hatten signifikant geringere Werte bei Autoritarismus, aber weit höhere bei Empathie, altruistisch-moralischer Denkfähigkeit und nicht zuletzt bei Risikobereitschaft, gemessen mit Items wie: „Wenn mir etwas

41 Zur Psychologie der Dehumanisierung: Haslam, Dehumanization.
42 Midlarsky, Personality Correlates, 927. Weitere Beispiele: Paldiel, The Path of the Righteous.
43 Midlarsky, Personality Correlates.

wichtig genug erscheint, bin ich bereit, dafür Risiken auf mich zu nehmen." Leider wurden keine religiös-spirituellen Variablen einbezogen.

Eines der umfangreichsten Sample von Judenhelfer/inne/n wurde von Meir Yaish und Federico Varese untersucht, insgesamt 510 Personen.[44] Sie registrierten bei ihnen die bereits geschilderten Persönlichkeitseigenschaften, insbesondere stark ausgeprägten Altruismus, Autonomie und Verantwortungsbewusstsein, oft religiös gestärkt (Gebot der unbedingten Nächstenliebe); aber sie verweisen auch auf situative Faktoren. Retter/innen wurden zumal dann aktiv, wenn sie von den Gefährdeten von Angesicht zu (flehendem) Angesicht darum gebeten wurden oder wenn sie mitbekamen, dass in der Stadt andere Juden schon abgeführt worden waren. In solchen Situationen entschieden sich die meisten Helfer/innen sehr schnell, ohne zuvor andere um Rat zu fragen und alle möglichen Folgen abzuwägen.

Zivilcourage haben im Dritten Reich nicht nur die Judenhelfer/innen bewiesen, sondern auch unzählige Widerständler und Widerständlerinnen, allen voran die Gruppe um Oberst Claus Stauffenberg. Aufschlussreich ist der Vergleich von deren Motiven mit denjenigen der Judenhelfer und -helferinnen. Erstere handelten primär aus patriotischen Beweggründen, aufgrund der Angst, ein deutsches Volk ohne Widerständler und Widerständlerinnen verliere auch noch die letzte Achtung in den Augen der siegreich vorrückenden Alliierten, sowie aufgrund von Hass auf das diktatorische Naziregime. Die Helfer und Helferinnen hingegen handelten primär aus ethisch-altruistischen Motiven, wobei solche allein nicht hinreichend waren. Eindrücklich belegt dies das Geständnis einer deutschen Ärztin:

> „Meine Eltern waren liebenswürdig und gütig. Ich lernte von ihnen, hilfsbereit und fürsorglich zu sein. Wie ich als Ärztin im Krankenhaus arbeitete, brachte eine jüdische Frau ihren schwer verletzten Mann in die Notaufnahme. Ich wusste, er würde sterben, wenn er nicht unverzüglich versorgt wird. Aber uns war verboten, Juden zu behandeln; ich konnte nichts tun."[45]

44 Yaish / Varese, Alchemies of Altruism.
45 Zitiert nach: Shepela, Courageous Resistance, 787.

Was könnte – ist abschließend zu fragen – Pädagogik tun, damit solcherlei unwahrscheinlicher wird?

3. Was Pädagogik zu mehr Mut und Zivilcourage beitragen kann

Erziehung beginnt längst vor der Geburt. Eine der schwersten Bürden, die einem Menschen auferlegt werden kann, ist die, eigentlich gar nicht gewollt zu sein. Gerhard Amendt hat die Lebensläufe unerwünschter Kinder eindrücklich dokumentiert und gründlich analysiert.[46] Sie sind kränklicher, leiden öfter an Allergien, ihr Organismus erzeugt weniger Oxytocin, was ihnen stabile Beziehungen erschwert und sie weniger Glück erleben lässt; vor allem aber geraten sie wahrscheinlicher in Depressionen und haben mehr Angst[47] – das stärkste Hemmnis von Zivilcourage.

Unerwünschte Kinder bauen auch unwahrscheinlich eine sichere Bindung auf. Die von John Bowlby inspirierte intensive entwicklungspsychologische Forschung hat eindrücklich gezeigt: Menschen, als Kinder sicher gebunden, sind nicht nur neugieriger, explorativer, tatkräftiger; sie sind auch couragierter und mutiger.[48] Sichere Bindung wird begünstigt, wenn Kleinkinder oft getragen werden[49] – keine Schimpansenmutter käme auf die Idee, ihr Neugeborenes in einem Wagen vor sich herzuschieben –, auch wenn wohlwollend freundlicher, anerkennender Augenkontakt besteht. Bestenfalls entsteht dadurch das von Erik Erikson zu Recht als Fundament einer gesunden Persönlichkeitsentwicklung gewürdigte Urvertrauen,[50] unabdingbar dafür, dass Menschen auch anderen vertrauen können, aber auch sich selbst. Letzteres geht einher mit einem stabileren Selbstwert, einem der stärksten Korrelate von Glück, auch und gerade im Kindesalter.[51] Menschen, die sich nur wenig zutrauen, oft an sich zweifeln und darüber grübeln, wie sie in den Augen anderer erscheinen, sind wenig prädestiniert, gegebenenfalls auch mutig und nicht konform zu handeln. Positiver Selbstwert wird vor allem dadurch begünstigt, wenn Kinder gelobt werden, und zwar angemessen, wenn sie etwas ge-

46 Amendt, Das Leben unerwünschter Kinder.
47 Thorbrietz, Schwangerschaft.
48 Grossmann / Grossmann, Bindung und menschliche Entwicklung.
49 Liedloff, Suche.
50 Erikson, Identität und Lebenszyklus.
51 Bucher, Psychologie des Glücks.

leistet haben; wenig ist verletzender, als für etwas gelobt zu werden, was man nicht selber getan hat. Kinder, die oft lobende Worte von Mutter und Vater hören, sind erwiesenermaßen nicht nur glücklicher, sondern auch aktiver und mutiger.[52]

Das meiste, was Menschen lernen, eignen sie sich über Modelle an. Vorbilder, in der emanzipatorischen Pädagogik der Nach-68er-Bewegung als antiindividuell abgelehnt, wurden in den letzten Jahren rehabilitiert, zumal aufgrund der Neuropsychologie, die überzeugend nachgewiesen hat, wie zentral die Spiegelneuronen für Kommunikation, Empathie und Lernen sind.[53] Nahezu ausnahmslos erinnerten sich Judenhelfer/innen daran, mindestens mit einem Elternteil aufgewachsen zu sein, der auch altruistisch, hilfsbereit und gelegentlich nichtkonform agiert hat.

Späterer Zivilcourage förderlich kann auch religiöse Erziehung sein, speziell die glaubwürdige Vermittlung der Einheit von Gottes- und Nächstenliebe (Mk 12,29), aber auch, dass der Mensch letztlich Gott mehr zu gehorchen habe als den Menschen (Apg 5,29). Allerdings, religiöse Gehorsamsforderungen haben sich – wie am Beispiel von Höss gezeigt – nur zu oft gegenteilig ausgewirkt, speziell als Kadavergehorsam. Religionspsychologisch gut gesichert ist: Eltern, die die Bibel wortwörtlich auslegen und deren Religiosität stärker extrinsisch motiviert ist (um bestimmte, konforme Ziele zu erreichen), sind konformistischer, autoritätsabhängiger und haben ein höheres Potenzial, ihre Kinder körperlich zu züchtigen,[54] ganz im Sinne von Spr 13,24: „Wer die Rute spart, hasst seinen Sohn, wer ihn liebt, nimmt ihn früh in Zucht" (Einheitsübersetzung). Wer als Kind geschlagen wird, lernt nicht nur, dass er sich in den Augen der Erzieher/innen falsch verhalten hat, sondern – viel folgenschwerer – dass körperliche Gewalt grundsätzlich gerechtfertigt ist, zumal für den Stärkeren. Und: Autoritarismus kann als Reaktion auf die verletzende, demütigende Gewalt gedeutet werden, die Kinder erfahren haben, wobei verbale seelische Gewalt mitunter grausamer ist und schädlicher sein kann als eine im Affekt ausgerutschte Hand.[55]

---

52 Ders., Was Kinder glücklich macht.
53 Bauer, Warum ich fühle.
54 Z. B.: Rodriguez / Henderson, Who Spares; Wiehe, Religious Influence.
55 Trummer, Verbale Gewalt.

Ein letztes: Erziehung ist nie völlig planbar. Kinder können sich in ganz andere Richtungen entwickeln, als Eltern es wollen. Schmerzhaft erfuhren dies in Assisi Pietro und Pica Bernardone, deren „kleines Französlein“ nicht zu einem versierten Tuch- und Purpurhändler heranwuchs, sondern zum heiligen Franziskus, der die Schätze seines Vaters aus dem Fenster geschleudert haben soll und an die Armen verteilte. Unnachahmlich formulierte Goethe im Versepos „Hermann und Dorothea“, was allen Erziehern ins Stammbuch zu schreiben ist: „Denn wir können die Kinder nach unserem Sinne nicht formen; so wie Gott sie uns gab, so muss man sie haben und lieben.“[56] Noch angemessener wäre: „Darf man sie lieben“.

Quellen und Literatur

Adorno Theodor: Studien zum autoritären Charakter, hg. von Ludwig von Friedeburg, Frankfurt 1973 (amerik. Original: 1950).

Amendt Gerhard: Das Leben unerwünschter Kinder, Frankfurt 1992.

Arendt Hannah: Eichmann in Jerusalem. Ein Bericht von der Banalität des Bösen, München 2011.

Aristoteles: Die Nikomachische Ethik. Griechisch-deutsch, übers. von Olof Gigon, neu hg. von Rainer Nickel, Düsseldorf ^{2}2007.

Bauer Joachim: Warum ich fühle, was du fühlst: Intuitive Kommunikation und das Geheimnis der Spiegelneuronen, München 2006.

Broszat Martin (Hg.): Kommandant in Auschwitz. Autobiographische Aufzeichnungen des Rudolf Höß, München 1963.

Bucher Anton: Braucht Mutter Kirche brave Kinder? Religiöse Reifung contra kirchliche Infantilisierung, München 1997.

Bucher Anton: Was Kinder glücklich macht. Ein Ratgeber für Eltern, München 2008.

Bucher Anton: Psychologie des Glücks. Ein Handbuch, Weinheim 2009.

Bucher Anton: Psychologie der Spiritualität. Handbuch, Weinheim ^{2}2014.

56 Goethe, Hermann und Dorothea, 16.

Chun Rosa: Ethical Character and Virtue of Organizations. An Empirical Approach and Strategic Implications, in: The Journal of Business Ethics 57 (2005) 269–284.

Darley John M. / Batson Daniel C.: „From Jerusalem to Jericho". A Study of Situational and Dispositional Variables in Helping Behavior, in: Journal of Personality and Social Psychology 12/1 (1973) 100–108.

Erikson Erik H.: Identität und Lebenszyklus, Frankfurt 2003 (=Suhrkamp-Taschenbuch Wissenschaft 16).

Escrivá de Balaguer Josemaría: Der Weg, Köln [9]1983.

Finfgeld Deborah L.: Courage as a Process of Pushing Beyond the Struggle, in: Qualitative Health Research 9 (1999) 803–814.

Fromm Erich: Autorität und Familie. Geschichte und Methoden der Erhebungen, in: Ders.: Gesamtausgabe Bd. III. Empirische Untersuchungen zum Gesellschafts-Charakter, München 1989.

Gilbert Gustave M.: Nürnberger Tagebuch. Gespräche der Angeklagten mit dem Gerichtspsychologen, Frankfurt [5]1982.

Goethe Johann Wolfgang von: Hermann und Dorothea. Ein Epos in neun Gesängen, Berlin [4]2013, 16.

Goldberg Carl / Simon Jane: Toward a Psychology of Courage. Implications for the Change (Healing) Process, in: Journal of Contemporary Psychotherapy 13 (1982) 107–128.

Grossmann Klaus E. / Grossmann Karin: Bindung und menschliche Entwicklung. John Bowlby, Mary Ainsworth und die Grundlagen der Bindungstheorie, Stuttgart 2015.

Haslam Nick: Dehumanization. An Integrative Review, in: Personality and Social Psychology Review 10 (2006) 252–264.

https://en.wikipedia.org/wiki/Rescue_of_Jews_by_Poles_during_the_Holocaust (abgerufen am 18.05.2016).

Lachman Vicki D.: Strategies Necessary for Moral Courage, in: OJIN. The Online Journal of Issues in Nursing 15/3 (2010) Manuscript 3.

Liedloff Jean: Auf der Suche nach dem verlorenen Glück. Gegen die Zerstörung unserer Glücksfähigkeit in der frühen Kindheit, München [7]2013.

London Perry: The Rescuers. Motivational Hypotheses about Christians who Saved Jews from Nazis, in: Maculay Jacqueline / Berkowitz Leonard (Hg.): Altruism and Helping Behavior, New York 1970, 241–250.

Midlarsky Elizabeth (u. a.): Personality Correlates of Heroic Rescue During the Holocaust, in: Journal of Personality 73 (2005) 907–934.

Milgram Stanley: The Perils of Obedience, Harper’s Magazine (1974).

Milgram Stanley: Das Milgram-Experiment. Zur Gehorsamsbereitschaft gegenüber Autorität, Reinbek [19]1982.

Oliner Samuel P. / Oliner Pearl M.: The Altruistic Personality. Rescuers of Jews in Nazi Europe, New Jersey 1988.

Oser Fritz / Althof Wolfgang: Moralische Selbstbestimmung. Modelle der Entwicklung und Erziehung im Wertebereich, Stuttgart 1992.

Paldiel Mordecai: The Path of the Righteous. Gentile Rescuers of Jews During the Holocaust, Hoboken 1993.

Paulus Jochen: Auf dem Papier ist jeder mutig. Zivilcourage per Fragebogen erforschen zu wollen ist Unsinn, in: Die Zeit, 24.09.2009, auch: http://www.jochenpaulus.de/Lebensfern.htm (abgerufen am 18.05.2016).

Peterson Christopher / Seligman Martin P. (Hg.): Character Strengths and Virtues. A Handbook and Classification, Oxford 2004.

Rodriguez Christina M. / Henderson Ryan C.: Who Spares the Rod? Religious Orientation, Social Conformity, and Child Abuse Potential, in: Child Abuse & Neglect 34 (2010) 84–94.

Rutschky Katharina: Schwarze Pädagogik. Quellen zur Naturgeschichte der bürgerlichen Erziehung, Berlin 1997.

Shepela Sharon T. (u. a.): Courageous Resistance. A Special Case of Altruism, in: Theory & Psychology 9 (1999) 787–805.

Snyder Charles R. / Lopez Shane J. (Hg.): Handbook of Positive Psychology, Oxford 2005.

Steigleder Klaus: Das Opus Dei. Eine Innenansicht, Zürich [4]1991.

Szagun Gisela / Schauble Martina: Children’s and Adults’ Understanding of the Feeling Experience of Courage, in: Cognition and Emotion 11 (1997) 291–306.

Thomas von Aquin / Christmann Heinrich (Hg.): Summa theologica. Die deutsche Thomas-Ausgabe. Band 21. Tapferkeit und Maßhaltung (1. Teil). Kommentiert von Josef Fulko Groner, Salzburg [u. a.] 1964.

Thorbrietz Petra: Schwangerschaft: Unerwünschte Kinder haben mehr Angst, in: Spiegel, 04.01.2009, in: http://www.spiegel.de/wissenschaft/mensch/schwangerschaft-unerwuenschte-kinder-haben-mehr-angst-a-594587.html (abgerufen am 10.08.2016).

Trummer Nicole: Verbale Gewalt an Kindern – wenn die Kinderseele weint und wie man mit der GfK Erziehung anders gestalten kann, in: http://www.gewalt-info.at/themen/2014_05/+verbale-gewalt-an-kindern.php (abgerufen am 18.05.2016).

Voigtländer Denise: Hilfeverhalten und Zivilcourage: Ein Vergleich von antizipiertem und realem Verhalten, Göttingen 2008 (= ungedr. Dissertation).

Weinzierl Erika: Kirchlicher Widerstand gegen den Nationalsozialismus, in: Dokumentationsarchiv des österreichischen Widerstandes (Hg.): Themen der Zeitgeschichte und der Gegenwart. Arbeiterbewegung – NS-Herrschaft – Rechtsextremismus. Ein Resümee aus Anlass des 60. Geburtstages von Wolfgang Neugebauer, Wien 2004, 76–85.

Wiehe Vernon R.: Religious Influence on Parental Attitudes Toward the Use of Corporal Punishment, in: Journal of Family Violence 5 (1990) 173–186.

Yaish Meir / Varese Federico: Alchemies of Altruism: Motivations and Opportunities in the Rescue of Jews in Nazi Europe 2001, in: http://soc.haifa.ac.il/~yaish/workinprogress/AlchemiesofAltruism.pdf (abgerufen am 18.05.2016).

Zimbardo Philip G. [u. a.]: Das Stanford Gefängnis Experiment. Eine Simulationsstudie über die Sozialpsychologie der Haft, Goch [3]2005.

Papier verbrennen statt Kinder: Katholischer Widerstand gegen den Vietnamkrieg in den USA

Kurt Remele

Die Frage nach einem Recht oder gar einer Pflicht zum Widerstand gegen die staatliche Autorität hat in der christlichen Ethik eine lange Tradition. Widerstand unter den Bedingungen eines menschenverachtenden Totalitarismus und gegen eine Staatsgewalt, „die Grundrechte der Person schwer verletzt und dem Gemeinwohl des Landes ernsten Schaden zufügt"[1], wird heute weitgehend als ethisch verantwortbar und persönlich vorbildhaft gesehen, vor allem dann, wenn er sich jeder Gewalt gegenüber Personen enthält. Widerstand und Widerspruch gegen als ethisch problematisch eingestufte Gesetze und politische Entscheidungen im demokratischen Rechtsstaat in Form von Gehorsamsverweigerung oder zivilem Ungehorsam werden demgegenüber kontroverser beurteilt.

In den späten 1960er und frühen 1970er Jahren entstand in den Vereinigten Staaten von Amerika eine breite Protest- und Widerstandsbewegung gegen das Kriegsengagement der US-amerikanischen Regierung in Vietnam. Eine kleine Gruppe von Friedensaktivistinnen und -aktivisten bediente sich besonders drastischer und konfrontativer Methoden, um ihre Ablehnung der amerikanischen Kriegsführung zu artikulieren. Unter ihnen waren erstaunlich viele Katholikinnen und Katholiken.

1. Aktion: Catonsville, Maryland, 17. Mai 1968

Catonsville ist ein mittelgroßer Ort von etwa 40.000 Einwohnern. Es liegt an der Ostküste der Vereinigten Staaten von Amerika, zehn Autominuten von Baltimore entfernt. In die Schlagzeilen der nationalen und internationalen Presse ist Catonsville bisher nur einmal geraten. Am 17. Mai 1968,

1 Paul VI., Populorum Progressio, Nr. 31.

also vor fast einem halben Jahrhundert, drangen neun Friedensaktivistinnen und -aktivisten in ein Regierungsgebäude in Catonsville ein, in dessen erstem Stock Einberufungsunterlagen für den Kriegsdienst in Vietnam untergebracht waren. Sie entwendeten die Akten von 378 Wehrpflichtigen, warfen sie in mitgebrachte Drahtkörbe und zündeten sie auf einem nahegelegenen Parkplatz an. Sie stellten sich um das Feuer, beteten das Vater Unser und warteten auf ihre Verhaftung.[2]

Die Substanz, die die Gruppe zur Entfachung des Feuers benutzte, war selbstgemachtes Napalm, dessen Zusammensetzung sie einem Handbuch für amerikanische Sondereinsatzkräfte entnommen hatten. Napalm ist eine selbstentzündliche, zähflüssige Substanz aus Benzin und diversen Zusatzstoffen, die auf der Haut klebt, mit extremer Hitze verbrennt und kaum zu löschen oder zu entfernen ist. Im Vietnamkrieg warf die amerikanische Luftwaffe 200.000 Tonnen Napalm als Brandbomben ab, auch auf die Zivilbevölkerung, auch auf Tausende von vietnamesischen Kindern.

Die Aktion der Vietnamkriegsgegner lief, so lässt sich leicht ironisch formulieren, mit der Präzision einer militärischen Operation ab. Was sie von einer Militäraktion aber wesentlich unterschied, war das ehrliche Bemühen der Beteiligten, jegliche Gewalt gegen Menschen zu vermeiden. Eine der Angestellten der Regierungsbehörde, eine gewisse Mary Murphy, war bei der Entwendung der Akten an die Seite gedrängt und kurz festgehalten worden. Deshalb schickte ihr die Gruppe einige Zeit nach der Tat einen Blumenstrauß und ein kurzes Schreiben, in dem sie Frau Murphy um Entschuldigung für die Unannehmlichkeit bat.

Die Gruppe, die unter dem Namen „The Catonsville Nine" („Die Neun von Catonsville") bekannt wurde, bestand aus zwei Frauen und sieben Männern, alle von ihnen katholisch. Ihre Namen waren (in alphabetischer Reihenfolge): Daniel Berrigan, Philip Berrigan, David Darst, John Hogan, Tom Lewis, Marjorie Melville, Tom Melville, George Mische und Mary Moylan.

In einer Erklärung für die Presse bezeichneten sich die „Catonsville Nine" als „katholische Christen, die das Evangelium ernst nehmen". Sie

---

2 Vgl. Remele, Ungehorsam, 179–183.

legten die Gründe für ihre Aktion dar, die sie als Zeugnis und Aufschrei gegen den Krieg und quasi-liturgische Zeichenhandlung begriffen:

> „Wir sind amerikanische Bürger, die mit den Armen in unseren Ghettos und im Ausland gearbeitet haben. Im Lauf unseres christlichen Dienstes haben wir beobachtet, dass unser Land mehr Opfer produziert, als ein ganzes Heer von uns trösten und heilen könnte. [...] Wir alle erklären uns mit den Opfern der weltweiten amerikanischen Unterdrückung solidarisch. [...] Wir gehen mit Napalm gegen diese Einberufungsakten vor, weil Napalm in Vietnam, Guatemala und Peru Menschen verbrannte und weil es vielleicht eines Tages auch in amerikanischen Ghettos eingesetzt wird."[3]

Die Aktion der „Catonsville Nine" fand großes Medienecho. Bei zahlreichen katholischen Vietnamkriegsgegnerinnen und -gegnern stieß sie auf Zustimmung und entfaltete Vorbildwirkung. Es entstanden neue Gruppen, die weitere konfrontative Widerstandsaktionen gegen den Krieg in Vietnam durchführten.[4] Die „Milwaukee Fourteen", eine Gruppe, die fast ausschließlich aus katholischen Laien, Priestern und Ordensleuten bestand, verbrannten am 24. September 1968 über zehntausend Einberufungsunterlagen mit Napalm. Weitere ähnliche Aktionen folgten, zunächst in Washington, D.C., Los Angeles, Silver Spring und Chicago. Es gab auch eine reine Frauengruppe, die „Women Against Daddy Warbucks", die am 2. Juli 1969 in das Wehrerfassungsamt im Rockefeller Center in New York eindrangen und sich zahlreicher Einberufungsdokumente bemächtigten. Diese wurden nicht verbrannt, sondern mit Aktenvernichtern zerschreddert. Die Papierschnitzel wurden von den Aktivistinnen aus den Fenstern geworfen, sehr zum Vergnügen der Passantinnen und Passanten.

Aufgrund seines hohen Anteils an katholischen Mitgliedern setzten sich für jenen Teil der amerikanischen Friedensbewegung, der gegen das Kriegsengagement der USA in Vietnam durch spektakulären zivilen Ungehorsam inklusive der (symbolischen) Zerstörung staatlichen Eigentums opponierte, die Bezeichnungen „Antiwar Catholic Left", „US Catholic Left" und „American Catholic Left" durch. Charles Meconis[5], der Verfas-

---

3 Press Statement, 199, 201.

4 Vgl. Remele, Ungehorsam, 183–186; Meconis, Grace, 28–131.

5 Meconis, Grace, 153; 168f.

ser der gründlichsten Studie der Gruppierung, zählt 232 Personen, von denen 54 Prozent katholisch sind, zum Kern der „US Catholic Left“, wobei die wesentlich größere Anzahl von Sympathisanten, die sich selbst aber nicht an den mehr als fünfzig direkten Aktionen beteiligten, unberücksichtigt blieb. Als charakteristische Merkmale der „US Catholic Left“ nennt Meconis

> „ein einzigartiges Verantwortungsgefühl, gegen den Krieg in Vietnam protestieren zu müssen, Ungeduld mit den herkömmlichen Vorgangsweisen der Friedensbewegung und einen Spürsinn dafür, die Aufmerksamkeit der Medien auf sich zu lenken“.[6]

Das Gerichtsverfahren gegen die „Catonsville Nine“ fand im Oktober 1968 in Baltimore statt. Die Strategie der neun Angeklagten und ihrer Verteidiger, die Legalität der amerikanischen Kriegsführung in Vietnam zum Gegenstand des Prozesses zu machen, scheiterte. Die katholischen Vietnamkriegsgegnerinnen und -gegner wurden in allen Anklagepunkten für schuldig befunden und zu Haftstrafen zwischen zwei und dreieinhalb Jahren verurteilt. Einem der Angeklagten, dem Jesuitenpater Daniel Berrigan, der sich schon als Lyriker einen Namen gemacht hatte, diente die Gerichtsverhandlung als Vorlage zu dem dokumentarischen Schauspiel „The Trial of the Catonsville Nine“[7] (deutsch: „Der Prozess gegen die Neun von Catonsville“[8]). Das Stück wurde in alle europäischen Sprachen, ins Japanische und Chinesische übertragen und auch im deutschsprachigen Raum in zahlreichen Städten aufgeführt. Als Zeichen des Protestes gegen die Stationierung neuer atomarer Waffensysteme in der Bundesrepublik Deutschland wurde Daniel Berrigans Theaterstück von der Schauspielgruppe „Berliner Compagnie“ in den Jahren 1983 und 1984 in etwa vierzig deutschen Städten gespielt.

Die Widerstandsaktion der „Catonsville Nine“, der anschließende Prozess und die weitere Geschichte der „US Catholic Left“ stehen zudem im Zentrum zweier Dokumentarfilme: Lynne Sachs‘ „Investigation of a Flame“ aus dem Jahre 2001 und des 2013 zum ersten Mal gezeigten

---

6 Ebd., 7.
7 Berrigan, Trial.
8 Ders., Prozess.

Films „Hit and Stay“ der aus Baltimore stammenden Regisseure Joe Tropea and Skizz Cyzyk.

2. Beurteilung: Pro und Contra und dazwischen

Ist die Aktion der „Catonsville Nine“ als prophetische Zeichenhandlung und legitime Form des zivilen Ungehorsams zu werten oder als irregeleiteter Vandalismus, der Recht und Ordnung bedroht? In dem Gerichtsverfahren gegen die „Catonsville Nine“ las der Jesuitenpater Daniel Berrigan eine von ihm verfasste Meditation vor, in der er die Motive der Akteure erklärte. Die bekannteste Stelle daraus lautet:

> „Our apologies, good friends, for the fracture of good order / the burning of paper instead of children. / We could not – so help us God – do otherwise. / For we are sick at heart. Our hearts give us no rest for thinking of the Land of Burning Children.“[9]

Der Jesuit war davon überzeugt, in einer Zeit zu leben, „in der es für Christen weitgehend unmöglich geworden ist, dem Gesetz des Landes zu gehorchen und gleichzeitig Christus treu zu bleiben“. Er bezeichnete sich und seine Mitangeklagten als „machtlose Kriminelle in einer Zeit krimineller Macht“, als Menschen, die „von Kriegsverbrechern als Friedensverbrecher verurteilt werden“.[10]

Daniel Berrigan und sein um zwei Jahre jüngerer Bruder Philip, ebenfalls Priester und Mitglied der Ordensgemeinschaft der Josephite Fathers and Brothers, sind durch die Aktion von Catonsville in den „Götterhimmel der Helden der Gegenkultur“[11] aufgestiegen. Sie wurden zu den medienwirksamsten Repräsentanten und sprachgewaltigsten Rhetorikern der katholischen Antikriegsbewegung. Die Brüder – beide mit römischem Priesterkragen – gelangten sogar auf die Titelseite des Nachrichtenmagazins „Time“.

Die Liste der Unterstützer der Berrigans wies zahlreiche Prominente auf. Einer davon war Albert Speer, der einstige Architekt, Generalbauin-

9 Berrigan, Trial, 93. Übersetzung v. Verfasser: „Verzeihung, gute Freunde, dass wir gegen die öffentliche Ordnung verstoßen, indem wir Papier verbrennen statt Kinder. [...] Wir konnten [...] nicht anders. Denn wir sind tief betrübt, unser Herz lässt uns keine Ruhe, wenn wir an [Vietnam] denken, das Land der brennenden Kinder.“

10 Ders., Sermon, 141f.

11 Schlosser, Break-In.

spektor und Reichsminister Hitlers. „Hätte ein deutscher Bischof", erklärte Speer, „in der Art der Berrigans alles riskiert, wäre es für Hitler schwerer gewesen."[12] Doch die „Catonsville Nine" und die Berrigans hatten auch zahlreiche Gegner. Selbst innerhalb der katholischen Friedensbewegung, unter befreundeten Mitstreiterinnen und Mitstreitern gab es manche Anfragen und Vorbehalte.

Zu diesen kritischen Sympathisanten zählte Dorothy Day, die im Jahre 1933 zusammen mit Peter Maurin den „Catholic Worker", eine pazifistische und gegenkulturelle katholische Laienbewegung, gegründet hatte. Bekannt wurde die „Catholic Worker"-Bewegung vor allem durch ihr Antikriegsengagement, ihre siebenmal im Jahr erscheinende Zeitung gleichen Namens und ihre „Gastfreundschaftshäuser" („houses of hospitality"), von denen es auch heute noch zahlreiche gibt, einige davon sogar außerhalb der USA. In ihnen werden bedürftige Menschen mit Nahrung, Kleidung und Unterkunft versorgt. Die Beziehung zwischen Dorothy Day und den Berrigans war eng, aber nicht spannungsfrei. Days Beurteilung der konfrontative Eigentumszerstörung beeinhaltenden Antivietnamkriegsaktionen war ambivalent und unterlag einer Entwicklung: War sie zuerst durchwegs positiv eingestellt, so wurde sie zunehmend kritischer.[13] Kurz nach der Tat bezeichnete sie die Aktion der „Catonsville Nine" als ein „sehr starkes und phantasievolles Zeugnis gegen die Wehrpflicht", als „liturgische Handlung" und „Gebetshandlung". Sie saß beim Prozess gegen die Catonsville-Gruppe im Gerichtssaal und gestand bei einer begleitenden Demonstrationsveranstaltung ihre Sympathie für diesen „Akt gewaltloser Revolution" und „friedlicher Sabotage", schärfte ihren Zuhörer/inne/n jedoch ein, dass sie jede Gewaltanwendung gegen Personen strikt ablehne. Die Gefahr einer Eskalation der Eigentumszerstörungen in menschenverletzende Gewaltaktionen bereitete ihr Sorgen. Day gab auch zu bedenken, dass die Gewissensentscheidung derjenigen, die als Soldaten in Vietnam kämpfen wollten, durch die Zerstörung ihrer Einberufungsunterlagen nicht respektiert würde und zeigte Verständnis für

---

12 Berrigan, Priests.

13 Zur Auseinandersetzung Dorothy Days mit den Berrigans vgl. Klejment, Resistance; Remele, Radikalismus, 172f.

Schwarze aus den Ghettos, die den Militärdienst als Aufstiegschance betrachteten.

Die Ausgabe des „Catholic Worker“ vom Oktober 1961 enthielt einen Artikel des Trappistenmönches Thomas Merton mit dem Titel „The Root of War“, in dem er die Christen dazu aufrief, sich für die totale Beseitigung des Krieges einzusetzen. Daniel Berrigan fühlte sich davon stark angesprochen, teilte dies Merton brieflich mit und wurde von diesem darauf in seine Trappistenabtei in Kentucky eingeladen. Es war der Beginn einer Freundschaft, die erst mit Mertons tragischem Unfalltod im Dezember 1968 bei einer Ordensleutekonferenz in Bangkok abrupt endete.

Thomas Merton war eine der bedeutendsten Gestalten des US-amerikanischen Katholizismus im 20. Jahrhundert. In seinem Verständnis gewaltfreien gesellschaftsverändernden Handelns spielte der Respekt vor dem Andersdenkenden und dessen Befürchtungen eine entscheidende Rolle. In seinen Schriften zur Friedensthematik forderte er ein tiefes, geduldiges Mitgefühl für die Ängste der Menschen, Bereitschaft, vom Gegner zu lernen, und Respekt für konträre Ansichten. Merton wies auf die auch gewaltlosen Protestformen innewohnende Gefahr hin, andere zu provozieren und eigene Tendenzen zur Selbstgerechtigkeit zu bestärken.

Was die Tat der „Catonsville Nine“ betraf, klingt zwar in einer Tagebucheintragung Mertons kurz nach Catonsville so etwas wie verhaltene Begeisterung für den Mut der Aktivistinnen und Aktivisten durch, ein Beitrag in der Zeitschrift „Ave Maria“[14] hinterließ aber den deutlichen Eindruck, dass Mertons Skepsis stärker war als seine Zustimmung: „Es sieht so aus, als ob die Friedensbewegung [...] nur noch einen Schritt von der Gewalt entfernt ist.“ Zwar bewegte sich die Aktion von Catonsville mit der Zerstörung von Regierungseigentum nur am Rande der Gewalttätigkeit und sei deshalb zu Recht als „Versuch einer prophetischen gewaltlosen Provokation“ zu bewerten. Mertons Angst, die Friedensbewegung könne sich zunehmend gewaltsamer Vorgehensweisen bedienen, war aber gewachsen.

Mertons Protest und Widerspruch gegen Krieg und Ungerechtigkeit waren primär dialogisch, bewusstseinsbildend, didaktisch und unspekta-

14 Merton, Nonviolence. Vgl. auch Remele, Radikalismus, 173–175.

kulär, während die „US Catholic Left“ und die Berrigans eine vorrangig aufrüttelnde, dramatische, anklagende und provokative Taktik wählten. Mertons Unsicherheit und Besorgnis gegenüber der Protestmethode der „Catholic Left“ hatten wohl ihren tiefsten Grund in seiner Überzeugung, dass „Gewaltlosigkeit jede bequeme und fanatische Selbstgerechtigkeit zu vermeiden hat und davon Abstand nehmen muss, sich mit dramatischen selbstgerechten Gesten zufriedenzugeben“.[15] Hierin war sich Merton übrigens mit einer prominenten Theologin, mit der er einen längeren kontroversen Briefwechsel über die Berechtigung monastischen Lebens in der modernen Welt geführt hatte, weitgehend einig.[16] Bei der Theologin handelt es sich um Rosemary (Radford) Ruether.

Rosemary Radford Ruether ist Katholikin und eine der bedeutendsten feministischen Theologinnen. Zur Zeit des Vietnamkrieges teilte sie mit den Berrigans das entschiedene Engagement für den Frieden, nicht aber die konkrete Vorgehensweise. Unmittelbar nach der Aktion von Catonsville hatte sie Daniel Berrigan in zwei offenen Briefen in der progressiven katholischen Zeitschrift „National Catholic Reporter“ scharf angegriffen. Einer der Vorwürfe stellte den Kommunikationswert der verwendeten Symbolik und damit die Wirkung der Aktion auf die Öffentlichkeit in Frage:

> „Wenn diese Aktionen als ernsthafte Sabotage gedacht sind, dann richten sie nicht genug Schaden an. Wenn sie aber ausdrucksstarke Symbole sein sollen, dann gelingt es ihnen nicht, die Botschaft gut genug zu vermitteln.“[17]

Ein anderer Einwand betraf das Selbstverständnis der „US Catholic Left“, die eine Tendenz erkennen lasse, nur ihre eigenen Aktionen als wirklich ernsthafte Widerstandshandlung zu begreifen, und damit die zahlreichen Mitstreiterinnen und Mitstreiter in der Friedensbewegung ausgrenze, die die Ziele, nicht aber die Methode teilen. In ihrem zweiten offenen Brief an Daniel Berrigan hielt sie ihm dessen „Unfähigkeit“ vor, „es für möglich zu halten, dass jemand sich genauso leidenschaftlich wie du in dieser Frage engagiert und dennoch die Taktik, die du gewählt hast, für unak-

15 Merton, Alternative, 213.
16 Ders. / Radford Ruether, At Home.
17 National Catholic Reporter, 05.06.1968, 4; 26.06.1968, 4 (erster offener Brief). Vgl. auch National Catholic Reporter, 26.06.1968, 4 (zweiter offener Brief).

zeptabel hält". Die Theologin bemängelte zudem, dass der Jesuit sich nicht um eine Analyse politischer Strukturen kümmere, und kritisierte den Persönlichkeitskult, den er um seine Person schaffe. In einem privaten Brief an Daniel Berrigan schrieb sie, dass sie ihre Stimme allein schon deshalb kritisch gegen ihn erhoben habe,

> „um zu verhindern, dass viele idealistische junge Menschen, die über wesentlich weniger Geldmittel zur Bezahlung ihrer Verteidiger verfügen [...], in der Nachfolge des ‚großen Vorbildes' in die Gefängnisse drängen".[18]

3. Fortführung: Widerstand gegen atomare Massenvernichtungsmittel

Daniel Berrigan starb kurz vor seinem 95. Geburtstag in der Krankenabteilung der Jesuiten an der Fordham University in New York.[19] Bis ins hohe Alter beteiligte er sich an unzähligen Protestaktionen gegen atomare Massenvernichtungsmittel und die US-amerikanische Regierungspolitik. Philip Berrigan ist noch während des Vietnamkrieges aus seinem Orden, den Josephite Fathers and Brothers, ausgeschieden und hat die ehemalige Ordensschwester Elisabeth McAlister geheiratet. Er ist Anfang Dezember 2002 im Alter von 79 Jahren einem Krebsleiden erlegen.

Im Juni 1973 hatte Philip Berrigan zusammen mit seiner Frau und anderen das „Jonah House" gegründet. Die nach dem Propheten Jona benannte Wohn- und Widerstandsgemeinschaft im amerikanischen Baltimore ist auch heute noch ein Zentrum des Widerstandes gegen Krieg und Gewalt, aus dem ein lautes Nein gegen Atomwaffen und Rüstung, gegen Ungerechtigkeit und Konsumgier tönt.

Im Juli 1985, also vor etwas mehr als dreißig Jahren, habe ich zusammen mit meiner Frau einige Tage lang im Jonah House, in dem es weder ein Bügeleisen noch einen Fernsehapparat gab, gelebt. Ich interviewte Philip Berrigan für meine Dissertation über den zivilen Ungehorsam, an der ich gerade schrieb, begleitete ihn zu einem Vortrag in einem Versammlungshaus der Quäker und beteiligte mich an einer Essensbeschaffungsaktion für die Bewohner des Jonah House und die gesamte Nach-

---

18 Ruether, Brief.

19 Vgl. Klein, Ungehorsam, 561–563.

barschaft. Die Art und Weise, wie das vor sich ging, würde man heutzutage als Dumpstern bezeichnen. Meine Frau und ich lernten auch die übrigen Bewohnerinnen und Bewohner des Hauses gut kennen, vor allem die drei damals noch recht kleinen Kinder des Ehepaares Berrigan-McAlister, Frida[20], Jerry und Kate. Elisabeth McAlister befand sich zu dieser Zeit gerade in Haft: Sie und sechs andere Pazifisten hatten Militärflugzeuge, die für den Transport von Nuklearraketen vorgesehen waren, in einer Aktion zivilen Ungehorsams mit Hämmern beschädigt, um dadurch auf symbolische Weise Schwerter in Pflugscharen umzuschmieden. Es war dies eine der zahlreichen „Pflugscharaktionen" gegen atomare Massenvernichtungsmittel. Die erste, jene der „Plowshares Eight", fand im September 1980 statt, und sowohl Daniel als auch Philip Berrigan nahmen daran teil. Eine der jüngeren Plowshares-Aktionen erfolgte im Juli 2012 in der US-amerikanischen Militäranlage Oak Rich in Tennessee, wo Unmengen von Uran für die Herstellung atomarer Massenvernichtungsmittel lagern. Diese Aktion erregte besonderes Aufsehen, einerseits weil sich an ihr auch die damals 82-jährige Ordensfrau Megan Rice beteiligte, andererseits wegen der eklatanten Sicherheitsmängel der Anlage. Die „New York Times" berichtete über Sister Megan, die „Washington Post" und sogar der „Spiegel". Im März 2015 veröffentlichte der durch sein Buch „Fast Food Nation" bekannt gewordene amerikanische Journalist Eric Schlosser im renommierten Wochenmagazin „The New Yorker" einen außergewöhnlich umfangreichen Beitrag über Schwester Megan und die Geschichte der katholischen Friedensbewegung in den USA, natürlich inklusive der Aktion der „Catonsville Nine" vom 17. Mai 1968.

Man darf und muss aus ethischer Sicht lang und breit, abwägend und alle Seiten berücksichtigend über konfrontative und spektakuläre Widerstandsaktionen im demokratischen Staat reflektieren, und ich habe dies an anderer Stelle auch getan.[21] Dabei sollte man sich bei allem Für und Wider aber bewusst bleiben, dass wir gerade in einer Zeit, in der ein unberechenbarer Egomane wie Donald Trump jederzeit den Nuklearknopf im Weißen Haus drücken könnte, „prophetische Schockminoritäten" brau-

20 Berrigan, Family.
21 Remele, Ungehorsam.

chen, die, wie Jacques Maritain feststellte, „die Menschen aufwecken, damit sie mehr tun als bloß ihren täglichen Geschäften nachzugehen“.[22]

Quellen und Literatur

Berrigan Daniel: Priests could have thwarted Hitler, in: The Catholic Standard, 7. Januar 1972, 3.

Berrigan Daniel: Der Prozeß gegen die Neun von Catonsville, Frankfurt 1972.

Berrigan Daniel: Sermon from the Underground, August 2, 1970, in: Halpert Stephen / Murray Tom (Hg.): Witness of the Berrigans, New York 1972, 140–143.

Berrigan Daniel: The Trial of the Catonsville Nine, Boston 1970.

Berrigan Frida: It Runs in the Family: On Being Raised by Radicals and Growing Into Rebellious Motherhood, New York 2015.

Klein Nikolaus: Ziviler Ungehorsam. Zum Tod von Daniel Berrigan SJ, in: Stimmen der Zeit 234 (2016) 561–563.

Klejment Anne: War Resistance and Property Destruction, in: Coy Patrick G. (Hg.): A Revolution of the Heart: Essays on the Catholic Worker, Philadelphia 1988, 272–309.

Maritain Jacques: Man and the State, Chicago [11]1963.

Meconis Charles A.: With Clumsy Grace. The American Catholic Left 1961–1975, New York 1979.

Merton Thomas / Radford Ruether Rosemary: At Home in the World. The Letters of Thomas Merton and Rosemary Radford Ruether, Maryknoll 1995.

Merton Thomas: Nonviolence Does Not – Cannot – Mean Passivity, in: Ave Maria 87 (September 1968) 9f.

Merton Thomas: The Nonviolent Alternative. Revised Edition of Thomas Merton on Peace, New York 1980.

Paul VI.: Enzyklika Populorum Progressio, in: Texte zur katholischen Soziallehre. Die sozialen Rundschreiben der Päpste und andere kirchliche Dokumente, Köln [u. a.] [7]1989, 445–480.

Press Statement, in: Berrigan Philip: A Punishment for Peace, New York 1971, 199–202.

22 Maritain, Man, 141.

Radford Ruether Rosemary: Brief an Daniel Berrigan vom 30.10.1969, Department of Rare Books, Cornell University.

Remele Kurt: Prophetischer Radikalismus und seine Kritiker. Zur bleibenden Aktualität der Debatte über die Brüder Berrigan im US-amerikanischen Katholizismus, in: Stimmen der Zeit 212 (1994) 167–179.

Remele Kurt: Ziviler Ungehorsam. Eine Untersuchung aus der Sicht christlicher Sozialethik, Münster 1992.

Schlosser Eric: Break-In at Y-12, in: The New Yorker, March 9, 2015 Issue. http://www.newyorker.com/magazine/2015/03/09/break-in-at-y-12 (05.12.2016).

Was machte Hitler so faszinierend? Literarische Antwortversuche bei Walter Kempowski, Thomas Mann und Max Picard

Willibald Hopfgartner OFM

Hitler bleibt auch bei wachsendem historischem Abstand ein Rätsel. Und es wird vollends unauflösbar, wenn wir uns mit den originalen Film- und Tondokumenten befassen. Wir Heutigen, von den Bildern der Massenaufmärsche und hinausgebrüllten Hasstiraden angewidert, schütteln den Kopf und fragen uns: Woher kam die Faszination, die es Hitler ermöglichte, innerhalb von nur zehn Jahren, praktisch aus dem Nichts, die Macht im Staat an sich zu reißen und in den folgenden zwölf Jahren Staat und Bevölkerung in Geiselhaft zu nehmen und in einen Weltkrieg hineinzuzwingen?

Es gibt um diese Fragen mittlerweile eine unübersehbare Literatur, wo die individuellen, politischen, sozialen, historischen und ideellen Faktoren, die Hitler und seine Herrschaft möglich machten, untersucht werden. Gegenüber solchen, auf kausale Zusammenhänge ausgerichteten historischen Untersuchungen eröffnet die literarische Sicht auf den Menschen, die aus der phänomenologischen Gestaltwahrnehmung kommt, wertvolle Sichtweisen, weil sie zunächst nicht nach Faktoren und Hintergründen fragt, sondern das Phänomen selbst in den Blick nehmen möchte. Was ist es, das sich uns in der Gestalt Hitlers zeigt, in seinem Auftreten, in seinen Gesten und seiner Mimik, in seiner Stimme, in seinen Augen? Was für ein Mensch verbirgt sich darin?

Eine solche Wahrnehmung ist in ihrem Wesen ganzheitlich. Wir praktizieren sie im Alltag, im Umgang mit anderen Menschen. Sie beruht auf dem Prinzip, dass das Äußere Ausdruck des Inneren ist: „Wir ‚sehen den anderen ihre Erlebnisse an‘ aufgrund der Wahrnehmung ihrer leiblichen

Äußerungen."[1] Unser Eindruck von einem Menschen ist nicht das Ergebnis vorausgehender Studien, von Analysen und Vergleichen. Die Gestalt ist ein Ganzes, ein unmittelbarer Eindruck, der von den Sinnen geliefert und spontan mit dem Erfahrungsgehalt des Bewusstseins verbunden wird. Die Frage dabei wird lauten: Was habe ich hier gesehen? Was hat sich hier gezeigt? Dieses je Einzelne der Wahrnehmung kann freilich nicht zur Sprache gebracht werden, darum wird es in einem zweiten Schritt einem schon Erfahrenen und damit Bekannten zugeordnet.

Diesen phänomenologischen Zugang, wie er der Literatur eigen ist, möchte ich für unseren Zusammenhang aufzeigen anhand dreier Texte, nämlich Walter Kempowski „Haben Sie Hitler gesehen?" (1973), Thomas Mann „Bruder Hitler" (1939) und Max Picard „Hitler in uns selbst" (1946).

1. Walter Kempowski: „Haben Sie Hitler gesehen?" (1973)

Walter Kempowski (1929–2007) hat ein umfangreiches literarisches Werk hinterlassen, das man zur Hauptsache der „Dokumentarischen Literatur" zurechnet. Zwei große Zyklen ragen daraus hervor: die „Deutsche Chronik" – unser Text ist Band III von neun Bänden, der Zeitraum geht von der Reichsgründung bis in die Jahre der DDR – und das vierbändige Projekt „Echolot", wo die Jahre des Zweiten Weltkriegs mit reichem dokumentarischem Material zur Darstellung kommen. Unser Band bildet eines der von ihm so bezeichneten „Befragungsbücher", mit denen der Autor die zeitgeschichtlich angelegten Romane begleitet. Er enthält die Sammlung der Reaktionen von etwa 500 Personen auf die im Titel genannte Frage. Die Befragten sollten dabei nicht auf standardisierte Fragelisten antworten, sondern nach eigenem Gutdünken auf die alleinige Frage „Haben Sie Hitler gesehen?" reagieren. Die Fragestellung zielte in keiner Weise auf eine psychologische, politische oder historische Bewertung und gab den Befragten damit die Möglichkeit zu einer freien, ungefilterten Antwort.

---

1 Husserl, Die phänomenologische Methode, 98.

Gerade deshalb ist seine Sammlung auch im Abstand der Jahre von erfrischender Direktheit. Es

> „[entstand] ein Bild des Diktators und seines Krieges, das komplexer und vielschichtiger war als manche Analyse. Schrecklich und witzig, komisch und tragisch, zum Fürchten und zum Lachen, manchmal auch zum Ekeln“

– so hat der deutsche Bundespräsident Joachim Gauck, wie Kempowski ein Rostocker, das Werk[2] charakterisiert. Und kein Geringerer als Sebastian Haffner, Autor der berühmten „Anmerkungen zu Hitler“ (1978), schreibt im Nachwort zur Ausgabe von 1973 („Die Deutschen und Hitler“), dass sich „aus diesem Büchlein mehr über das große Thema ‚Hitler und die Deutschen‘ erfahren läßt als aus jeder professionellen Meinungsumfrage“.[3]

Vor den Beispielen noch ein Hinweis auf die Anlage von Kempowskis Text: Die Frage wird nicht jedes Mal neu gestellt. Der Antwort werden jeweils nur der Beruf und das Geburtsjahr der Befragten vorangestellt. So soll nun anhand von einigen Beispielen die Faszination dieser Befragung zur Geltung kommen. Hier gleich der Anfang:

> *Kfm. Angestellter, 1921*
>
> „Nein, Hitler habe ich nicht gesehen. Ich war immer an der Front.“[4]

Was für eine Eröffnung! Hitler gleich schon benannt als der, der die Menschen an die Front schickt. Das ganze Regime ein Kriegsregime!

> *Kaufmann, 1929*
>
> „Nein, aber die Nachbarsfrau hatte ein Hitlerbild neben dem anderen hängen. Und wenn Hitler sprach, sagte sie: ‚Ich könnte geradezu das Radio streicheln.‘ “[5]

Die Reaktion einer schlichten Seele, ganz aus mütterlichen Gefühlen heraus. Neben vielen solchen empathischen Äußerungen gibt es aber auch eine große Anzahl von Zeugnissen, aus denen hervorgeht, dass Menschen, die ihm persönlich begegnet sind, Hitlers menschliche und intellektuelle Dürftigkeit rasch erkannten:

---

2 Kempowski, Haben Sie Hitler gesehen, Vorwort, 5.
3 Ebd., 193.
4 Ebd., 15.
5 Ebd., 17.

Jurist, 1903

„Mir hörte er ja damals zu, weil ich ihn beraten sollte. Wenn er redete, war alles Unsinn. Er war sehr unwissend. Später war das wohl anders. Mit Hilfe gebildeter Frauen hat er viel gelernt, das ist immer wieder gesagt worden. [...] Er bemühte sich, in Gesellschaft als gebildeter Mensch zu erscheinen. Aber es war unmöglich, mit ihm in psychischen Kontakt zu kommen. Dies etwas Starre und die Suggestionsgabe. Von 20 Leuten auf einer Besprechung sind 18 auf ihn hereingefallen, obwohl er nur dummes Zeug gesagt hatte. Krankhaft.“[6]

Viele geben zu, der Faszination Hitlers erlegen zu sein:

Professor, 1907

„Das Merkwürdige bei Hitler, wissen Sie, ich bin oft intelligenten, selbständig denkenden Menschen begegnet. Einer sagte mir: ‚Ich bin hingegangen und hab‘ mir fest vorgenommen: Der kriegt mich nicht! Und dann war ich da, und da war ein Einfluß, da war nichts mehr zu machen.‘“[7]

Oberst, 1895

„Ja. Bewunderung hatte ich für ihn. [...] Vorher diskutierten diese Kaufleute alle: Gott, was will dieser Mensch eigentlich. Aber als er dann sprach, war das so überzeugend, was er sagte, und er wusste sie so zu packen, dass es totenstill war, und hinterher gingen alle auseinander: Der hat wirklich recht, so ist es.“[8]

Kaum verwunderlich ist, wie die Jugendbewegung auf den Führer eingeschworen wurde und sich bei vielen die Propagandasprüche mit religiösen Bildinhalten vermischten.

Kaufmann, 1924

[Die Jungen sind aufgestellt, man wartet, dass der Führer kommt:] „Und dann kam er und schritt die Front der Pimpfe ab. Und wenn einer gesagt hätte: ‚Bringt euch für den Führer um!‘, wir wären ohne zu zaudern in den Tod gegangen.“[9]

Beamter, 1926

„Das zweite Mal habe ich ihn gesehen beim Sängertreffen in Breslau. [...] Wie eine Erlöserfigur stand der da oben. Und das hat mich

---

6 Ebd., 25.
7 Ebd., 66.
8 Ebd., 137.
9 Ebd., 83.

mitgerissen. Die Leute fielen sich in die Arme, und es wurde viel geweint.“[10]

Lehrerin, 1930 im Osten

„Wir mußten auf dem Feld arbeiten, und neben mir ein schönes blondes Mädchen mit langen Zöpfen. Die war x-mal vergewaltigt worden. Und die sagte: ‚Eines Tages wird der Führer kommen, er wird auf dem Hügel stehen und sagen: Kommt her alle zu mir.‘“[11]

Es gibt aber auch solche, die sich der massiven Suggestion bewusst sind, sich aber nicht davon betreffen lassen:

Krankenschwester, 1910

„Ein einziges Mal war ich im Sportpalast, in einer Massenveranstaltung, und das hat mir imponiert. Hitler selbst hat mich nicht interessiert, nur die Menschen, die fasziniert waren. [...] Die Faszination hat sich aber nicht auf mich übertragen. Ich habe immer gesagt: Wie kommt es, dass du immer so kalt bleibst. Sie waren hysterisch, die Menschen.“[12]

Persönliche Begegnungen verlaufen häufig sehr enttäuschend. Der „reale Hitler“ entsprach ganz und gar nicht dem Bild, das die Propaganda von ihm vermittelte. Nicht wenige empfinden sein Gesicht als „nichtssagend“:

Hausfrau, 1915

„1934 oder 1935, wir standen auf dem Reichskanzlerplatz, eingekeilt, und dann kam er ans Fenster. Er hatte ein fürchterlich nichtssagendes Gesicht. Wenn die Chaplin-Filme eher in Deutschland gelaufen wären, meiner Meinung nach wär‘ es unmöglich gewesen, dass Hitler an die Macht gekommen wär.“[13]

Professorin, 1925

„1935 vorm Hotel Vier Jahreszeiten in Hamburg. Wir wurden abkommandiert. [...] Ich hatte den Eindruck einer Wachsfigur, weil er anscheinend geschminkt war. Eine starre Puppe, die auf einen Knopf drückte, bei der Masse.“[14]

---

10 Ebd., 154.
11 Ebd., 190.
12 Ebd., 33f.
13 Ebd., 83.
14 Ebd., 94.

Eine Frau, 1907

[Parade in Innsbruck, nach dem Einmarsch in Österreich] Auf langsamen Reifen fuhr A. H. vorbei „[…] mit steifem Arm sein liebes Tirol grüßend. Wieder dieses merkwürdig grauschlammige Gesicht, diese Puppensteifheit, diese Starre, dieser durchgedrückte Rücken, unbeweglich, selbst die Klangwellen des Jubels brachten diese Figur nicht zum Wanken.“[15]

Schriftsteller, 1920

„Ich war negativ erschüttert, ich hatte noch nie ein so nichtiges Gesicht gesehen, ich versteh auch heute noch nicht. [...] Ich meine manchmal, das war ein Loch, in das man was hineingekippt hat.“[16]

Personalchef, 1929

„Ich war enttäuscht, man dachte so an einen braungebrannten, sportlichen Menschen, aber er hatte eine rosige Gesichtsfarbe, es blieb der Eindruck, dass man gar keine Führergestalt vor sich hatte, nicht braungebrannt.“[17]

Kunstmaler, 1914

[Über einen Opernbesuch in Bayreuth] „Kurz vorher war ich über die Mosel gefahren. Der Fährmann […] hat zu mir gesagt: ‚Soviel Wasser wie die Mosel hat, soviel Blut bringen die zusammen.‘ Und daran mußte ich denken, als die da oben saßen. Tristan und Isolde wurde gespielt. Und Hitler saß da oben, als würde er überhaupt nichts von Musik verstehen. Der glotzte immer so fürchterlich.“[18]

Wenn das große Publikum fehlte, verlor der Diktator leicht jede Selbstkontrolle:

Hausfrau, 1907

„Einmal hab ich ihn in Heiligendamm gesehen. Da waren lauter hohe SA-Führer oder Parteileute und so miese Frauen dabei. So miese Frauen habe ich noch nie gesehen. Und sie wollten wohl einen Abstecher in See machen, und da sollte Hitler wohl mit, und er wollte nicht und wurde so wütend, und hat den Brotkorb, in dem sie belegte Brote drinhatten, weggeschleudert, und die Frauen sollten auch weg. Das war 1937, es war noch kein Krieg.“[19]

---

15 Ebd., 147.
16 Ebd., 148.
17 Ebd., 122.
18 Ebd., 125.
19 Ebd., 130.

Die angeführten Beispiele vermitteln den besonderen Reiz der Eindrücke von Augenzeugen. Die Sammlung der Antworten ist umso wertvoller, als – so nochmals Sebastian Haffner –

> „[d]ie Generation, die Hitler erlebt hat – ganz egal, wie sie ihn erlebt hat – nachher von diesem Erlebnis nicht mehr [hat] sprechen mögen. […] Die deutsche Generation, die Hitler aufgesessen war, hat dafür gesorgt, daß die Erinnerung daran – und also auch die Erinnerung an ihn – abgestorben ist. Sie hat vergessen und vergessen machen wollen.“[20]

Die Antworten lassen ahnen, dass die Nazi-Welt, wie Haffner hervorhebt, weitgehend eine Kunst-Welt war, die mit dem Leben der Menschen weit weniger verbunden war, als wir annehmen:

> „Politik war auch damals nur ein verhältnismäßig kleiner Teil des wirklichen Lebens der Menschen, und der Nazismus saß viel lockerer und oberflächlicher im Erdreich der deutschen Wirklichkeit, als er wahrhaben wollte. […] Die großen öffentlichen Auftritte Hitlers, die sorgfältig inszenierten Massenversammlungen, Aufmärsche und Jubelszenen waren teilweise gerade dazu bestimmt, das nicht ins Bewußtsein treten zu lassen. Die Massenmobilisierung dient nicht zuletzt der Massensuggestion.“[21]

Noch etwas geht aus den Antworten hervor: „Hitlers Erfolg bei den deutschen Massen war sein persönlicher Erfolg; nicht der seiner Partei, seines Programms oder seiner ‚Weltanschauung‘.“[22] Darum war ja, nachdem Hitler gescheitert und tot war, „nichts mehr da, woran sich die Gefühle, die er entfesselt hatte, halten konnten“.[23]

2. Thomas Mann: „Bruder Hitler“ (1938/1939)

Bereits in den Jahren der Weimarer Republik hatte Thomas Mann die NSDAP publizistisch konsequent bekämpft und sich mit seinem Wahlaufruf zugunsten der SPD eindeutig positioniert.[24] Trotz der aggressiven Stellungnahmen der Partei gegen ihre Gegner war er aber zunächst unbesorgt. Noch 1933 war er „ganz arglos und dachte nicht an Exil. Anders

---

20 Ebd., 195.
21 Ebd., 198.
22 Ebd., 200.
23 Ebd.
24 Im Folgenden stütze ich mich auf die Monografie von Kurzke, Thomas Mann. Vgl. besonders Kapitel III Der Antifaschist, 219–272.

die nationalsozialistischen Behörden in München, die sich schon kurz nach der Machtergreifung um ihn zu kümmern gedachten.“[25] Die Lage verschlimmerte sich, als in den „Münchner Neuesten Nachrichten“ am 16. April 1933 ein von 45 Persönlichkeiten des kulturellen Lebens (u. a. Hans Knappertsbusch, Hans Pfitzner, Richard Strauss, Olaf Gulbransson) unterzeichneter Brief „Protest der Richard-Wagner-Stadt München“ erschien, der gegen das Wagner-Bild Thomas Manns in seinem Vortrag bzw. Essay „Leiden und Größe Richard Wagners“ (gehalten am 10. Februar 1933) gerichtet war. Man nahm vor allem Anstoß an Manns Aussage, „[s]ein [Wagners] Werk sei zwar deutsch, aber zugleich eine schauspielerische Darstellung des deutschen Wesens“.[26] Während sich Thomas Mann im Ausland befand, erließ Reinhard Heydrich gegen ihn einen Schutzhaftbefehl, der, wäre er zurückgekehrt, umgehend vollstreckt worden wäre. Mann hatte dann bis 1936 eine Art Zwischenstellung, sofern er zwar im Exil lebte, aber seine Werke in Deutschland nicht verboten waren. Er war ja auch weder Jude noch Marxist und „fühlte sich als nationaler Autor“.[27] 1936 erschien auf Drängen seiner Tochter Katja in der „Neuen Züricher Zeitung“ seine Absage an das nationalsozialistische Deutschland. Sie hatte sofort seine Ausbürgerung und die Aberkennung der Ehrendoktorwürde der Universität Bonn zur Folge. 1938 emigrierte er in die USA und ließ sich zunächst in Princeton nieder, wo er als Gastprofessor arbeiten konnte. Unser Essay fällt also in die Zeit, in der der Nobelpreisträger sich eindeutig positionierte und den Druck des Regimes unmittelbar zu spüren bekam.

In seinem berühmten Essay[28] liefert Thomas Mann ein herausragendes Beispiel für seine Kunst, die Gesamtschau einer literarischen oder geschichtlichen Persönlichkeit zu bieten, hier nun Hitlers, den er in den Zusammenhang mit der Stimmungslage seiner Zeit hineinstellt. Er hatte ihn 1938 geschrieben, 1939 war dieser erschienen, zu der Zeit also, als Hitler am Höhepunkt seines nationalen und europäischen Ansehens stand. Alles war ihm aufgegangen, der Bruch des Versailler Wiederaufrüstungsverbots, die Besetzung des Saarlandes, der „Anschluss“ Österreichs, die An-

25 Ebd., 240.
26 Ebd., 242.
27 Ebd., 243.
28 Mann, Bruder Hitler. Ich zitiere nach der Ausgabe in: Mann, Schriften zur Politik.

nexion des Sudetenlandes. Ein Gefühl der Wehrlosigkeit dem Diktator gegenüber hatte sich auch in Europa ausgebreitet, nicht nur: Es gab auch eine wachsende Zahl von Bewunderern seiner Politik. Aus diesem Zusammenhang wird die grelle Rhetorik von Manns Polemik verständlich, die es jedoch, seiner künstlerischen Weltsicht entsprechend, vermeidet, in wütende Beschimpfung abzugleiten.

Umso mehr muss der Titel des Essays auffallen: „Bruder Hitler". Schon mit dem befremdlichen, ja schockierenden Wort Bruder zeigt er den Weg seiner Auseinandersetzung an. Er will, bei aller scharfsinnigen Analyse und trotz aller in perfekter Rhetorik vorgetragenen Destruktion des Diktators, nicht in reine Beschimpfung abgleiten. Er bekennt, „daß es nicht meine besten Stunden sind, in denen ich das arme, wenn auch verhängnisvolle Geschöpf hasse".[29] An die Stelle des Hasses will der ausgebürgerte Schriftsteller ein „Solidaritätsbekenntnis" setzen, weil er es „dem Haß als moralisch überlegen empfinde".[30] Er sieht, wie Hitler, der selber ganz aus den „Minderwertigkeitsgefühlen eines geschlagenen Volkes" kommend,

> „durch eine unsäglich inferiore, aber massenwirksame Beredsamkeit [...] in der Wunde des Volkes wühlt, es durch die Verkündigung seiner beleidigten Größe rührt" [und] „aus dem nationalen Gefühlsleiden das Vehikel seiner Größe, seines Aufstiegs zu traumhaften Höhen [...], zu ungeheuren Genugtuungen und Über-Genugtuungen macht".[31]

Er will es aber vermeiden, die Verachtung, die er für Hitler empfindet, auch auf „die Deutschen" auszudehnen – wohl ein Ausdruck jenes „Solidaritätsgefühls", von dem oben die Rede war. Es ist in der Tat auffällig, dass Thomas Mann nicht nur hier, sondern auch im ganzen Essay nicht, von den „Deutschen" oder von „Deutschland" spricht, so als wolle er alles, was „Deutsche Kultur" ausmacht, von der Kontamination durch Hitlers „trübe Figur"[32] fernhalten.

Warum aber „Bruder" Hitler? Er erläutert selbst den Grund:

> „Ein etwas unangenehmer und beschämender Bruder; er geht einem auf die Nerven, es ist eine reichlich peinliche Verwandtschaft. Ich will trotz-

29 Kurzke, Thomas Mann, 136.
30 Ebd., 137.
31 Ebd.
32 Ebd., 136.

> dem nicht die Augen davor schließen, denn nochmals: besser, aufrichtiger, heiterer und produktiver als der Hass ist das Sich-wieder-Erkennen, die Bereitschaft zur Selbstvereinigung mit dem Hassenswerten […].“[33]

Der Nobelpreisträger erhofft sich, dass gerade so, mitten im „Primitivierungsprozess, dem sich das Europa von heute wissentlich überlässt“[34], Einsicht und Abwehrkräfte wachsen können, die seiner Verführungskunst widerstehen. Mehrmals ist von der europäischen Dimension von Hitlers Faszination die Rede („das hilflose Europa von heute“[35]), es droht sich die „Primitivität als ‚Weltanschauung‘“ über Deutschland hinaus zu etablieren. Verachtung und Hass sind also für Mann keine Rezepte, um sich gegenüber der sich ausbreitenden „Widerstandslosigkeit“[36] – wir befinden uns im Jahr 1938, nach dem Einmarsch in Österreich und im Sudetenland! – zur Wehr zu setzen.

Das zum Popanz eines Tatmenschen aufgeblähte Hitler-Bild der Propaganda unterzieht Thomas Mann einer unerbittlichen Destruktion. Man finde bei Hitler das „unergründliche Ressentiment“, „die tief schwärende Rachsucht des Untauglichen, Unmöglichen, zehnfach Gescheiterten, des extrem faulen, zu keiner Arbeit fähigen Dauer-Asylisten“; er sei ein Mann, „der nichts gelernt hat, nie etwas hat lernen wollen, der auch technisch und physisch nichts kann, was Männer können, kein Pferd reiten, kein Automobil oder Flugzeug lenken, nicht einmal ein Kind zeugen“.[37]

Und trotzdem, das, was er tut, „ist durchaus einmalig, dem Maßstabe nach neu und eindrucksvoll; man kann unmöglich umhin, der Erscheinung eine gewisse angewiderte Bewunderung entgegenzubringen“.[38]

Wie ist aber dann dieser Kontrast zwischen einem solchen „Nichtskönner“[39] und seiner weit über das Nationale hinausgehenden Faszination zu erklären? Zwei Erklärungsmuster zieht der Schriftsteller heran: Zuerst die Entsprechung zum Märchen, das ja, wie wir seit Carl Gustav Jung wissen, die im „kollektiven Unbewussten“ beheimateten Archetypen zu

---

33 Ebd., 139.
34 Ebd., 140.
35 Ebd.
36 Ebd., 136.
37 Ebd., 137.
38 Ebd., 138. Man wird sich Zeit nehmen, sich das meisterliche Oxymoron „angewiderte Bewunderung“ auf der Zunge zergehen zu lassen …
39 Ebd., 142.

Geschichten verflicht. So sind eben auch in der Hitler-Geschichte „Märchenzüge“ deutlich erkennbar – wenn sie auch freilich „verhunzt“ sind:

> „Das Thema vom Träumerhans, der die Prinzessin und das ganze Reich gewinnt, vom ‚häßlichen jungen Entlein‘, das sich als Schwan entpuppt, vom Dornröschen, [...] das unter dem weckenden Kusse des Siegfriedhelden lächelt. ‚Deutschland erwache!‘ Es ist abscheulich, aber es stimmt.“

Zusammenfassend: Vieles ist bei Hitler da an „Volksgemüt“, jedoch „vermischt mit schändlicher Pathologie“.[40] Und dann aber, viel breiter ausgeführt, das zweite Erklärungsmuster, die Motivreihe vom Künstlertum:

> „Es ist, auf eine gewisse beschämende Weise, alles da: die ‚Schwierigkeit‘, Faulheit und klägliche Undefinierbarkeit der Frühe, das Nichtunterzubringensein, [...] das halb blöde Hinvegetieren in tiefster sozialer und seelischer Boheme, das im Grunde hochmütige, im Grunde sich für zu gut haltende Abweisen jeder vernünftigen und ehrenwerten Tätigkeit – [...] auf Grund einer dumpfen Ahnung, vorbehalten zu sein für etwas ganz Unbestimmbares, bei dessen Nennung, wenn es zu nennen wäre, die Menschen in Gelächter ausbrechen würden.“[41]

Man findet bei ihm „die Unersättlichkeit des Kompensations- und Selbstverherrlichungstriebes“,

> „die Ruhelosigkeit, das Nie-sich-Genüge-tun, das Vergessen der Erfolge, ihr rasches Sich-Abnutzen für das Selbstbewusstsein, die Leere und die Langeweile, das Nichtigkeitsgefühl, sobald nichts anzustellen und die Welt nicht in Atem zu halten ist, der schlaflose Zwang zum Immer-wieder-sich-neu-beweisen-Müssen“.[42]

Der Nobelpreisträger fragt sich dann konsequenterweise, ob, wenn doch so viele Züge des Künstlertums, wenn auch in „verhunzter“[43] Weise, auf Hitler zutreffen, es erlaubt ist, auch den Geniebegriff auf ihn anzuwenden, und kommt zum Ergebnis: „Wenn Verrücktheit zusammen mit Besonnenheit Genie ist (und das ist eine Definition!), so ist der Mann ein Genie.“ Aber gleich schränkt er ein:

---

40 Ebd., 138.
41 Ebd., 138f.
42 Ebd., 139.
43 Verhunzung meint Perversion: „Und wirklich, unserer Zeit gelang es, so vieles zu verhunzen: Das Nationale, den Sozialismus – den Mythos, die Lebensphilosophie, das Irrationale, den Glauben, die Jugend, die Revolution und was noch alles.“ Ebd., 142.

> „Ich will es dahin gestellt sein lassen, ob die Geschichte der Menschheit einen ähnlichen Fall von moralischem und geistigem Tiefstand, verbunden mit dem Magnetismus, den man ‚Genie' nennt, schon gesehen hat. [...] Wir müssen uns mit dem historischen Lose abfinden, das Genie auf dieser Stufe seiner Offenbarungsmöglichkeit zu erleben."[44]

Thomas Mann unterlegt seine Argumentation auch mit einem Hinweis auf sein einziges Bühnenstück „Fiorenza" (1907), das den Florentiner Bußprediger Girolamo Savonarola zum Inhalt hat und zeigt, wie „die Herrschaft von Schönheit und Bildung über den Haufen" geworfen wird „von dem sozial-religiösen Fanatismus des Mönchs, der das ‚Wunder der wiedergeborenen Unbefangenheit' verkündete".[45]

In der Anwendung des Geniebegriffs auf Hitler begegnet uns derselbe Versuch des Schriftstellers, den wir auch im Wort „Bruder" gefunden haben, nämlich in einem Begriff das die Massen Verführende und die Denkenden Abstoßende auszudrücken. Nur wo eine große Nähe empfunden wurde, konnte auch eine weithin besinnungslose Gefolgschaft entstehen. Als Mann seinen Essay schrieb, war diese gerade auf ihren Höhepunkt gelangt, und ein Versuch, diesen Zauber argumentativ zu durchbrechen, konnte sich keinen Erfolg versprechen, eine entsprechende „Aufklärung" leisten zu können, wenn das Faszinierende und das Monströse nicht gleichzeitig zur Sprache gebracht wurden.

3. Max Picard: „Hitler in uns" (1946)

Der Schweizer Schriftsteller Max Picard (1888–1965), vom Judentum zum Christentum konvertiert, war ursprünglich Mediziner, gab aber 1918 seinen Beruf auf, um sich ganz dem Schreiben zu widmen. Sein Anliegen war eine kritische Zeitgenossenschaft, die sich in zahlreichen Büchern kulturphilosophischen Inhalts entfaltete. Seinem Interesse an der Physiognomie, von seiner medizinischen Ausbildung gestützt, entsprangen zwei

---

44 Ebd., 141f. Man merkt, wie´für den Schriftsteller der „konzeptionsgeschichtliche Grundgedanke" für sein Hitlerbild in der Künstlerexistenz liegt. Am 7. Juli 1938 schreibt er in sein Tagebuch: „Kernteil, Hitler als Künstler oder Gegen-Künstler, Antichrist, wäre gesondert auszuführen". Tagebücher, IV, 251. Im Verlauf des Exils geht Thomas Mann dann dazu über, Hitler als Teufelsfigur zu bezeichnen. Vgl. Marx, „Ich aber sage ihnen ...", 184, Anm. 124.

45 Ebd., 140. Noch weit entfernt vom Hitler-Essay lässt der Autor den sterbenden Fürst Lorenzo („il Magnifico") seinen Asketen-Widerpart „Bruder" (!) nennen.

Bücher: „Das Menschengesicht“ (1929) und „Die Grenzen der Physiognomik“ (1937). Seine metaphysisch ausgerichtete Anthropologie fand ihren Niederschlag in den Büchern „Die Flucht vor Gott“ (1934), „Die Welt des Schweigens“ (1948), „Der Mensch und das Wort“ (1953) und „Die Atomisierung der Person“ (1958). Sein größtes Aufsehen aber fand Picard mit seinem Buch „Hitler in uns“ (1946)[46]. Ähnlich wie Haffner erkannte auch Picard, dass die deutsche Öffentlichkeit mit dem Ende des Krieges über die zwölf Jahre der NS-Herrschaft einfach hinwegsehen wollte. Es ist die Verdrängung, die Alexander und Margarete Mitscherlich 20 Jahre später in ihrem berühmten Buch „Die Unfähigkeit zu trauern“ (1967) eindrucksvoll dokumentierten.

Das für unseren Zusammenhang wichtigste Kapitel des Buches beschäftigt sich mit dem Gesicht Hitlers (68–75). Es ist, soweit ich sehe, das einzige Mal in der Literatur, dass dies geschieht. Niemand Geringerer als der Philosoph des menschlichen Antlitzes, Emmanuel Lévinas, der mit Picard einige Jahre im Briefwechsel stand, hat Picards physiognomische Analysen eindrucksvoll gewürdigt:

> „Philosophie des Antlitzes – das ist das Wesentliche an Max Picards Denken. Das Antlitz ist nicht einfach ein anderer Name für die Persönlichkeit. Das Antlitz ist sicherlich die Persönlichkeit, aber diejenige Persönlichkeit, die sich manifestiert, sich veräußerlicht, die empfängt und von Anbeginn offen ist. Das Antlitz ist aus sich heraus, es ist sozusagen, das Mysterium alles Zutagetretens, das Geheimnis alles Offenliegens.“[47]

Lévinas anerkennt die gedankliche Leistung hinter der Physiognomik des ehemaligen Arztes, sieht aber auch, dass ihre Versprachlichung wesentlich poetisch ist:

> „Picards philosophische Analyse ist eine poetische. Sein Lesen in Gesichtern und in der Welt ist begrifflich nicht immer zu rechtfertigen und phänomenologisch nicht immer überzeugend. Es ist aber poetisch gewiß.“[48]

---

46 Picard, Hitler in uns selbst.

47 Lévinas, Max Picard, 94. Der Satz „Das Antlitz ist nicht einfach ein anderer Name für die Persönlichkeit“ ist im Original kursiv.

48 Ebd., 95

Seinen Überlegungen voran stellt Picard eine Besinnung über die in der Gesellschaft zu beobachtende Auflösung der Sinnzusammenhänge zwischen den einzelnen Teilen des Lebens.

> „Deshalb bewegt sich der Mensch nicht mehr durch einen Akt des Willens zu den Objekten hin, er wählt die Objekte nicht mehr und prüft sie nicht mehr: die Welt ist aufgelöst, die Objekte bewegen sich zusammenhanglos am zusammenhanglosen Menschen vorbei. [...] In diese Reihe kann sich deshalb alles einschleichen, auch Adolf Hitler, und lieber ist es einem, dass er, Adolf Hitler erscheint, als dass gar nichts mehr erscheint.“[49]

Auf diesem Hintergrund baut Picard sein Hitler-Bild auf oder besser seine Erkenntnis, dass es hier gar kein Gesicht gibt, das festzuhalten wäre. Man muss sich die einleitenden Sätze anhören:

> „Der Führer eines Volkes hatte bis zur Zeit Hitlers immer ein Gesicht, das deutlich geformt war und den Geführten einprägbar. Man muss darum immer wieder wundern, dass Hitler als Führer gelten konnte. Denn er hatte ein Gesicht, nicht wie ein Mensch, der führt, sondern wie einer, der geführt werden muß. Er hatte ein Gesicht, das so total nichts war, wie alles an Hitler ‚total‘. Es war nicht deutlich, nicht einprägsam den Gefährten, es sei denn, man sage, das Nichts des Führers habe sich dem Nichts der Gefährten eingeprägt.“[50]

Gewiss, es gab Herrschergestalten, denen man das Schwächliche ansehen konnte, „aber das war noch nie da, daß ein ‚Führer‘-Gesicht nicht einmal das Schwächliche ausdrückt, sondern dass es überhaupt nichts ausdrückt“.[51] Picard geht noch weiter:

> „Das eben gab es noch nie: dass einer, der sich als die Weltgeschichte selbst drapierte, aussah, nicht einmal wie eine Maske, nicht einmal wie ein Kostüm der Weltgeschichte, sondern wie das Nichts.“[52]

Im Versuch, besser zu verdeutlichen, in welcher soziologischen Schicht ein solches Gesicht denkbar wäre, kommt Picard auf den Typus des Hausierers, jene, die Ansichtskarten verkaufen, „die an jeder Türe eines

---

49 Ebd., 15f.

50 Ebd., 68.

51 Ebd., 69.

52 Ebd. Man wird sich an mehrere Stellungnahmen bei Kempowski erinnern, die bezeugen, von Hitlers Gesicht enttäuscht gewesen zu sein. Vgl. Kempowski, Haben Sie Hitler gesehen, 148: „Ich hatte nie ein so nichtiges Gesicht gesehen.“ Vgl. oben Anm. 16.

Stockwerks läuten und denen es weniger darauf ankommt, Ansichtskarten zu verkaufen, als dem Dienstmädchen zu gefallen, das beim Läuten die Tür öffnet“. Ein zweiter Typus wäre jener des Heiratsschwindlers und des Fotografien-Betrügers, der den Geldbetrag für das Foto gleich kassiert und dann verschwindet.[53] Bei diesen Betrügern aber hat man den Eindruck, sie möchten am liebsten nicht gesehen werden, Hitlers Gesicht hingegen

> „ist aufdringlich da, fest angemacht, unvertauschbar, nur dieses Gesicht war möglich. Es ist das aufdringliche Nichts: zum ersten Male gelang es dem Nichts, sich im Menschengesicht darzustellen, ganz und gar als Nichts.“[54]

Vorausgehend, als Picard den „bloßen Aspekt des Naziphänomens“ (23–28) zu benennen versucht, fallen die schweren Worte:

> „[A]us dem Volumen eines ungeheuren Nichts wird etwas herausgebrüllt[.][55] Das Nichts hatte sich in Schreie auseinander gerissen und schreiend riss es alles weiter und zerstörte alles, was es traf. [...] Das ist der phänomenologische Aspekt des Nazismus. So sieht weder ein politisches, noch ein soziologisches oder ein psychologisches Phänomen aus. Diesen Aspekt hat nur ein dämonisches Phänomen.“[56]

Und nun wieder, im Blick auf Hitler:

> „Der Diktator selbst ist so zusammenhanglos und leer durch die Zusammenhanglosigkeit, dass er erst durch das Geschrei einer Parole merkt, dass er da ist.“[57]

Ganz im Banne seiner Intuition der Einheit von Nazismus und Schrei fährt der Schweizer Beobachter fort:

> „Das Nichts war schon vor Hitler da, aber es hatte noch nicht seinen besonderen Ausdruck, das Hitlertum gab dem Nichts den Ausdruck, der dem Nichts entspricht: den Schrei, – den Schrei, nicht die Sprache, denn das Nichts hat keine Sprache.“[58]

---

53 Picard, Hitler in uns selbst, 70.
54 Ebd., 70f.
55 Ebd., 23.
56 Ebd., 24.
57 Ebd., 24f.
58 Ebd., 25.

Und noch einmal, in äußerster Zuspitzung des Urteils: „Das Gesicht hält sich zusammen mit seinem eigenen Geschrei.“[59]

So ist es auch nicht verwunderlich, dass der Nazismus in seinen Versuchen, die Menschen zu manipulieren, nicht auf das Sehen, sondern auf das Hören setzte: „Hitler wurde gehört, aber nicht gesehen, das war sein Vorteil. Diese Welt lebte von dem, was ihr zugebrüllt wurde.“[60] Am Schluss seines Versuchs über das Gesicht Hitlers fasst Picard seine Beobachtungen in einem einprägsamen Bild zusammen: Man kann es ansehen als „Warnung vor der gefährlichen Kurve und dem Abgrund, der hinter ihm ist. Aber nur wenige haben die Warnungstafel dieses Gesichtes gesehen.“[61]

Was in Hitler sichtbar wurde, ist zugleich eine Tendenz der Moderne, statt auf das Wort auf die Parole zu setzen. „Durch Hitler wurde nicht nur allgemein die Diktatur, sondern auch die Diktatur der Parole errichtet, sie allein herrschte, nicht mehr das Wort.“[62] Die Parole aber löst den Zusammenhang auf, sie bildet jetzt das Zentrum der Argumentation. Hitler „schuf sich selbst durch die Parole, wie er seine Zuhörer erschuf durch sie“.[63] Durch die Parole verliert die Sprache das im Wort immer mitgemeinte Maß.

> „Die Sprache ist durch ihr eigenes Maß geschützt, das Ungeheuerliche des Hitlertums in sich zu haben. Wie wäre es möglich, das Ungeheuerliche der Vergasungsfabriken für Menschen, der Folterungsfabriken, in denen auch noch eine Spezialabteilung für Gerbung menschlicher Haut für Lampenschirme eingerichtet war, mit dem Worte des Menschen zu beschreiben!“[64]

Und es gibt keine Unterscheidung mehr zwischen Wahrheit und Irrtum:

> „Es wartet nicht mehr der Irrtum auf die Wahrheit, sondern das Provisorische eines Augenblicks auf das Provisorische eines andern Augenblicks […] Der Mechanismus des Augenblickshaften in dieser Welt der Dis-

59 Ebd., 74.
60 Ebd., 72.
61 Ebd., 75.
62 Ebd., 85.
63 Ebd., 86.
64 Ebd., 88f.

> kontinuitäten hebt den Gegensatz zwischen Irrtum und Wahrheit auf, er erledigt ihn."[65]

So hatten die Aktionen der Nazis etwas wie die Kraftübungen eines Muskelprotz, der nur sich selber zeigen will:

> „Was wie Kraft aussah, war nur Hemmungslosigkeit. Ebenso wie das hemmungslose Schleudern der Beine eines Tabikers nicht Kraft bedeutet, – es bedeutet Krankheit, Mangel eines ordnenden Zentrums, – ebenso bedeuten die ataktischen, überallhin ausführenden Bewegungen der Nazi Kraft, sie waren wie die hemmungslosen Bewegungen des Tabikers."[66]

Diese kurzen Ausschnitte aus Max Picards Hitler-Buch machen nicht nur, wie schon Thomas Mann vorhin, auf das Dämonische der Persönlichkeit Hitlers aufmerksam und weisen auf die „unterirdischen Kanäle" hin, die auch aus unserer Zeit noch zu seiner Herrschaft hinführen. Diese konnte ihre Macht ja nur deshalb entfalten, weil sie einer breiten Tendenz der modernen Geistesentwicklung entgegenkam. Der polnisch-englische Soziologe und Philosoph Zygmunt Bauman (1925–2017) hat in seinem Buch „Dialektik der Ordnung. Die Moderne und der Holocaust" (1992) in einer breit ausgeführten Untersuchung auf solche Zusammenhänge aufmerksam gemacht. In Hitlers Gesicht sah Max Picard, in einzigartiger Verdichtung, das ausgedrückt, was sich, aus vielen giftigen Quellen gespeist, in den zwölf Jahren der Nazi-Herrschaft als Deutschlands und Europas Verhängnis erweisen sollte.

Quellen und Literatur

Husserl Edmund: Die phänomenologische Methode. Ausgewählte Texte I (= Universal-Bibliothek Nr. 8084), Stuttgart 1985.

Kempowski Walter: Haben Sie Hitler gesehen? Haben Sie davon gewusst? Deutsche Antworten. Mit einem Vorwort von Joachim Gauck. Erweiterte Fassung von 1999, München 2012.

Kurzke Hermann: Thomas Mann. Epoche – Werk – Wirkung, München [4]2010.

65 Ebd., 96.
66 Ebd., 226.

Lévinas Emmanuel: Max Picard ... und das Antlitz, in: Eigennamen. Meditationen über Sprache und Literatur. Aus dem Französischen von Frank Miething (Textauswahl), München-Wien 1991.

Mann Thomas: Schriften zur Politik, Frankfurt 1974.

Marx Friedhelm: „Ich aber sage ihnen …“. Christusfigurationen im Werk Thomas Manns (= Thomas-Mann-Studien 25), Frankfurt 2002.

Picard Max: Hitler in uns selbst, Erlenbach-Zürich, 1946.

Klerikaler Widerstand im Spiegel des Films Volker Schlöndorffs „Der neunte Tag" (DE, 2004) und das historische Vorbild der Hauptfigur

Tobias Koszogovits OFM und Christian Wessely

2004 kamen in Deutschland aus unterschiedlichen Gründen mehrere Filme über die letzten Jahre der Nazi-Diktatur auf den Markt, unter anderem „Stauffenberg" (Jo Baier) oder „Der Untergang" (Oliver Hirschbiegel). Unter ihnen war auch „Der neunte Tag" von Volker Schlöndorff, der öffentlich nicht sehr breit wahrgenommen wurde, aber mit unglaublicher psychologischer Raffinesse die wahre Geschichte eines Priesters nacherzählt, der der Versuchung widersteht, um den Preis der eigenen Rettung die Sache Gottes zu verraten.

In diesem Beitrag soll einerseits der Film „Der neunte Tag" besprochen und die Person des Regisseurs Volker Schlöndorff gewürdigt, andererseits der historische Hintergrund und das reale Vorbild des Protagonisten Henri Kremer in den Blick genommen werden.

1. Der Regisseur[1]

Volker Schlöndorff ist einer der großen deutschen Regisseure der letzten Generation; seine besondere Liebe gehört den Literaturverfilmungen. Politisch eher dem sozialdemokratischen Lager zuzuordnen, lösten seine gesellschaftskritischen Filme häufig Verstörungen aus, die bis hin zu untergriffigen Diffamierungen reichten.

Geboren 1939 in Wiesbaden, erlebte er die Nazi-Diktatur nur als kleines Kind, wuchs aber im Kontext ihrer Folgen auf. Seine Kindheit war geprägt durch den Anblick von Zerstörung, Aufbau und gleichzeitiger

1 Schlöndorff, Licht, Schatten und Bewegung; vgl. auch Lewandowski, Filme von Volker Schlöndorff.

Verleugnung der Vergangenheit. Er verlor seine Mutter sehr früh – sie kam 1944 durch einen Unfall ums Leben – und wurde von seinem Vater, dem Arzt Georg Schlöndorff, aufgezogen, der ihm den Besuch des örtlichen Gymnasiums und danach einer höheren Schule sowie des Lycée Henri IV. in Paris ermöglichte. Nach einem nicht abgeschlossenen Studium der Rechte begann er 1960 als Regieassistent zu arbeiten, zunächst bei Louis Malle, der – wie die Arbeit der nouvelle vague insgesamt – als prägend für Schlöndorffs filmisches Schaffen betrachtet werden kann. 1965 realisierte er seinen ersten Langfilm „Der junge Törless", eine Adaption des Romans „Die Verwirrungen des Zöglings Törleß" von Robert Musil. Bei dieser Arbeit verfasste er auch zusammen mit Herbert Asmodi das Drehbuch.

Literaturverfilmungen blieben der wesentlichste Schwerpunkt in Schlöndorffs Schaffen, wobei er auch weiterhin bei der Umarbeitung der literarischen Vorlagen selbst oft Hand anlegte. Um sich die Wichtigkeit dieser Leistung zu vergegenwärtigen, muss man wissen, dass ein Drehbuch in der Regel eine Seite pro Filmminute hat und damit zwischen 90 und 120 Seiten umfasst, die noch dazu nicht eng bedruckt sind; Musils Törless z. B. hat hingegen über 250 Seiten. Die Entscheidungen darüber, welche Passagen der Vorlage im Film weggelassen werden und welchen Einzelaspekten man besonderes Augenmerk schenken möchte, gehören zu den schwierigsten, die bei einer solchen Arbeit getroffen werden müssen. Schlöndorff gehört zu jenen, die mit großer Weitsicht und mit Fingerspitzengefühl an diese Aufgabe herangehen.

Zum großen Durchbruch verhalf Schlöndorff ebenfalls eine Literaturverfilmung, er wagte sich an „Die Blechtrommel" von Günter Grass (Verfilmung 1979, Vorlage 1959). Zu den wichtigsten folgenden Langfilmen gehören „Tod eines Handlungsreisenden" (1985, Vorlage von Arthur Miller 1949), „Homo Faber" (1991, Vorlage von Max Frisch 1957) und „Der Unhold" (1996, Vorlage von Michel Tournier 1972). 2004 entstand „Der neunte Tag" (Vorlage von Jean Bernard 1945).

Er wurde in seiner Karriere vielfach ausgezeichnet, unter anderem mit der Goldenen Palme von Cannes, dem Academy Award (Oscar), dem Friedenspreis des Deutschen Films, der Carl-Zuckmayer-Medaille, dem César usw. Heute ist Schlöndorff als Dozent an der Berliner Filmakademie tätig und nach wie vor als Regisseur aktiv, dem Sozialkritik und das Aufzeigen gesellschaftlicher Missstände ein großes Anliegen ist.

2. „Der neunte Tag" (Volker Schlöndorff, DE 2004)

Wie jede Verfilmung einer literarischen Vorlage lebt auch diese von der Auswahl. Das authentische Tagebuch des Jean Bernard erwähnt den „Hafturlaub" nicht so umfangreich (siehe dazu das Kap. 3), während er das Rückgrat des Filmes bildet. Doch der Film ist m. E. nicht „fast vollständige Fiktion"[2], wie Reinhold Zwick dazu bemerkt. Vielmehr ist es so, dass Schlöndorff aus Gründen der Dramaturgie diese Sequenz entfaltet und an ihr direkt und indirekt Geschehnisse des Lagerlebens und die Situation der luxemburgischen Kirche und ihres passiven Widerstandes festmacht, die je für sich teilweise aus anderen Episoden von Bernards Buch oder anderen Quellen recherchiert und zum größten Teil authentisch sind. Ohnehin ist Authentizität eine heikle Kategorie: Schon beim Schreiben eines Buches – auch und vielleicht besonders eines autobiografischen – wird bewusst selektiert und die Folge unbewusster Prozesse mit verarbeitet. Insofern ist schon die literarische Vorlage nur begrenzt „authentisch" und zumindest nicht qualitativ von einer sorgfältigen filmischen Verarbeitung völlig verschieden.

Der Film setzt mit der Einlieferung des Protagonisten, Abbé Henri Kremer, in das KZ Dachau ein. In kurzen Einblendungen in den Vorspann werden die Entsetzlichkeiten des Lagerlebens angedeutet, die Kremer von diesem Zeitpunkt an miterlebt; mit einer geheimen Eucharistiefeier im Pfarrerblock, die durch einen SS-Offizier unterbrochen wird, setzt der Hauptfilm ein. Die symbolische Kreuzigung eines Mitgefangenen (0:06:30–0:08:20) bringt, überdeutlich durch die Frage des Offiziers an das Opfer, die innere Frage auf den Punkt: Wo ist Gott? Wo zeigt er sich in dieser Hölle, der man scheinbar nur durch den Tod entgehen kann? Paradox die Antwort, die die inhaftierten Priester selbst geben: Trotz der Bedrohung, ebenfalls am Kreuz zu enden, singen sie das Pange lingua.[3] Dieser Gesang bindet die qualvolle Kreuzigung des Opfers an die

2 Zwick, Fiktion und/oder Authentizität, 175.

3 Zentral für diesen Hymnus ist der Lobpreis des eucharistischen Sakramentes in Leib und Blut Christi (katholisches Transsubstantiationsverständnis). Hier unterläuft

unmittelbar zuvor gezeigte improvisierte Eucharistiefeier. Im Sinne einer geradezu Metz'schen Theologie der Memoria des Leidens[4] wird für die versammelten Priester der konkrete Mitgefangene, der vor ihren Augen „erhöht" wird, zum gegenwärtigen Herrn.[5]

Als Kremer anschließend abgeholt wird, meint er, selbst zur Kreuzigung geführt zu werden, zumal er sich zuvor für einen gequälten Mitgefangenen eingesetzt hat. Doch es kommt anders: Er wird für neun Tage „beurlaubt", um am Begräbnis seiner Mutter teilnehmen zu können. Dass dieser Urlaub auch eine ganz andere Dimension hat, nämlich die, den Widerstand der luxemburgischen Kirche zu hintertreiben, versteht er erst nach der Konfrontation mit dem SS-Offizier Gebhard, der ihn offen dazu auffordert, den Bischof zur Aufgabe zu überreden, und mit dem Bischof selbst bzw. mit dessen Vikar, der zur Kooperation mit den Nazis rät.[6] Kremer, der mit Schuldgefühlen kämpft, weil er sich für den Tod eines Mithäftlings mitverantwortlich wähnt, wird durch die Aussicht auf Entlassung in Versuchung geführt und zugleich durch die Bedrohung seiner noch immer inhaftierten Mitbrüder massiv unter Druck gesetzt. Die familiäre Situation Kremers wird eher am Rande thematisiert; was deutlich wird, ist die ungeheure Belastung, unter der er steht und die ein unauslöschliches Trauma hinterlassen hat.

Die Auseinandersetzung mit Gebhard, die von beiden Seiten mit psychologischer Raffinesse geführt wird, endet durch die radikale Entscheidung Kremers, nicht zu fliehen, sondern sich befehlsgemäß in das Lager zurückzubegeben. Im Lager schließt sich der eucharistische Kreis: In einer Analogie der geheimen Messfeier am Anfang des Filmes verteilt er eine Wurst unter seinen Mitgefangenen, die er ins Lager schmuggeln konnte und mit dem Stiel eines Löffels in winzige Stückchen schneidet.

Schlöndorff allerdings ein Fehler: Er lässt seine Schauspieler erstens eine deutsche Textversion singen (unter Klerikern, zumal internationaler Herkunft, wurde der Hymnus vor 1960 wohl noch in lateinischer Sprache intoniert), und er wählt die Fassung von Maria Luise Thurmair, die erst 1969 entstanden ist.

4 Vgl. insb. Metz, Memoria Passionis.

5 Niewiadomski, Mysterium fascinosum, 162.

6 Gebhard ist als Person eine fiktive Gestalt; sie ist aus zahlreichen Facetten unterschiedlicher Personen in Bernards Roman und aus Parallelgestalten aus den Berichten anderer überlebender Opfer zusammengesetzt. Aus meiner Sicht ist die Gestalt deswegen nicht weniger authentisch: Sie ist systemrepräsentativ zu lesen.

„Der neunte Tag“ ist – trotz durchaus bemerkenswert realistischer Inszenierung und Ausstattung – letztlich ein Kammerspiel, in dem Glaubenstreue gegen Ideologie, Versuchung gegen Tugend und Opferbereitschaft gegen Egoismus ausgespielt werden. Dabei gehen die Trennlinien zwischen diesen Extremen nicht zwischen Personen und Personengruppen, sondern durch die Personen selbst: Kremer, der sein Wasser nicht teilt, ist derselbe Kremer, der unerschrocken weiter auf das Kreuz zugeht. Gebhard, der die Familie Kremers bedroht, ist derselbe Gebhard, der Kremer am Ende doch nicht erschießt, obwohl er es folgenlos tun könnte. Roger Kremer, der befürchtet, dass das Familienunternehmen unter den Umständen leiden könnte, ist derselbe Roger Kremer, der seinem Bruder Henri zur Flucht verhelfen will, wohl wissend, was das für die Familie bedeuten würde. Diese Vielschichtigkeit macht – zusammen mit der Intensität des Spiels von Ulrich Matthes in der Hauptrolle – einen Gutteil des Eindrucks dieses Filmes aus.[7]

3. Die historische Gestalt des Jean Bernard

Der katholische Priester Jean Bernard (1907–1994) veröffentlichte die Erinnerungen an seine Erfahrungen im KZ Dachau, die er sofort nach seiner Entlassung niedergeschrieben hatte, 1945 als Feuilletonfolge. Heute finden sie sich in deutscher Sprache in vierter Auflage zusammengefasst in dem Taschenbuch „Pfarrerblock 25487“[8] des luxemburgischen Saint-Paul-Verlags.

Bernard hatte bereits in Belgien und am Luxemburger Priesterseminar Philosophie und Theologie studiert, sich in der internationalen katholischen Filmarbeit einen Namen gemacht und nach seiner Priesterweihe promoviert, als er 1941 von den Nationalsozialisten verhaftet und nach Dachau eingeliefert wurde. Die Gestapo hielt es in diesem Moment für opportun, einige bekannte Persönlichkeiten aus der Öffentlichkeit Luxemburgs zu entfernen, um den Widerstand der dortigen Bevölkerung zu brechen. Dabei suchte man vor allem Priester aus, weil man im Luxem-

7 Matthes bemerkenswertes Talent wird u. a. dadurch deutlich, dass er in der fast zeitgleich erschienenen Produktion „Der Untergang“ den Propagandaminister Joseph Goebbels spielt – und das ebenso glaubhaft wie den KZ-Häftling Kremer.

8 Bernard, Pfarrerblock 25487.

burger Klerus und in der katholischen Verwurzelung fast der gesamten Landesbevölkerung – sicher nicht zu Unrecht – das „Grundproblem" des Widerstands gegen das Regime vor Ort erblickte.

Die von Bernard berichteten Zustände im KZ Dachau betreffen die gesamte Zeit seiner Internierung von Mitte Mai 1941 bis zu seiner Entlassung Anfang August 1942. Die von ihm im Lager verbrachte Zeit gliedert er in subjektiv unterschiedlich erlebte Perioden. Er erzählt vom Lageralltag, indem er das Grauen einerseits nüchtern protokolliert, es andererseits aber auch vom Beginn bis zum Schluss mit humorvollen Kommentaren spickt. Das macht seine Aufzeichnungen zu einem wahren Kleinod.

Für die Hintergründe seines ungewöhnlichen Hafturlaubs 1942 gibt es, ebenso wenig wie für seine Entlassung, bis heute keine eindeutigen Anhaltspunkte. Fest steht nur, dass sowohl durch Familienangehörige, besonders durch seinen Bruder, wie auch durch Freunde an seiner Entlassung gearbeitet worden war.

Genauso wie der Film setzt Bernards Bericht in Dachau mit dem Gruß eines hünenhaften SS-Manns ein: „Gelobt sei Jesus Christus!" Dieses Bild ist repräsentativ für die Willkür der Lagerbediensteten. Andererseits steht die Art und Weise, wie Bernard schon am Anfang die Schikanen mit Humor hinnimmt, stellvertretend dafür, wie er mit dem, was ihm im Lager begegnen wird, umgeht. So versucht er sich etwa nichts anmerken zu lassen, als ein SS-Mann das Wasser so heiß aufdreht, dass Bernard unter der Dusche lebendig zu braten meint, und stellt sich damit selbst immer wieder bewusst seinen Leidensgenossen gegenüber, die das nicht oder noch nicht fertigbringen.

Der erste Teil seiner Erinnerungen „atmet eine fürchterliche Disziplin"[9], der Bernard seine eigene Unbeholfenheit gegenüberstellt. Zum Beispiel muss er bei den regelmäßigen Arbeits- und Exerziermanövern üben, mit Holzpantoffeln zu marschieren, ohne über sich selbst und die anderen zu fallen. „Man muss alles lernen"[10], bemerkt er einmal lakonisch. Von Anfang an hagelt es von den SS-Männern und den anderen Häftlingen Ohrfeigen und schallendes Gelächter. Die damit verbun-

---

9 Ebd., 42.
10 Ebd., 45.

dene eigenwillige Hauruckstimmung gibt Bernard in den ersten Monaten aber die Gelegenheit, alles von einer sportlichen Seite zu sehen. Er will „sich einfinden, sich anpassen, zu dem rauen Lagerleben ein energisches Ja sagen und [...] möglichst schnell ein ‚Lagerschwein' werden".[11] Schon am Ende des ersten Tages schläft Bernard „jenen tiefen Schlaf, den es nur in Dachau gibt".[12] Das Motiv einer paradoxen inneren Ruhe, die der Autor trotz der ständigen äußeren Unruhe immer wieder erfährt, durchzieht das ganze Buch.

Nach einer kurzen Eingewöhnungszeit wird Bernard in den sogenannten Pfarrerblock übersiedelt, in dem zeitweise alle Geistlichen konzentriert werden. Die meiste Zeit läuft das Leben dort für KZ-Verhältnisse einigermaßen geordnet ab. Die Aufgabe der Kleriker besteht im Austragen des Essens im ganzen Lager. Die Lagerleitung behandelt die 1000 bis 1500 im Pfarrerblock Internierten bewusst bevorzugt – etwa mit der im Film ein wichtiges Motiv bildenden Ration Wein –, einerseits als Zeichen eines verlogenen Zugeständnisses an die Kirche, andererseits um bei den Insassen der anderen Blöcke Argwohn zu schüren. „So ähnlich sind auch diese mehr oder weniger ereignislosen Monate ‚glückliche' gewesen", notiert Bernard. „Es war eine paradiesische Zeit, verglichen mit dem, was darauf folgte."[13]

Die Zeit der Beschaulichkeit endet für Bernard plötzlich, als die luxemburgischen Geistlichen von den deutschsprachigen abgetrennt werden. Der Umgang mit dem Klerus im Lager wird rauer, symmetrisch zur verschärften Gangart der Nationalsozialisten der katholischen Kirche gegenüber. Bernard meldet sich für schwierigere Arbeitseinsätze, um der für ihn erstmals spürbar werdenden Demoralisierung etwas entgegensetzen zu können. Eine adäquate Aufgabe findet er im Außendienst, wo er – wie am Beginn des Films zu sehen – in einem Trupp mit einem schweren Lastwagenanhänger Transporte von und zu einer Werkzeugfirma außerhalb des Lagers durchführt. Wenig später erhascht er den Dienst eines Heizers in einem Privathaus, mit dem er sich tagsüber abseits des Lagergeschehens eine gewisse Freiheit erwirbt.

---

11 Ebd., 27.
12 Ebd., 28.
13 Ebd., 60.

Die „Auszeit" als Heizer mitten in der Hölle des Lagerbetriebs, die für Bernard fast mystische Züge annimmt, endet jäh durch seine Versetzung auf die Heilpflanzenplantage des Lagers. Die Behandlung der SS-Leute den Klerikern gegenüber erreicht zu diesem Zeitpunkt einen Tiefstand, der Kampf ums tägliche Brot wird immer härter. Schließlich muss sich Bernard sogar von Stängeln ernähren, die beim Unkrautrupfen anfallen. In seinem Körper beginnen sich durch den Hunger Ödeme zu bilden. Im Krankenrevier erleidet er schließlich schreckliche körperliche und seelische Qualen. Nachdem ihm durch göttliche Fügung ein Unbekannter nachts heimlich eine Quecksilberspritze zur Entwässerung verabreicht, beginnt es für ihn wieder aufwärts zu gehen. Durch eine List erreicht er es, in die Kartei der bereits Verstorbenen aufgenommen zu werden, und entgeht so der sicheren Zuweisung ins Krematorium, die allen im Kranken- bzw. Invalidenblock Internierten früher oder später droht. Durch eine weitere nicht aufzuklärende Fügung wird er auf wundersame Weise von einem Tag auf den anderen aus dem KZ entlassen.

Wie ein roter Faden durchziehen die Aufzeichnungen Beschreibungen über die im Lager gefeierte Eucharistie. Dieses Sakrament erfahren die Häftlinge inmitten des Grauens als Quelle der Kraft und der Versöhnung. Auf sakramentale Art und Weise findet eine Transformation des Bösen[14] statt. Hören wir dazu Bernard im Original:

> „‚Hoc est enim corpus meum.' Ich schaue auf die beiden Stückchen Brot in meiner Hand, und die Tränen rollen mir nur so die Wangen hinunter, während derjenige, für den wir alles leiden, in unsere Mitte kommt, während Hunderte von Priesterherzen ihr Opfer mit dem des Heilandes vereinen zu einem einzigen, das ganz gewiss neue Fäden zwischen Himmel und Erde spinnt. […] Es ist ein Meer von Trost, das sich über die Versammelten ergießt. Trost und Hoffnung und Kraft zu neuem, freudig hingenommenem Leiden."[15]

Immer wieder verbindet Bernard das Geschehen im Lager mit der Messfeier, die mehr geduldet ist als erlaubt, selbst dann, wo für ihn eine Teilnahme nur mehr in Form einer vom im Priesterblock verbliebenen Klerus nach außen geschmuggelten Wegzehrung möglich ist. Wie wichtig diese eucharistische Sichtweise des Geschehens für Bernard persönlich ist,

14 Niewiadomski, Mysterium fascinosum, 156.
15 Bernard, Pfarrerblock 25487, 57f.

kann man der Beschreibung seines Urlaub entnehmen, den er mit den Worten zusammenfasst: „Am folgenden Tag [der zweite seines Urlaubs, Anm.] hatte ich das Glück, wieder am Altar zu stehen. Zum ersten Mal nach zehn Monaten. Im Übrigen war der Urlaub schnell vorbei.“[16] In diesem Sinn beendet er seine Aufzeichnungen auch mit den Worten: „Am nächsten Morgen [nach seiner Entlassung, Anm.] stand ich zum ersten Mal wieder am Altar […] Es war am 6. August, am Jahrestag meiner Primiz.“[17]

Besonders die persönliche Nähe zum römisch-katholischen Bischof Michał Kozal[18], der im selben Block interniert ist, hilft Bernard, dem Geschehen seine erhabene Bedeutung abzugewinnen:

> „Der Segen des Bischofs gibt unseren Leiden einen Sinn. Hebt es hinaus über das rein Menschliche. Sendet unser kleines persönliches Leiden hinein in das Meer von Leid und Verfolgung, welches die Kirche Christi erduldet und erdulden muss. Und lässt uns teilhaben an denselben Gnaden und Tröstungen und Kraftquellen, die schon die ersten Märtyrer speisten. O Wunder der Gemeinschaft der Heiligen, das uns hier zum Erleben wird! In unsern Schlaf hinein aber leuchtet die stolze Gewissheit: Et non praevalebunt. […] Die Pforten der Hölle werden sie nicht überwältigen!“[19]

Mit Gott versuchen Bernard und seine Mitbrüder außerdem, so gut es geht, im Reinen zu bleiben, indem sie heimlich gegenseitig ihre Sünden

16 Ebd., 109.

17 Ebd., 201.

18 Michał Kozal wurde 1939 zum Weihbischof in Włocławek (Leslau) in Polen ernannt. Nach der Ausweisung des Diözesanbischofs von Leslau, Karol Radoński, durch die nationalsozialistische Besatzungsmacht übernahm er als Administrator die Leitung der Diözese. Er protestierte und intervenierte vergeblich gegen die kirchenfeindlichen Maßnahmen der nationalsozialistischen Besatzer und wurde schließlich mit vielen Priestern und dem gesamten Priesterseminar einschließlich aller Seminaristen und Professoren von der Gestapo verhaftet. Er selbst wurde im Dachauer Priesterblock interniert, wo er darum bemüht war, den mitgefangenen Priestern als Seelsorger und durch das Verschenken seiner spärlichen Mahlzeiten zu helfen. Er litt sehr unter dem Glaubenshass der SS, die ihn folterte und schlug. Am 26.01.1943 wurde er nach einer Einweisung ins Dachauer Krankenrevier mit einer Giftspritze ermordet. Seine Asche wurde in den Flüssen Dachaus verstreut, um seiner Verehrung als Märtyrer vorzubeugen. Die Zeugen seines Martyriums baten schon 1946, seine Kanonisierung einzuleiten. 1987 wurde Kozal von Papst Johannes Paul II. auf dessen dritter Polenreise in Warschau seliggesprochen.

19 Ebd., 52.

bekennen und sich die Absolution spenden. „Ich darf wohl sagen, dass ich mich nie im Leben dem Himmel so nahe spürte", kann Bernard am Ende sagen, als er sich im Krankenrevier dem Tod nahe befindet.[20]

Nach der Entlassung folgen lange Monate eines Zustandes völliger Kraftlosigkeit. Bernard zieht sich nach einem Aufenthalt in einem Sanatorium in ein Kloster zurück, wo er 1944 die Befreiung von den Deutschen erlebt. Später nimmt er die Arbeit als Direktor der Tageszeitung „Luxemburger Wort" und die des Präsidenten des Internationalen Katholischen Filmbüros wieder auf. Es werden ihm verschiedene kirchliche Ämter übertragen, bevor er sein Leben 1994 im Alter von 87 Jahren, versehen mit zahlreichen kirchlichen und weltlichen Auszeichnungen und Ehrentiteln, beschließen darf.[21]

4. Zusammenfassung

Unter Klerikern, Ordensangehörigen und Weltpriestern gab es in der Zeit der Nazi-Diktatur bekanntermaßen zahlreiche Kollaborateure – aus unterschiedlichen Gründen und in unterschiedlicher Ausprägung. Ohne Zweifel zeigte sich aber das Widerstandspotenzial des Glaubens an ihnen noch eindrucksvoller; das wird durch die große „Aufmerksamkeit", mit der insbesondere der katholische Klerus von den Sicherheitsorganen bedacht wurde, und durch die erhebliche Besorgnis deutlich, die durch klare Worte vor einem großen Auditorium – zumal im Rahmen von Predigten –, aber auch durch bloße alltägliche Vorbildwirkung bei den Machthabern ausgelöst wurde.

Volker Schlöndorff hat aus der großen Menge jener, die passiv und aktiv Widerstand leisteten, eine Gestalt herausgegriffen, die in ihrer Vielschichtigkeit als hervorragendes Beispiel gelten kann. Er hat in der Filmversion auf jene Passagen fokussiert, an denen der Geist jener Zeit sozusagen kondensiert, und dieses Kondensat in eine konsistente Geschichte umgearbeitet, zu deren Ausfaltung er auf andere Narrative (die gleichwohl je selbst authentisch sind) zurückgegriffen hat. Das Ergebnis – „Der neunte Tag" – ist kein Dokumentarfilm, angedeutet schon durch den ab-

---

20 Ebd., 183.

21 Vgl. zum Ganzen die Einleitung und die biografischen Anmerkungen in: Bernard, Pfarrerblock.

weichenden Namen des Protagonisten. Es ist eher die Essenz, die sich für ihn, den sozialdemokratisch orientierten Gesellschaftskritiker, als symbolische Beschreibung für das Widerstandspotenzial der Spiritualität verwenden lässt. Dass er vor dem Hintergrund seiner eigenen Weltanschauung einer konkreten theologischen Deutung des unermesslichen Leids in einem Konzentrationslager Raum gibt, spricht sowohl für Schlöndorffs Offenheit als auch für die Tragfähigkeit dieses Konzeptes an sich.

Quellen und Literatur

Schlöndorff Volker: Licht, Schatten und Bewegung. Mein Leben und meine Filme, München 2008.

Lewandowski Rainer: Die Filme von Volker Schlöndorff, Hildesheim 1981.

Zwick Reinhold: Fiktion und/oder Authentizität?, in: Regensburger Dietmar / Larcher Gerhard (Hg): Paradise Now. Politik – Religion – Gewalt im Spiegel des Films, Marburg 2009, 172–183.

Metz Johann B.: Memoria Passionis. Ein provozierendes Gedächtnis in pluralistischer Gesellschaft, Freiburg 2006.

Niewiadomski Jozef: „Mysterium fascinosum" inmitten von „mysterium tremendum", in: Regensburger Dietmar / Larcher Gerhard (Hg.): Paradise Now. Politik – Religion – Gewalt im Spiegel des Films, Marburg 2009, 149–171.

Bernard Jean: Pfarrerblock 25487. Dachau 1941–42, Luxemburg 2004.

Personenregister

Verzeichnis der Autor/inn/en, der Herausgeber/in und der Mitarbeiterin

Edith Beinhauer SFCC ist Mitglied der Franziskanerinnen der christlichen Liebe und war Vizepostulatorin des Seligsprechungsprozesses für Sr. Restituta.

Anton A. Bucher ist Professor für Religionspädagogik am Fachbereich Praktische Theologie der Universität Salzburg und Fachbereichsleiter Praktische Theologie, außerdem Lehrbeauftragter an den Fachbereichen Erziehungswissenschaften und Psychologie der Universität Salzburg.

Ewald Donhoffer lehrte am Institut für Komposition, Musiktheorie, Musikgeschichte und Dirigieren an der Kunstuniversität Graz und ist Novize im Prämonstratenser-Chorherrenstift Schlägl/OÖ.

Stephanie Glück ist wissenschaftliche Mitarbeiterin am Institut für Kirchengeschichte und Kirchliche Zeitgeschichte an der Universität Graz.

Willibald Hopfgartner OFM ist Leiter des Juniorats der Franziskaner in Graz.

Heinz Hürten ist emeritierter Professor für Neuere und Neueste Geschichte an der Katholischen Universität Eichstätt-Ingolstadt und war von 1982 bis 1993 deren Vizepräsident.

Stefan Kitzmüller OFM ist Hausvikar des franziskanischen Zentrums „La Verna“ für junge Menschen in Maria Enzersdorf.

Tobias Koszogovits OFM ist Kooperator im Franziskanerkloster Lienz-St. Marien.

Maximilian Liebmann ist emeritierter Professor für Kirchengeschichte der Karl-Franzens-Universität Graz und war von 1991 bis 1999 Dekan der Katholisch-Theologischen Fakultät der Karl-Franzens-Universität Graz.

Christof Müller ist Dissertant am Institut für Kirchengeschichte und Kirchliche Zeitgeschichte an der Karl-Franzens-Universität Graz und Pastoralpraktikant in der Diözese Graz-Seckau.

Marcel Poorthuis ist Professor für Interreligiösen Dialog an der Katholisch-Theologischen Fakultät der Universität Tilburg.

Eduard Prenga OFM ist Privatdozent für das Fach Dogmatik an der Katholisch-Theologischen Fakultät der Karl-Franzens-Universität Graz.

Erna Putz ist Theologin, Politik- und Kommunikationswissenschaftlerin sowie Biografin von Franz Jägerstätter.

Kurt Remele ist Professor für Ethik und christliche Gesellschaftslehre an der Katholisch-Theologischen Fakultät der Karl-Franzens-Universität Graz.

Theo Salemink ist pensionierter Universitätsdozent für Geschichte der Kirche und der Gesellschaft im 19. und 20. Jahrhundert an der Katholisch-Theologischen Fakultät der Universität Tilburg.

Roman Siebenrock ist Professor für Dogmatik an der Theologischen Fakultät der Universität Innsbruck.

Andreas Sohn ist Professor für mittelalterliche Geschichte an der Universität Paris XIII – Sorbonne Paris Cité.

Michaela Sohn-Kronthaler ist Professorin für Kirchengeschichte und Leiterin des Instituts für Kirchengeschichte und Kirchliche Zeitgeschichte an der Karl-Franzens-Universität Graz.

Christian Wessely ist Professor für Fundamentaltheologie und Leiter des Instituts für Fundamentaltheologie an der Karl-Franzens-Universität Graz.

Paul Zahner OFM hält franziskanische Vorlesungen an der Katholisch-Theologischen Fakultät der Universität Graz und ist Studierendenseelsorger am Zentrum der Theologiestudierenden in Graz.

Barbara Zehnpfennig ist Professorin für Politische Theorie und Ideengeschichte an der Universität Passau.

Zuletzt sind in der Reihe „Theologie im kulturellen Dialog“ erschienen:

Band 14:
Hans Walter Ruckenbauer; Walter Schaupp (Hg.)

Macht Religion gesund? Christliches Heilsangebot und Wellness-Kultur

Innsbruck 2009 (ISBN 978-3-7022-2786-9)

Im aktuellen Spannungsfeld von Wellness-Kultur, esoterischer Heilserwartung und religiösen Heilsversprechen will dieser Sammelband die vielschichtige Heilssehnsucht des heutigen Menschen analysieren. Die Autorinnen und Autoren stellen aus ihrem jeweiligen fachlichen Blickwinkel zur Diskussion, was Religionen und hier im Besonderen die christliche Religion zum Heilsein des Menschen beitragen können und was Glaubende zu Recht erwarten dürfen. Dabei klärt sich auch, was Heil dort bedeuten könnte, wo es nicht mehr in der Macht moderner Medizin steht, Leid und Krankheit zu überwinden.

Band 15:
Leopold Neuhold; Livia Neureiter (Hg.)

Muss arm sein? Armut als Ärgernis und Herausforderung

Innsbruck 2008 (ISBN 978-3-7022-2918-4)

Muss arm sein? Diese Frage zu stellen, wird von manchen Seiten als überflüssig, von anderen als provokativ gewertet. „Arme wird es immer unter euch geben“, heißt es ja im Evangelium. Und im Anschluss daran meinen manche gesellschaftliche Verantwortungsträgerinnen und Verantwortungsträger, dass es sinnlos sei, Armut besiegen zu wollen. Auf der anderen Seite glauben viele - auch viele kirchlich Engagierte sind darunter-, dass man Armut besiegen könne und besiegen müsse. Die Option für die Armen wird in Treffen geführt, aber ist sie auch mit einer Strategie verbunden, die Armut wirklich verringer kann? Somit bleibt Armut ein Stachel für Gesellschaft und Kirche. Im Umgang mit Armut zeigt sich das Maß an Humanität, das in der Gesellschaft gilt. Diese Herausforderung anzunehmen, ist Aufgabe von Gesellschaft und Kirche.

Band 16:
Sigrid Eder; Irmtraud Fischer (Hg.)

„... männlich und weiblich schuf er sie ...“ (Gen 1,27) Zur Brisanz der Geschlechterfrage in Religion und Gesellschaft

Innsbruck 2009 (ISBN 978-3-7022-2931-3)

Der Sammelband stellt Anliegen und Perspektiven der theologischen Frauen- und Geschlechterforschung vor und präsentiert Antwortversuche auf hochaktuelle Fragen rund um das Verhältnis von „Geschlecht“ und „Religion“ aus der Sicht unterschiedlicher theologischer Disziplinen.

Zuletzt sind in der Reihe „Theologie im kulturellen Dialog“ erschienen:

Band 17:
R. Bucher / Ch. Heil / G. Larcher / M. Sohn-Kronthaler (Hg.)

„Blick zurück im Zorn?“ Kreative Potentiale des Modernismusstreits

Innsbruck 2009 (ISBN 978-3-7022-3032-6)

Der katholische Modernismusstreit, der vor 100 Jahren mit dem Dekret Lamentabili und der Enzyklika Pascendi von Papst Pius X. (1903–1914) einen Höhepunkt erreichte, bedarf einer kritischen Reflexion und aktuellen Diskussion. An den unterschiedlichen Frontlinien der Modernismuskrise ist es zwar seither zu Selbstkorrekturen gekommen; vor allem das Zweite Vatikanische Konzil (1962–1965) hat sehr viel Unversöhntes vermittelt und geheilt. Dennoch bleiben in der theologischen und kirchlichen Gegenwart Antagonismen und Dispute im Streit um die Deutungshoheit der Moderne.

Band 18:
M. Sohn-Kronthaler / R. K. Höfer (Hg.)

Laien gestalten Kirche Diskurse – Entwicklungen – Profile

Innsbruck 2009 (ISBN 978-3-7022-3047-0)

Entgegen der weitverbreiteten Meinung, dass sich Laien erst nach dem Zweiten Vatikanischen Konzil in der katholischen Kirche verantwortungsvoll engagierten, zeigt der Band das vielfältige Wirken von Frauen und Männern seit Jahrhunderten. Wie Laien Kirche und Gesellschaft gestalteten, machen 26 Beiträge aus theologischen und historischen Disziplinen deutlich, indem nach Grundlegungen in Bibel und Kirchenrecht gefragt, wegweisende Diskurse in Wissenschaft, Politik und Öffentlichkeit beleuchtet, Möglichkeiten und Grenzen des Handelns von Laien aufgezeigt, Profile herausragender Christinnen und Christen skizziert werden. So entsteht ein neues Bild von Laien und ihrem Engagement im Wandel der Zeiten.

Band 19:
A. Strobl

Was Graz glaubt Religion und Spiritualität in der Stadt

Innsbruck 2010 (ISBN 978-3-7022-3048-7)

In über 60 Selbstdarstellungen gibt dieser „Religionsführer“ Einblick in die Glaubenswelt von Graz. Neben den „großen“ Kirchen und Weltreligionen sind das evangelikale und charismatische Gemeinden, „ethnische“ Religionen sowie religiös-spirituelle Zentren und weltanschauliche Bewegungen.

Zuletzt sind in der Reihe „Theologie im kulturellen Dialog“ erschienen:

Band 20:
Ch. Wessely / A. Ornella (Hg.)

Religion und Mediengesellschaft
Beiträge zu einem Paradoxon

Innsbruck 2010 (ISBN 978-3-7022-3052-4)

Angesichts einer Kultur, in der es – trotz aller sogenannten Säkularisierung – von religiösen Motiven und spirituellen Versatzstücken nur so wimmelt, ist dieses Buch eine Gelegenheit, dem Thema „Religion und Medien“ mehr Aufmerksamkeit zuzuwenden. Von der Theologie über die Religionswissenschaft und Philosophie bis hin zur Theater- und Musikwissenschaft und den technischen Wissenschaften spannt sich der fachliche Bogen dieses Bandes. Diese Kooperation ist nicht nur erfreulich, sondern notwendig, geht es doch bei der Frage nach der „Religion in der Mediengesellschaft“ um die Frage nach dem Menschsein im umfassenden Sinn, nach einer geglückten Lebensgestaltung und dem Sinn des Lebens.

Band 21:
B. Groen / S. Löser (Hg.)

Der Balkan
Gesellschaft, Kultur und Religion

Innsbruck 2011 (ISBN 978-3-7022-3080-7)

Auf dem Balkan leben Menschen im Spannungsfeld zwischen EU und Orient; die Länder, in denen sie wohnen, gehören zu Europa und sind doch gedanklich für viele im Westen Europas weit weg. Durch Vertreibung, Völkerwanderungen oder Migration aufgrund von Kriegen, Unruhen oder Arbeitsmangel wurde die Bevölkerung durcheinander gemischt und die Menschen tief verletzt. Gleichzeitig herrschte in diesem Gebiet solch eine Offenheit, dass Menschen mit unterschiedlicher kultureller Herkunft verschiedenen Religionen und Konfessionen angehören und doch lange friedlich miteinander leben konnten. Der geneigte Lesende kann Impulse für sein Leben erhalten und zu einer neuen Achtsamkeit gegenüber Menschen aus gar nicht so fernen Ländern gelangen.

Band 22:
E. Pernkopf / W. Schaupp (Hg.)

Sehnsucht Mystik

Innsbruck 2011 (ISBN 978-3-7022-3151-4)

Mystik ist ein universales Phänomen mit vielfältigen Ausprägungen. Die Sehnsucht nach Erfahrungen des Eins-Seins mit dem Ur-Grund, Gott bzw. dem Göttlichen durchzieht Epochen und Kulturen und prägt auch die Geschichte christlicher Spiritualität. Im Spannungsfeld von Religion und Subjektivität wird aus verschiedenen Blickwinkeln über Dimensionen mystischer Erfahrung nachgedacht: Die Beiträge verfolgen Spuren in biblischen, liturgischen und politischen Kontexten, im Blick auf mitunter irritierende Gestalten des Glaubens und in Zusammenhang mit Not und Leid. Damit verbunden ist nicht zuletzt die Frage, welche kritische Kraft aus der Praxis der Mystik und dem Kultivieren von Sehnsucht erwächst.

Zuletzt sind in der Reihe „Theologie im kulturellen Dialog" erschienen:

Band 23:
M. Sohn-Kronthaler / P. Zahner (Hg.)

Pax et Bonum
Franziskanische Beiträge zu Frieden und interreligiösem Dialog

Innsbruck 2012 (ISBN 978-3-7022-3187-3)

In vielfältigen Formen und auf vielerlei Arten versucht die franziskanische Familie seit ihrer Entstehung, Frieden, interreligiösen Dialog und die Achtung der Menschenrechte zu fördern. Grundhaltung dafür ist der friedliche Besuch von Franziskus beim muslimischen Sultan im Jahre 1219 mitten in der Zeit der Kreuzzüge. In ihren Abhandlungen machen die AutorInnen, die aus unterschiedlichen Disziplinen und Fachrichtungen kommen, jene franziskanisch geförderte Begegnung zwischen verschiedenen Religionen und Kulturen bewusst und versuchen dabei, Wege des Verstehens und der Friedensförderung aufzuzeigen.

Band 24:
L. Neuhold (Hg.)

Frieden, Frieden, aber es gibt keinen Frieden

Innsbruck 2014 (ISBN 978-3-7022-3198-9)

Es ist still geworden um den Frieden: keine großen Demonstrationen anlässlich von kriegerisch ausgetragenen Konflikten, kein Kampf um den Frieden, dass kein Stein auf dem anderen bleibt. Andererseits gilt das Wort aus Jeremia: „Und sie heilen den Schaden meines Volkes obenhin, indem sie schreien: Frieden! Frieden! Aber es gibt keinen Frieden" (Jer 6,14). Damit Friede wirklich und konkret wird, bedarf es einer umfassenden Strategie, die auf verschiedenen Ebenen ansetzt. Traditionen, Elemente und Perspektiven einer solchen Strategie werden in diesem Band, der Beiträge einer Vortragsreihe an der Karl-Franzens-Universität Graz sammelt, entwickelt, um den Prozess des Friedens zu gestalten.

Band 25:
R. K. Höfer (Hg.)

Kirchenfinanzierung in Europa
Modelle und Trends

Innsbruck 2014 (ISBN 978-3-7022-3250-4)

Die Finanzierung von Kirchen und Religionsgemeinschaften ist oftmals heftig und widersprüchlich im Diskurs. Die Länder Europas brachten aufgrund historischer Entwicklungen verschiedene Modelle zur Kirchenfinanzierung hervor. Sie reichen von ausschließlich staatlicher Finanzierung bis zur überwiegenden Finanzierung durch Spenden. Überall ist die Sicherung des kulturellen Erbes für die Mehrheit der Bevölkerung ein Anliegen. Neue gesellschaftliche Entwicklungen aber fordern dazu heraus, bisherige Modelle der Kirchenfinanzierung auf ihre Tragfähigkeit zu überprüfen. Mehrere Länder haben neue Wege beschritten und Änderungen eingeführt. Beiträge zu neun europäischen Ländern bzw. Regionen stellen Modelle der Finanzierung von Kirchen und Religionsgemeinschaften vor.

Zuletzt sind in der Reihe „Theologie im kulturellen Dialog“ erschienen:

Band 26:
W. Schaupp / J. Platzer / W. Kröll (Hg.)

Gesundheitssorge und Spiritualität im Krankenhaus

Innsbruck 2014 (ISBN 978-3-7022-3290-0)

Seit einiger Zeit wird die Bedeutung der religiös-spirituellen Dimension für Krankheit und Krankheitsbewältigung verstärkt erkannt. Die damit verbundenen vielfältigen Herausforderungen sind zum Teil noch ungenügend erkannt und erforscht: Ärzte und Pflegende, die täglich mit Leid und Sterben konfrontiert sind, müssen für die religiös-spirituellen Bedürfnisse ihrer Patientinnen sensibilisiert werden. Spirituelle Sorge muss stärker in die ärztlich-pflegerische Sorge integriert und für die gegenwärtige Formenvielfalt von Spiritualität offen werden. Spiritualität und Religiosität müssen aber auch in ihrer Bedeutung für Ärzte und Pflegende selbst noch besser verstanden und studiert werden.

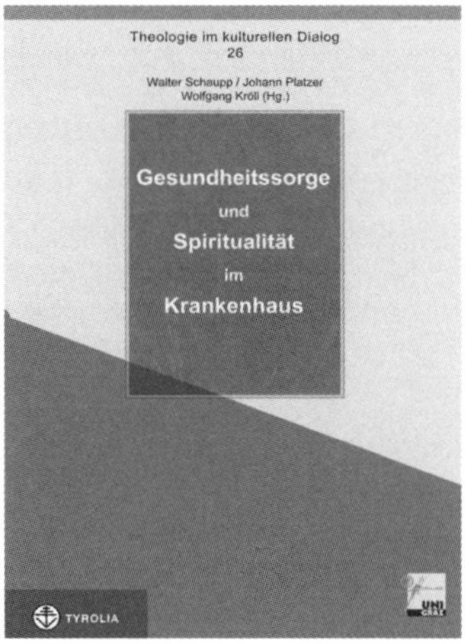

Band 27:
F. Kogler / I. Fischer / F. Hubmann (Hg.)

Johannes Marböck: Faszination Bibel

Innsbruck 2014 (ISBN 978-3-7022-3323-5)

Für Johannes Marböck, Professor für Altes Testament in Linz (1970–1976) und an der Universität Graz (1976–2003), ist die wissenschaftliche Beschäftigung mit der Bibel untrennbar verbunden mit der Verkündigung und Vermittlung der biblischen Botschaft. So richtet sich auch der vorliegende Band an eine breite, biblisch interessierte Leserschaft. Er bietet Impulse für Frauen und Männer in der Verkündigung ebenso wie spirituelle Vertiefung. Die einzelnen Beiträge (etwa zu den Psalmen, zu Weisheitsliteratur und Prophetie, Apokalyptik und Judentum) sind eine Einladung, an den Erfahrungen teilzunehmen, die Marböck in seiner Arbeit mit der Bibel Israels und der werdenden christlichen Kirche bis zur Stunde macht. Es ist eine Einladung in ein Haus mit vielen weiten Räumen.

Band 28:
P. Ebenbauer / R. Bucher / B. Körner (Hg.)

Zerbrechlich und kraftvoll Christliche Existenz 50 Jahre nach dem Zweiten Vatikanum

Innsbruck 2014 (ISBN 978-3-7022-3350-1)

Programm und Texte des Zweiten Vatikanischen Konzils haben bis heute nichts von ihrer Dynamik verloren. Für viele Menschen, innerhalb wie außerhalb der Kirchen, hält es nach wie vor Orientierungsmarken für christliche Existenz und Spiritualität inmitten einer radikal sich verändernden Welt bereit. Dieses Buch bietet eine gegenwarts- und zukunftsorientierte Besinnung auf das Programm des Konzils. Es folgt jenem Impuls, den Papst Johannes XXIII. in seiner Ansprache zur Eröffnung des Konzils gesetzt hat: „Wir müssen uns mutig und ohne Furcht an das Werk machen, das unsere Zeiten erfordern.“

Zuletzt sind in der Reihe „Theologie im kulturellen Dialog" erschienen:

Band 29:
M. Sohn-Kronthaler, P. Zahner, W. Hopfgartner (Hg.)

Zwischen Gebet, Reform und sozialem Dienst

Franziskanisch inspirierte Frauen in den Umbrüchen ihrer Zeit
Innsbruck 2015 (ISBN 978-3-7022-3392-1)

Seit Klara von Assisi und Elisabeth von Thüringen/Ungarn leben Frauen im Geist des Franziskus von Assisi. Sie dienen den Armen, Kranken und Behinderten, leben in Gebet und Kontemplation, tragen zur Erneuerung von Kirche und Gesellschaft bei, wirken in Bildung und Erziehung und als missionarische Zeuginnen des Evangeliums. Der von international renommierten AutorInnen verfasste Band gibt Einblicke in die Arbeit franziskanisch inspirierter Frauen, in ihr Charisma, in ihre Lebensformen und Arbeitsbereiche.

Band 30:
Rainer Bucher (Hg.)

Nach der Macht

Zur Lage der katholischen Kirche in Österreich
Innsbruck 2014 (ISBN 978-3-7022-3393-8)

Die Beiträge beleuchten den steinigen Weg von einer herrschaftsgewohnten Kirche, welche die anderen nicht braucht und auf niemanden hören muss, hin zu einer Kirche, die sich aussetzt, berühr- und verletzbar macht. Quer zu den üblichen Konfliktlinien werden grundlegende Analysen des tiefgreifenden Transformationsprozesses vorgelegt, dem die österreichische katholische Kirche zur Zeit unterliegt, und Optionen für dessen Gestaltung entwickelt.

Band 31:
I. Fischer (Hg.) unter Mitarbeit von C. Blühwald, J. Schiller und P. Marko

Genderforschung vernetzt

20 Jahre Frauen- und Geschlechterforschung an der Kath.-Theologischen Fakultät der Universität Graz
Innsbruck 2016 (ISBN 978-3-7022-3575-8)

Der Band publiziert die interdisziplinäre Ringvorlesung, die zum zwanzigsten Jubiläum des Frauen- und Geschlechterforschungsschwerpunkts an der Katholisch-Theologischen Fakultät der Universität Graz gehalten wurde. Er zeigt, welchen Mehrwert interdisziplinäre Zusammenarbeit auf diesem Gebiet bringt, etwa wenn es darum geht, die große Deutungsmacht von biblischen Frauenfiguren in der abendländischen Geschichte wiederzuentdecken.

Zuletzt sind in der Reihe „Theologie im kulturellen Dialog“ erschienen:

Band 7c:
Johann Hirnsperger; Christian Wessely (Hg.)

Wege zum Heil?

Religiöse Bekenntnisgemeinschaften in Österreich:
Elaia Christengemeinden (ECG) und Islamische Alevitische Glaubensgemeinschaft in Österreich (IAGÖ)
Mit Beiträgen aus anderen Religionsgemeinschaften
Innsbruck 2014 (ISBN 978-3-7022-3362-4)

Im vierten Band „Wege zum Heil?“ stellt sich die Bekenntnisgemeinschaft „Elaia Christengemeinde“ (ECG) vor und veröffentlich ihre Statuten, ebenso die „Islamische Alevitische Glaubensgemeinschaft in Österreich“ (IAGÖ). Zudem bietet er Beiträge der Bahá'i-Religion, des Bundes der Baptisten-Gemeinden, des Bundes Evangelikaler Gemeinden, der Christengemeinschaft – Bewegung für religiöse Erneuerung, der Freien Christengemeinde-Pfingstgemeinde, der Mennonitischen Freikirche sowie der Römisch-Katholischen Kirche.

Kontakt:
Dekanat der Katholisch-Theologischen Fakultät
der Karl-Franzens-Universität Graz
Dekanatsdirektor Siegfried Kager
Universitätsplatz 3, A-8010 Graz

Tel.: + 43 316 380 3150 – Fax: + 43 316 380 9300 – E-Mail: siegfried.kager@uni-graz.at